上海市教委"晨光学者"计划项目
复旦大学"985三期"整体推进人文/社会科学研究项目
复旦大学"卓学计划"项目
复旦大学文史研究院"985二期"项目
复旦大学亚洲研究中心项目

亚洲艺术、宗教与历史研究丛书

同文书史
——从韩国汉文文献看近世中国

王鑫磊 著

复旦大学出版社

亚洲艺术、宗教与历史研究丛书

编辑说明

一，本丛书收录有关亚洲艺术、宗教与历史研究各个领域的学术著作，尤其鼓励跨越艺术、宗教与历史多领域进行综合研究的年轻学者的学术著作。

二，本丛书收录有整体结构与完整内容的中文学术著作，同时接受国外以其他语言写成的专著的中文译本。但不接收论文集。

三，本丛书所收专著，应当符合现代学术规范，具有现代学术著作的形式。注释采取页下注，书后需附"参考文献目录"，如有"人名索引"和"书名索引"，则更为欢迎。

四，本丛书为复旦大学文史研究院编辑的学术丛书，复旦大学文史研究院负责邀请匿名审稿人，对收入本丛书的著作进行评审。

五，本丛书由复旦大学出版社编辑出版。

2013 年 9 月

序

　　20世纪的中国学术因为有甲骨文字、秦汉简牍、敦煌遗书以及明清档案四大史料的发现而呈现出异彩,成为学界所津津乐道之大事。其实对东亚诸国汉文资料的发掘的重要性现在看来实在不亚于上述的四大发现,其中尤其是对朝鲜汉文资料的开发与利用,呈现出最突出的成果。先是对李朝朝鲜实录的利用,而后是对朝天录与燕行录的编辑出版,接着是对大量朝鲜文人文集的整理与编辑,以及对朝鲜赴日通信使的纪录的注意,累积成了一个极为重要的史料渊薮。自20世纪末以来,到21世纪,朝鲜、日本与中国都有许多学者利用相关的史料做出了重要的学术成果。现在读者面前的这本《同文书史:从韩国汉文文献看近世中国》就是这一系列成果的最新一种。

　　本书作者王鑫磊在复旦大学历史系攻读博士期间,原本研究中国近现代史,但是,自从加盟复旦大学文史研究院以来,由于对葛兆光提出的"从周边看中国"的研究方向产生浓厚兴趣,因而开始阅读韩国有关文献,并把他原来有关中国近现代历史的知识与这些相关文献结合起来,开始进行"从韩国汉文文献看近世中国"的系列研究。在这几年里,他多次出访韩国,并且学习了韩语,还以较长时间赴韩国首尔大学收集资料。他原本拥有的近现代历史知识,给他进入"韩国汉文文献"这一新领域带来了"中国近现代史"的观察角度和思考方向。

　　近世东亚的历史,以及东亚诸国,由于以汉文写就的朝鲜文献、日本文献、越南文献以及琉球文献的大量存在,完全可以作深入和丰富的研究，特别是长期以来东亚诸国之间的互相接触与彼此观察，更是值得深入讨论的新领域。但是，中国学界在这方面算是起步不久，尽管这一类文献的重要性，八十年前已经有学者指出，但是至今依然不能说已经充分利用，特别是如朝鲜燕行文献之外的各种李朝朝鲜史书、官方文献、私人文集与笔记以及朝鲜通信使汉文文献、日本长崎的大量通商与交往档案、日本士人对明清的种种记录、各国文化人之间的笔谈、唱酬，甚至绘画等，还大有开发的空间，还需要广泛深入的使用。王鑫磊博士近几年来从头参与了复旦大学文史研究院"从周边看中国"的研究计划，对这方面文献有广泛接触，自然为此书之写作奠定了良好的基础。

本书包括六个部分，在绪论之外有正文五章，涉及的时段从明代到清末，涉及的内容相当广泛，包括了中韩儒学争论、日韩文化竞赛与认同、东亚海上交流、各国的近代转型等。其中特别值得指出的是，在第一章有关明代后期中韩士人有关儒家思想的争论部分中，无论是许筬有关阳明学的言论，还是有关薛瑄从祀的看法，一方面既表明在中韩共同拥有的儒家知识领域，两国知识人已经存在分歧，但另一方面又不能皮相地认为个别的分歧就说明中韩儒学后来渐行渐远的分裂。因为即使在中国，在许筬访问的当时，虽然阳明学风头甚劲，但仍然有不少朱子学的拥趸者。而且阳明学逐渐传播到李朝朝鲜后，连许筬的弟弟许筠以及朝鲜国王也对阳明学取同情态度。因此王鑫磊以"儒学并非铁板一块"的说法来解释此时朱子学与阳明学消长情况，表现出一种审慎的学术风格。

而本书的第四章和第五章，则超越中朝双边的畛域，更透过日本与朝鲜的眼睛反观中国，或者通过一个在日本的朝鲜人的安南之行，来观察东亚的关系，这种"文化接触"或"第三只眼"的讨论相当重要。这是文化间接接触的典型事例，值得研究者予以重视。第六章则是讨论面对西潮的朝鲜、日本和中国，王鑫磊通过《江华条约》与日本冲击下朝鲜的反应、朝鲜使团在日本的游历和观察，朝鲜使臣在中国天津的学习和交流，讨论了东亚近代转型过程中，朝鲜、日本与中国的种种反应,展开了多视角的历史场面,这是过去研究者较少留意的全景画。

这部书借用了"书同文"一词改作书名,一方面固然是说,同样使用汉字书写,不仅使东亚诸国构成了一个文化区域,也使得这些汉文文献呈现了一个共同历史;但是,另一方面也是说,使用同一种"汉文"书写的历史下面,也有仅仅依赖文字无法弥合的文化差异,虽然汉文书写,呈现出一个历史,但是一个历史下面却有种种不同认识和解释。当然,东亚这种文化分裂的原因相当复杂,它并不开始于西潮冲击之后现代进程的差异,甚至开始于各国自我中心的自尊意识,这当中朝鲜与日本的情况还有些不同,日本因为从未成为中国的附属,从来就有相当程度的自尊意识。因此,通过这些汉文书写的历史资料,也许我们可以超越中国史的边界,在更大的范围内,重看这一"汉文"呈现的历史世界。

当然,有史料并不等于有史实,如何从史料中还原出真正的史实来,并对历史的发展做出正确的解释,这是对每个从事历史研究的人的考验。至于史料只看到部分,就企图做出宏大的解释,或确立自己的理论,恐怕并不是可取的态度。王鑫磊此书正让我们看出他对历史研究的敬畏态度,对处理史料的审慎精神。此外,从占全书五分之一的绪论当中,我们又可以看到王鑫磊是如何在拥有与理解大量朝鲜汉文史料的知识基础上才写成这部书的。由于这篇比寻常著作偏长的绪论的存在,又使得这部书成为一部具有指南性质的著作。我向来不善于写序,承作者美意与葛兆光先生的推动,就将上述的话作为我的读后感吧。

目　录

绪论 ·· 1
 引言："书同文"的东亚与"汉字文化圈" ·· 1
 一　同文书史："书同文"对中国历史研究的意义 ···································· 7
 二　异域之眼：周边国家汉文文献整理和研究现状 ·································· 12
 三　以邻为镜：朝鲜半岛汉文文献与中国历史研究 ·································· 22
 四　本书旨趣：东亚互动视野下的近世中国 ·· 46
 附　韩国文献资料数据库网站简介 ·· 48
 附表一　"古典翻译丛书数据库"所收书目一览 ···································· 57

第一章　儒学交涉：16世纪中后期朝鲜人眼中的中国学术 ···························· 62
 引言 ·· 62
 第一节　许篈及其《朝天记》简介 ·· 63
 第二节　阳明异端：许篈与中国士人的学术论争 ···································· 67
 第三节　足征难循：朝鲜王朝对明朝薛瑄从祀的反应 ································ 86
 小结 ·· 100

第二章　中华名分：从卢以渐《随槎录》看朝鲜的小中华意识
·· 105
 引言 ·· 105
 第一节　《热河日记》姊妹篇：卢以渐及其《随槎录》简介 ························ 107
 第二节　《随槎录》所见史料举要 ·· 110

第三节　万里他国无事往还："排清"士人卢以渐眼中的中国
　　　　　　之行 …………………………………………………… 118
　　第四节　尊周思明、北学思想与小中华意识 ………………… 122
　　小结 …………………………………………………………… 126

第三章　文化比赛：在朝鲜和日本之间寻找"中国" ……… 127
　　引言 …………………………………………………………… 127
　　第一节　朝鲜时代赴日通信使概说、文献及问题 …………… 128
　　第二节　通信使文献中有关中国材料举例 …………………… 132
　　第三节　个案研究一：申维瀚《海游录》浅探 ………………… 135
　　第四节　个案研究二：洪景海《随槎日录》浅探 ……………… 142
　　第五节　批评与回应：朝、日文化比赛的一个侧面 …………… 150
　　小结 …………………………………………………………… 173
　　附　　朝鲜王朝遣使日本大事记 …………………………… 175
　　附表一　朝鲜王朝时期赴日使行情况一览表 ………………… 183
　　附表二　通信使文献馆藏信息 ………………………………… 187
　　附表三　《海行总载》国译本收录文献目录 …………………… 190

第四章　远邻安南：17世纪滞日朝鲜人赵完璧的安南之行 …… 192
　　引言 …………………………………………………………… 192
　　第一节　赵完璧事件的历史文献、流传背景及相关研究 …… 193
　　第二节　从日本到越南：赵完璧的安南渡航经历 …………… 198
　　第三节　朝鲜的越南认知：赵完璧安南见闻的意义 ………… 206
　　第四节　关于吕宋、琉球和日本的记载 ……………………… 213
　　小结 …………………………………………………………… 215
　　附一　李晬光《赵完璧传》 …………………………………… 219
　　附二　郑士信《赵完璧传》 …………………………………… 222
　　附三　李埈《记赵完璧见闻》 ………………………………… 223
　　附四　《昼永编》载济州岛民漂着安南事件 ………………… 224

第五章　现代转型：19世纪末朝鲜对中日两国的观察 …………… 228
　引言 ………………………………………………………………… 228
　第一节　"绅士游览团"及"领选使"概说 …………………… 231
　第二节　绅士游览团：朝鲜赴日使节对日本现代化场景的
　　　　　观察 …………………………………………………… 238
　第三节　帝国斜阳下的亲密接触：金允植天津领选研究 …… 247
　小结 ………………………………………………………………… 264

余论　从东亚观察中国　由中国理解东亚 …………………… 267

参考文献目录 …………………………………………………… 271

后记 ……………………………………………………………… 286

绪　　论

引言:"书同文"的东亚与"汉字文化圈"

中国、朝鲜半岛(包括今韩国及朝鲜)、越南、日本等一些属于广义上的"东亚"的国家和地区,在相当长的历史时期中,都将汉字作为主要的书写记录文字,这一现象被称为"书同文",也有人喜欢用"汉字文化圈"的概念来进行表述。

"书同文"是对一种客观历史现象的概括性表述,它基于一个明显的事实,即在中国以外的东亚国家和地区,历史上都产生并留存下来大量用汉字书写的文献,且这些存世文献几乎涵盖所有书籍类型,如其中最有代表性的为史籍,特别是官修国史类的书籍,而数量最多的则是历代文人的作品,其涵盖范畴很广,包括有学术著作、诗文集、日记乃至小说等类型的书籍。

举例来说,在史籍方面,如朝鲜半岛的《三国史记》、《高丽史》和《朝鲜王朝实录》,越南的《大越史记全书》、《大南实录》,日本的《日本书纪》、《大日本史》,琉球的《中山世鉴》、《历代宝案》等等,都是用汉字书写的国史记录类文献,而其中绝大多数作品,不仅全部用汉字写成,甚至连编撰体例依照的都是中国传统史书的编年体或实录体的方法。国史类文献是保留和延续一个国家的国家记忆的最核心文献,共同用汉字书写此类文献的事实,可算是历史上东亚"书同文"现象最具代表性的表现。

相对于史籍而言，数量更为庞大的是这些国家和地区历代文人所创作的作品。文人群体，或者说士人群体、知识分子群体，正是维持东亚"书同文"现象长期存在的中坚力量。以朝鲜半岛和越南的士人为例，他们几乎和中国的士人一样，自幼便系统地学习汉字，更为关键的是，近世以来，对汉字和汉文的掌握成为令他们身份地位高于普通民众的一种阶层标识，也是其作为一个社会阶层掌控国家政治权力的根本前提，他们坚持用汉字写作和进行阶层内部的思想交流，实际上也成为了维系和巩固本阶层社会地位的手段，作为其结果，朝鲜半岛和越南历史上均留下大批量的用汉字写作的文人作品。

除了大量存世汉文书籍和文献为东亚"书同文"现象的存在提供有力证据外，各类文献中所见关于东亚各国及地区间人员往来交流的历史事实，也为我们生动地展现出一幕幕"书同文"的场景。因为有了汉字作为通用文字，历史上东亚各国之间的国际交往中几乎没有太多的障碍，即使口头上无法顺畅沟通，但交往中的各方完全可以通过"笔谈"（即用书写汉字进行交流）的方式达到彼此间的充分理解。

历史上东亚各国间的人员往来和交流十分频繁。比如朝鲜、越南向中国的朝贡使行是中、朝、越三国之间重要的交流通道，而朝鲜派往日本的通信使、日本派往中国的遣隋、遣唐、遣明使等活动，则又是朝日、日中间沟通的渠道。此外，更多的人员交往还发生在东亚区域内通过海陆两种途径展开的商贸活动，以及以东亚海域为中心频繁发生在中、朝、日、越等国间的漂流民事件等过程中。经由这些活动，东亚各国人员间产生大量交集，而在这些交流过程中同样有大量文献资料留存下来，从其中诸如诗歌酬唱、笔谈记录等内容，可以看出他们以利用汉字汉文进行交流的不争事实。

16世纪末，朝鲜使臣李睟光和越南使臣冯克宽分别代表各自国家出使中国，他们在北京见面并进行了交流，虽然听不懂彼此口中说出的话，但他们通过笔谈和互赠诗歌的方式结为知己，成就了一段跨国文化交流的佳话。在他们互赠的诗歌中有这样的诗句："休道衣冠殊制度，却将文字共诗书"（李睟光）、"彼此虽殊山海域，渊源同一圣贤书"(冯克宽),两人的诗句不约而同地指向"书同文"的现象,可以说是对他们所生活的那个"书同文"的时代的真实写照①。

"书同文"作为一种客观的历史现象,很早就受到研究者的关注,而随着研究的展开,相关讨论也自然而然地进入到了意义阐释和价值判断的层面,"汉字文化圈"概念应运而生。关于"汉字文化圈"的提出,最早大概应该追溯到日本学界②,而中国学者显然对这一概念有着更大的兴趣,且颇有推波助澜之势。可是,"书同文"是一种客观现象,而"汉字文化圈"则是一个基于现象进行意义和价值提升的理论概括,两者之间并不能直接画上等号。

学者在研究"汉字文化圈"的问题时,会有各自不同的专业角度、问题意识和论述重点,"汉字文化圈"作为一个学术命题有其固有的价值。可是一旦脱离具体的研究对象,只是泛泛地就概念来理解,认为用"汉字"这个要素,就能以文化的名义在东亚简单地画出一个"圈"来,就或多或少会出问题。这背后涉及一个极为复杂的问题,即东亚到底有没有一个文化的认同。

东亚到底有没有文化认同?对于这个问题,用求同法可以找到大量肯定的依据,而用求异法又同样能够找到不少反对的理由,求同存异之后,可以认为这种文化认同一度存在,而随着时间的推移逐渐

---

① 李睟光、冯克宽两人的诗句,收在李睟光《芝峰集》卷八之"安南国使臣唱和问答录",见[韩]民族文化推进会编《韩国文集丛刊》,景仁文化社,1990年,第六十六册,第85页;亦收在冯克宽《使华手泽诗集》和《梅岭使华手泽诗集》中,见复旦大学文史研究院与成均馆大学东亚学术院合编《越南汉文燕行文献集成(越南所藏编)》,复旦大学出版社,2010年,第一册,第65—66页及第98—100页。

② 冯天瑜教授在其《汉字文化圈刍议》一文中提到:1963日本平凡社出版的河野六郎执笔的《日本语の历史》多次出现"汉字文化圈"这一短语,其第三章更是专门讨论"汉字文化圈"的形成及演变。日本语言学家藤堂明保 1971 在光生馆出版的《汉字とその文化圈》,系统阐述"汉字文化圈"的内涵,探讨汉字文化圈的形成及发展历史,对这个概念予以学术界定。参见冯天瑜《"汉字文化圈"刍议》,载《吉首大学学报(社会科学版)》,2004 年 4 月,第 2 页。此外,日本学者西嶋定生在论述"东亚世界"是"一个历史的文化圈"时,归纳出"东亚世界"的四要素,即汉字文化、儒教、律令制和佛教,其观点被不少学者在讨论"汉字文化圈"问题时所征引。西嶋定生的观点,可参见其《东亚世界的形成》,载刘俊文主编《日本学者研究中国史论著选译》第二卷,中华书局,1993年,第88—92页。

淡化、瓦解①。

回到"汉字文化圈"的问题上来,虽然汉字的使用一直被作为东亚世界的"同"的因素来强调,但即使是在这个"同"的背后,还是存在不少"异"的因素。

首先,历史上朝鲜、越南、日本在大量使用汉字的时候,也同时拥有自己的文字,如朝鲜在15世纪中叶就出现了韩字(一般以1446年朝鲜世宗大王颁布《训民正音》为标志),越南的喃字(或称字喃)也至少在13世纪就已经形成体系,而日本则早在8世纪就已经出现了假名(同时使用假名和汉字字形进行书写,且汉字字形均可用假名拼写,形成了日本特有的文字体系,也称"和文字")。所以,至少到了15世纪以后,中国以外的这些东亚主要国家都已经发展出了自己的文字体系,汉字并不是唯一被他们使用的文字。关键的问题是:这些自生文字的使用情况如何,尤其是与汉字相比较的使用率如何。

学界在谈到这个问题时,一般都认为朝鲜、越南和日本自己的文字,自其出现之后,一直都处于不那么重要的地位,只是通行于民间或者非正式的场合,无法撼动汉字作为官方记录文字的地位②。当我们认为汉字是历史上朝鲜、越南、日本的所谓官方文字或者占主导地位的文字时,多少还是受到通过存世文献来认识历史的观念局限,单以不同文字书写的存世文献的数量多少,或者作为历史书写者的士人阶层的单方面叙述而得出的论断,是值得商榷的。如果适当地

---

① 葛兆光教授在其《宅兹中国》一书中指出:如果说"东亚"真的存在过认同,也恐怕只是17世纪中叶以前的事情;这种以汉唐中华为历史记忆的文化认同,从17世纪以后开始瓦解。参见葛兆光著《宅兹中国——重建有关中国的历史论述》,中华书局,2011年,第12页。

② 张伯伟教授《域外汉籍研究入门》一书中提到:汉字在汉文化圈中享有崇高的地位,尽管在周边国家和地区也有其本国文字,但其往往通行于民间或女性。朝鲜时代人将本国文字称作"方言",将国文诗歌称作"俚语"或"俗讴",用日语写作的和歌、物语被男性贵族轻视为"女文字"或"女流文学",日语也受到朝鲜时代知识人的轻视,而汉文学则保持了正大的和正统的地位。因此,在20世纪以前,汉文化区中在正规场合使用的正统文字都是汉字,也因此而遗留下大量的汉文文献。参见张伯伟著《域外汉籍研究入门》,复旦大学出版社,2012年,第6—7页。

将目光下移，比如用社会史或者物质文化史的角度去关注底层民众的历史或文献记录以外的历史，可能就会有不一样的认识。

以朝鲜半岛为例，世宗时期发明的韩字是一套纯粹的表音文字系统，它直接和朝鲜语的发音挂钩，只要掌握有限的符号和发音的对应关系，就可以实现读写，其极易习得的特性，成为其为下层民众广泛掌握和使用的根本原因。在近世朝鲜半岛历史上，"不识字（汉字）"的下层民众广泛掌握和使用着韩字，这是一个不争的事实；由国家下发到基层的告示和文书等，最后出现在民众眼前时必然会有一个韩字的版本以利其理解；文人创作的通俗小说类书籍，因为有面向大众的需要，大部分同时有汉字和韩字两个版本，还有些更是直接用韩字创作。由此可见，在民众间的互动、国家与基层的联动、上层文化向底层的流动等等这些过程中，韩字都起到了重要的作用。

因此，大概也只有在认为一个国家人口中的大多数并不构成其历史主流的逻辑前提下，我们才能不加限定地将汉字在朝鲜半岛历史上的地位轻易置于韩字之上。朝鲜半岛的情况如此，越南、日本或多或少也有些类似之处。对这些国家自生文字的使用情况及其影响的重新认识和评估，将有可能令我们对历史上汉字在东亚世界的地位和影响，以及所谓"汉字文化圈"的界定有新的认知。

其次，中国以外的东亚国家和地区，各自在对汉字的使用和重视程度上是存在差异的。相比之下，朝鲜半岛和越南的情况比较接近，由于受到汉文化影响的时间更长，程度也更深，加之与国家政治权力密切联系在一起的士人阶层的稳定存在、维系社会结构相对稳固的科举制度的长期运作等原因，使得作为这一切的基础的"汉字"在很大程度上确实被赋予了"正统"的地位，即一种难以撼动的政治和权力属性。与对汉字重视程度的近似相对应的，是朝鲜和越南士人的汉文水平的不相上下，而两国文士相见时往往总会生出相逢恨晚、惺惺相惜、引为异域知己的感觉，大体亦缘于此。

然而，日本的情况与朝鲜半岛和越南是不同的。近世以来，日本世袭社会的属性相对明显，并没有如朝鲜和越南那样出现士人阶层主导政治权力的情况,也没有科举制度的存在,这使得汉字与政治的关系相对疏离。在日本历史上,掌握汉字、汉文的人群更像是一个技术群体或者说学术群体,比如极具代表性的"五山禅僧"。此外,有一些文人、官僚和贵族也积极学习和使用汉字,其目的大概不外乎学术研究、国际交往中的应用,或是为了彰显自己文化水准等。总的来说,汉字作为一个独立的文字系统,在日本并没有"正统"的政治性意味,也没有一整个社会阶层的人必须要靠它吃饭,它不过是一门学问和技术。因此,比之朝鲜和越南,近世日本以纯汉字书写的文献要少得多。而当我们看到历史上朝鲜文人常常对日本文人的汉文水平嗤之以鼻、日本商人去越南做生意要带个朝鲜人做翻译这样的情况,也就不足为奇了。

朝鲜半岛、越南、日本各自独有的自生文字的存在及影响,以及它们对汉字的使用和重视程度的不同,这些情况都在提醒我们,对"汉字文化圈"的内部差异性问题应该给予足够的重视。类似"汉字文化圈"这样一种对同一性的概括,最大的危险性就在于有意无意之中对差异性的消弭①,而差异性中恰恰可能反映着最真实的历史。因此,从"汉字文化圈"的理论框架中跳出来,回到"书同文"这一客观现象,将注意力集中于东亚各国所留存的汉字文献本身及其反映的历史事实,而不要过分追求"文化共性"、"东亚认同"之类的价值论断,或许才真正有助于我们接近历史本来的面貌。对于"书同文"和"汉字文化圈",似乎都不应过于执着于理论的建构,而应将其作为一种研究的对象,或者研究的方法来加以对待②。

---

① 正如葛兆光教授在讨论"亚洲"与"中国"问题时所指出的那样,当"亚洲"成为一个"历史"的时候,它会不会在强化和凸现东亚这一空间的连带性和同一性的时候,有意无意间淡化了中国、日本、朝鲜的差异性呢? 从中国历史研究者立场看,如果过于强调"从亚洲出发思考",会不会在"亚洲"中淡化了"中国"呢? 参见葛兆光著《宅兹中国——重建有关中国的历史论述》,第14页。

② 张伯伟教授在其《作为方法的汉文化圈》一书导言中着重强调了东亚汉文文献作为研究东亚历史问题的整体性文献的价值,其观点颇有启发性。他指出:汉文化圈中的汉文献整体,就不仅是学术研究中必需的材料,不仅是古典学研究的对象,不仅是(转下页)

一 同文书史:"书同文"对中国历史研究的意义

东亚的不同国家和地区同时保留下大量用汉字书写的文献资料,这是东亚"书同文"的历史为我们留下的最重要遗产,从微观的角度看,这些文献是不同国家和地区对自身历史的记录,而就宏观的视角而言,所有的这些文献组合在一起,又有着大家共用汉字记录整个东亚世界历史的意味。不仅如此,这种微观和宏观之间关系,并非简单的叠加组合,而是你中有我、我中有你,彼此交织的状态,从任何一方的记录中都可以发现与另外几方相关的内容。因此,所谓"同文书史"的义涵,包括这样两个方面:一是大家都用汉字记录历史,二是大家一起用汉字记录东亚共同的历史。

"同文书史"的情况,对历史研究的意义不言而喻。首先,每个国家都有了从外部寻找有关自身的历史记载的途径。其次,大家都可以在一个更加宏大的东亚视野下重新审视自身的历史文化定位。当然,因为所有文献都是用汉字书写的,所以对目前仍以汉字为母语的中国学者而言,阅读的优势显然更为明显,上述的意义也更为直接。具体来说,中国学者利用域外汉文文献开展研究的意义至少体现在以下三个方面:

其一,研究中国以外的东亚各国历史具有文献利用的先天优势。这一点不难理解,比如对于中国从事朝鲜半岛历史、越南历史、日本历史这样一些外国史研究的学者而言,他们在文献资料的阅读上不会存在太大的障碍,甚至可能比这些国家的本国学者更具有优势。不过,话又说回来,治外国史仅依靠文献往往是不够的,如果没有受

(接上页)学术增长点或学术新领域,在更重要的意义上说,这是一种新的思考模式和新的研究方法。而以汉文化圈这种研究方法为研究方法的具体实施,就是要以汉籍文献整体为基础,以汉文化圈为视野,以综合与比较为手段,寻求其内在联系和内在结构。参见张伯伟著《作为方法的汉文化圈》,中华书局,2011年,第6—9页。

过这个国家文化的深层浸染,对其历史的理解难免会存在偏差。

其二,作为重新审视中国历史的文化的资料补充和认知镜鉴。研究中国的历史和文化,域外的历史文献是否有价值?这个问题在当下的中国史学界已经形成了肯定的共识,但其形成过程却漫长而曲折。

中国人认识自己的历史和文化,大体经历了两个主要的阶段,即以自我为中心和以西方为参照。所谓以自我为中心,可以追溯到中国人传统的"天下观",中国人向来以为自己是天下之中,中国的历史问题在中国内部就全部可以找到答案,而事实上中国自身所留存下来的历史文献也确实已经难以穷尽。然而,以自我为中心的历史观在近代以来受到极大的冲击,特别是当西方以强有力的姿态出现,传统的天下观被打碎之后,讨论中国的历史,就开始受到一个西方的阴影的笼罩,凡事必须要在与西方的比较中形成最后的结论,这就是以西方为参照的历史观带来的结果。

以西方为参照的历史观的影响可以说至今仍然存在,但同时也有越来越多的历史学者开始反思,而作为其反思的结果,大致出现了两种不同的主张。第一种观点主张回归中国本身,强调中国的传统,反对凡事与西方做比较,这种趋势某种程度更像是所谓"中国崛起"背景下的一种民族意识的反弹,而较少体现历史研究本身的客观态度。第二种观点则主张摆脱中国中心和西方参照两种观念的束缚,寻求更多的维度来观察中国和研究中国。

第二种观点的代表学者是葛兆光教授,他提出了一些关键性的论点,比如"仅仅用中国的资料来解释中国远远不够",又比如"揽镜自鉴"。研究中国就好比一个人照镜子,你用一面镜子,永远只能看到自己的正面,用两面镜子,看到的也不过就是正面和背面,而我们需要的是用更多面镜子从各个不同的角度去照自己,这样才能看到一个完整的全方位的自己。就中国的历史研究而言,中国中心和西方参照只是两面镜子,除了这两面镜子外,我们还需要去找到更多的镜子,这是一个相当形象的比喻。

那么,什么可以成为照映中国的其他镜子?葛兆光教授提示了一个重要的方向,那就是"从周边看中国"。这里的周边,指的是地理意义上处在中国周围的地区和国家,其中就包含朝鲜半岛、日本、越南、蒙古,以及西边的中亚各国和地区。这样一些国家和地区,历史上都和中国有着密切往来的关系,彼此之间也存在着深刻的文化影响,更为关键的是这些国家和地区留存下来的文献中,都有大量关于中国的记载,而这些记载多是以一种他者的眼光观看中国的记录,和中国自己的记录有时候会很不一样,这些他者的记录,能够帮助我们跳出自我认知的框限,更全面地了解中国的历史形象。①

第三,在更宏观的东亚视野下理解中国历史和文化。一旦提到东亚一体化、东亚认同这样的观点,争议总是难免,不过这并不影响我们从研究方法的角度着手,将中国历史和文化放置到东亚这个更为宏观的视野中去考察。这就好比全球史虽然饱受争议,但绝大多数人并不否定其作为一种研究视野和方法的价值。

在东亚视野下研究中国,核心是将中国视为东亚区域的一部分,通过考察其与区域内他者的关连和互动,寻求对中国历史面貌的新发现和新理解。这一过程中,并不会因为将注意力转移到整体的东亚而消解了中国,相反只是将东亚作为一个背景,关注的主体始终是中国。

将东亚视作一个整体进行研究,在西方学术界的区域史学术脉络中早就形成传统,而近年来也似乎正越来越成为东亚国家和地区学术界的兴趣热点。不过,虽然大家都在强调东亚的重要性,其背后的考虑却各不相同。比如日本学界过去有很强的"亚洲主义"和"人东亚"研究传统,因其浓重的政治意味而饱受批评;而近年来一批日

---

① 此处提到的葛兆光教授的观点,可分别参考以下论文:葛兆光《揽镜自鉴——关于朝鲜、日本文献中的近世中国史料及其他》,载《复旦学报》(社会科学版),2008年第2期,第2—9页。葛兆光《预流、立场与方法——追寻文史研究的新视野》,载《复旦学报》(社会科学版),2007年第2期,第1—14页。

本学者所致力的"东亚海域史"的研究①，开辟了一条以海域连接东亚的学术新路径，关注海域的问题是显然与日本海洋国家的属性有所关联，而以海域历史的角度看，某种程度上可能提升日本在东亚世界的重要性和显示度。韩国学者对东亚史同样抱有热情，他们认为借助强调东亚的整体性，可以消减历史上中国在东亚世界的笼罩性影响，并使朝鲜半岛文化的独特性得到彰显，例如有韩国学者就提出"以东亚史的视野再构成韩国历史"的观点和主张②。

客观地说，东亚内部的国家和地区的学者在面对处理关于东亚的问题时，还是很难摆脱本国立场的影响，所以其出发点往往与西方学者将东亚纳入区域史脉络进行整体性考量不同，这是一种可以被理解的选择。在处理中国历史研究和东亚历史研究的关系时，坚持以中国为主体，将东亚作为背景和视野，也是合情合理的。而事实上，当我们在东亚视野中借助外部资源深化对中国自身历史的理解的同时，又何尝不是在为整体性的东亚历史叙述作出贡献呢？

之所以认为在东亚的视野下能够深化我们对中国历史和文化的认识和理解，是基于历史上东亚世界各国家和地区之间存在密切的交流互动的这一事实。这些交流互动包括政治、外交、商贸活动、文

---

① 关于日本学界"东亚"和"东亚海域"的研究综述，可参考董少新《从"东亚"到"东亚海域"：学术、政治与历史世界的构建》，载《文汇报》，2013年3月4日，第00C版。关于日本学者东亚海域史研究的介绍，可参考羽田正《东亚海域史的实验》，收在文史研究院编《世界史中的东亚海域》，中华书局，2011年12月，第1—10页。中国学者对于东亚海域问题的有关论述，可参考葛兆光《从"西域"到"东海"——一个新历史世界的形成、方法及问题》，载《文史哲》，2010年第1期，第18—25页。日本学者有关东亚海域的研究专著方面，东京大学小岛毅教授主持编撰的《东アジア海域丛书》，已陆续出版了十多卷，其中包括有山本英史编的《近世の海域世界と地方统治》、井上彻编的《海域交流と政治权力の对应》、吉尾宽编的《海域世界の环境と文化》、森平雅彦编的《中近世の朝鲜半岛と海域交流》等等。此外，最近国内出版的日本学者上田信的《海与帝国：明清时代》（上田信著，高莹莹译《海与帝国：明清时代》，广西师范大学出版社，2014年），也是一部日本学者研究东亚海域史的代表性著作。

② 参见朴元熇《동아시아사로서의 한국사를 위한 마지막提言》（为《作为东亚史的韩国史》一书所作的最后提言）》，载［韩］《历史学报》，第216辑（2012年12月），第33—55页。

化传播、人员往来等多方面的内容，且其交互的频率和深入的程度，往往超出我们的想象。如果说利用中国自己的文献资料来研究中国是一种自我认知的方式，而进一步利用周边国家和地区的汉文文献研究中国是借助他者眼光的认知方式，那么是不是可能还有第三种认知方式，那就是把中国置于东亚的空间范畴，将其作为东亚互动交流的参与者之一进行考察。如果说自我观看和揽镜照看所看到的还只是静态的中国形象，那么第三种方式则可以让我看到一个与外部世界交流的动态的中国，而这或许也是一种更加彻底的"跳出中国，又反观中国"①的方法。

与第三种认识方式伴随而来的将会是研究中国历史文化的资料边界的进一步拓展，除了周边国家文献资料中与中国有关的部分（如外交关系史材料）和直接记录中国的部分（如燕行文献）以外，那些反映周边国家本国历史和文化的文献，甚至周边国家之间的交往记录（如朝鲜赴日通信使文献），都可能成为有助于我们认识中国历史文化的新资料。正如葛兆光教授所言：研究中国的人完全可以把视野放宽，有些未必直接涉及中国，或者不一定直接记载中国的资料，其实也有"中国"在②。

东亚各国的历史中你中有我的状态，对按照国家分工的中外关系史或者东亚国别史研究的学者而言一定不陌生，而他们中很多人的研究就是在揭示这种状态。事实上，如果将这样的研究集合在一

---

① 见前引葛兆光《揽镜自鉴——关于朝鲜、日本文献中的近世中国史料及其他》，第8页。

② 对此，葛兆光教授指出：无论在漫长的历史中，还是在现实的空间里，对于朝鲜和日本来说，"中国"都是一个巨大的"来源"或"他者"，使得那个时代的日本和朝鲜人在互相交往礼聘的时候，在彼此赠酬唱和的时候，在互相观察和评价的时候，在引经据典的时候，都会出现"中国"。见葛兆光著《想象异域——读李朝朝鲜汉文燕行文献札记》，中华书局，2014年，第18页。在葛兆光教授最近发表的有关朝鲜赴日通信使文献的论文中，又进一步以"不在场的在场者"来表述朝鲜和日本两者交流中"中国"因素的存在。参见葛兆光《文化间的比赛：朝鲜赴日通信使文献的意义》，载《中华文史论丛》，2014年第2期，第1—62页。

起,大概也能够收到与前述第三种认知方式同样的效果。无奈现实的学术分野令研究者们各守一隅,要将不同板块拼接在一起实属不易。而要求任何一个研究者做到兼通东亚多国的历史和文献,也几乎不太可能。因此,研究视野就显得至关重要,宽广的视野带给研究者开放的心态,即使在自身有限的研究领域内,只要避免自我画地为牢,研究的道路就会越走越宽。

"书同文"带来的东亚汉文文献留存,为我们在东亚视野下研究中国历史和文化奠定了坚实的资料基础,同时也为中国学者提供了便利的研究条件。东亚世界"同文书史"的传统虽然已经终结,但它却为我们今天的历史书写留下了宝贵的遗产,让这笔遗产在当下实现价值的最大化,是每一位中国历史研究者义不容辞的使命。当然,这也应当是东亚各国历史研究者共同的使命,毕竟"同文书史"是大家共享的传统。

二 异域之眼:周边国家汉文文献整理和研究现状

中国学者在提到周边国家汉文文献的价值时,往往都会不约而同地提到"异域之眼",所谓"异域之眼"指的是外国人观察中国的眼光,这种眼光和中国人的眼光不同,因而能够为我们提供认知自身的新角度。而在所有观看中国的"异域之眼"中,来自周边国家的观察持续时间最长,留下的文献资料也最多,而其观察的广度和深度,也非其他来自异域的观察所能及。

然而,中国的研究者对这部分历史资料的价值,从了解、认识到重视,经历了一个比较漫长的过程。张伯伟教授在论述这个过程时提到,历史上中国人对域外汉籍的认识,往往是从展现本国"文教之盛"和"礼失而求诸野"的心理出发;20世纪以来,社会和学术开始由传统向现代转型,学者重视新材料的发现,也以研究的态度对待之,但实际成果极少;80年代自国际上出现域外汉籍研究热潮①，台湾学界率先跟进，90年代大陆学界陆续跟上，而时至今日，我国域外汉籍研究的现状，可以用"方兴未艾"来形容②。

葛兆光教授和张伯伟教授在论及中国学者关注到域外有关中国的史料这一问题时，都提到了胡适的例子③。胡适在1938年8月28日于苏黎世举办的国际史学大会上宣读了一篇英文论文《近年来所发现有关中国历史的新资料》(Recently Discovered Material for Chinese History)，他在文中提到的史料包括：1. 安阳的殷商史迹；2. 新出土的金石与其新研究；3. 敦煌卷子；4. 日本朝鲜所存中国史料；5. 中国宫殿官署所出档案；6. 禁书、逸书、忽视的书的"钩沉"④。胡适是在写给傅斯年的信里提到这件事的，但是他所提到的第四条"日本朝鲜所存中国史料"的受关注程度，在当时及其后一段时间的中国史学界，似乎都远远不及他提到的另外几项史料。大抵当时以傅斯年为代表的一批史料派学者，光动手动脚找中国内部的资料就已经够忙了，根本无暇他顾吧。

不过，胡适在论文中提到这一点，当然是有他的依据的，因为当时他自己的一个学生正在从事这方面的工作，此人便是吴晗。吴晗先生20世纪30年代初开始在清华大学学习和工作，他因研究明史的需要而关注到朝鲜李朝实录的资料。早在1934年所写《朝鲜李朝实录中之李满住》一文⑤中，他就提到了自己辑录《朝鲜李朝实录中

---

① 20世纪80年代初，在法国工作的陈庆浩教授提出"汉文化整体研究"的观念，其后一些学者发起组织"中国域外汉籍国际学术会议"，从1986年到1995年，在中国台湾地区、日本、韩国、美国等地先后召开了十次会议。参见刘倩《汉文化整体研究——陈庆浩访谈录》，载《文学遗产》，2007年第3期，第156页。

② 参见前引张伯伟著《域外汉籍研究入门》，第11—16页。

③ 参见前引葛兆光《揽镜自鉴——关于朝鲜、日本文献中的近世中国史料及其他》，第2页；又见前引张伯伟著《域外汉籍研究入门》，第12—13页。

④ 参见胡适著，季羡林主编《胡适全集》，安徽教育出版社，2003年，第二十四卷，第388页。

⑤ 吴晗《朝鲜李朝实录中之李满住》，收入吴晗著，常君实编《吴晗合集》，中国人民大学出版社，2009年，第三卷，第37—60页。该论文最初发表在《燕京学报》第十七期（1935年），第59—88页，题名为《关于东北史上一位怪杰的新史料》。

之中国史料》一书的工作。1961年前后,吴晗将全稿整理校阅一遍,又从《高丽史》中摘录资料进行补充。今日所见中华书局版十二册的《朝鲜李朝实录中的中国史料》,共约三百多万字,其书稿早在1966年前已经排成,因政治原因被搁压多年未能付印,直到80年代初吴晗被平反之后,才由中华书局出版①。

吴晗在走上学术道路的过程中,得到胡适不少指导,也自然受其影响颇深,1966年第三期《历史研究》刊载的《评注吴晗胡适通信》中所收两人1930年至1932年间往来书信(共十三封),多反映这方面的内容②。其中,胡适在1931年9月12日写给吴晗的信件中集中谈到治明史的建议,最后说:"请你记得:治明史不是要你做一部新明史,只是要你训练自己做一个能整理明代史料的学者。"③因为胡适的指导,再加上条件也凑巧——当时的北平图书馆收藏了一套朝鲜最新影印出版的《朝鲜李朝实录》(1932年出版)④,促使吴晗开始了对朝鲜史料的辑录和研究工作。他在1934年的《李满住》一文中提道:"过去我曾把这书(《朝鲜李朝实录》)中涉及中国、朝鲜和朝鲜与建州、建州与明的史料辑录为《朝鲜李朝实录中的中国史料》一书,体

---

① 吴晗与《朝鲜李朝实录中的中国史料》一书整理出版的相关情况介绍,可参见翁独健《朝鲜李朝实录中的中国史料序言》,载吴晗辑《朝鲜李朝实录中的中国史料》,中华书局,1980年,第一册,第一至三页。

② 《评注吴晗胡适通信》,载《历史研究》,1966年第3期,第49—65页。

③ 关于如何治明史的问题,胡适1931年9月12日写给吴晗的信件中写道:"蒋先生(蒋廷黻)期望你治明史,这是一个最好的劝告……晚代历史,材料较多,初看去似甚难,其实较易整理,因为处处脚踏实地,但肯勤劳,自然有功。凡立一说,进一解,皆容易证实,最可以训练方法。……已读得一代全史之后,可以试作'专题研究'之小论文,题目越小越好,要在'小题大做',可以得训练。千万不可做大题目。……请你记得:治明史不是要你做一部新明史,只是要你训练自己做一个能整理明代史料的学者。"见前引《胡适全集》,第24卷,第100—101页。此信也收在前引《吴晗全集》,第10卷,第140—141页。该信手稿影印件见耿云志主编《胡适遗稿及秘藏书信》,黄山书社,1994年,第19册,第174—177页。

④ 日本占据朝鲜半岛后,首尔帝国大学法文学部于1929年筹划影印《朝鲜李朝实录》,缩本影印工作从1930年7月开始,至1932年完成,共印三十部,吴晗当年在北平图书馆所见的本子,就是其中的一部。参见前引翁独健《朝鲜李朝实录中的中国史料序言》,第二页。

例一仍原书"①,可见这项工作早在1932年到1934年之间就已经开展并形成部分成果。

事实上,当时胡适本人对域外有关明史的资料特别是朝鲜所存的资料并不十分掌握,如其在1931年致吴晗的信中说:"明代外人记载尚少,但如'倭寇问题',西洋通商问题,南洋问题,耶稣会教士东来问题,皆有日本及西洋著述可资参考。蒋廷黻先生必能指导你,我是全外行。"②由此可见,作为学生的吴晗当比老师更早地关注并利用朝鲜史料研究中国,弟子不必不如师,这在某种程度上反映了当时中国学术界的一种常态。无论如何,早在20世纪30年代,不管是吴晗的付诸实际行动,还是胡适在国际学术场合的公开发言,都已经明确指向了利用域外文献以资中国历史研究的方法,遗憾的是,在之后的整整六十多年间,中国学界这方面的努力却乏善可陈。

吴晗先生的史料辑录工作至今仍受到学界的普遍尊重,并被公认为利用域外文献资料研究中国历史的开山之举,可谓实至名归。在当时的工作条件下,要从六千四百多万字的《朝鲜李朝实录》中辑出三百四十多万字的中国相关史料,其工作量可想而知,老一辈学人的勤奋超乎我们的想象。今天,包括《朝鲜李朝实录》在内的大量域外历史文献都已经实现了电子化,且能够方便地进行检索阅读,因而像编撰《朝鲜李朝实录中的中国史料》这样的资料集从技术上似乎没有了必要。然而,从研究方法上来说,这样的工作对今天仍有相当大的启发意义,推而广之如《朝鲜李朝实录》中的日本史料、越南史料、琉球史料③,日本、安南史书中的中国史料等,都是可以开展的工作,更何况现在的研究条件也是空前优越。总之,利用域外资料开展本

---

① 见前引吴晗《朝鲜李朝实录中之李满住》,第37页。
② 见前引《胡适全集》第101页,《吴晗全集》第140页,《胡适遗稿及秘藏书信》第176页。
③ 朝鲜王朝实录中的日本、琉球史料的编撰,均已有资料集出版:日本史料集成编纂会编《中国·朝鲜史籍中的日本史料集成:李朝实录之部》,[日]图书刊行会,2007年。池谷望子等编《朝鲜王朝实录琉球史料集成》,[日]榕树书林,2005年。

国史研究的方法,其潜在的发展空间极为广阔。

差不多到了20世纪90年代以后,对域外汉文文献资料的整理和研究,又重新成为中国学界的关注热点,而在这一转变过程中,大致可以发现两条不同的行进脉络。

其一是文献学的脉络,或可称之为"域外汉籍"的研究脉络。这一脉络的出现缘于中国学界对于国际学界在"汉文化圈"研究背景下强调东亚汉籍的一种回应,它偏重于文献学、文学、儒学、汉文化整体性等问题的讨论。而在这一脉络中,"域外汉籍"的概念十分宽泛,包括三方面的内容:第一,历史上域外文人用汉字书写的典籍;第二,中国典籍的域外刊本或抄本;第三,流失在域外的中国古籍[①]。

从这一条脉络去考察中国学界的动态,可以发现不少有代表性的现象。比如南京大学于2000年成立了"域外汉籍研究所",形成了对域外的目录、文学、史学、思想、教育、医学、艺术、宗教文献等方面的整理计划和研究规划;上海师范大学在2005年成立了"域外汉文古文献研究中心",并以敦煌学、佛教和小说为研究重心。台湾学界也相当活跃,台湾大学2002年建立的"东亚文明研究中心",以东亚文献、教育、儒学为主要研究方向;台湾"中研院"文哲研究所出版了《越南汉喃文献目录提要》及《补遗》;台北大学古典文献研究所开设了"东亚汉文文献研究"的研究生课程[②]。这样一种以专门机构推动特定研究方向的方式,使域外汉籍的研究得以迅速发展。

其中尤其值得一提的便是张伯伟教授所主持的南京大学"域外汉籍研究所",研究所在推动域外汉籍整理、出版和研究方面做出了学界公认的贡献。该研究所从2005年开始创办《域外汉籍研究集

---

① 此处对"域外汉籍"的定义,可参见前引张伯伟著《域外汉籍研究入门》,第1—2页。事实上,"域外汉籍"本身是一个有争议的定义,学界有不同的意见。复旦大学历史系邹振环教授曾提出"华外汉籍"的概念,将其细分为"外刻外著汉籍"、"华刻外著汉籍"、"外刻华著汉籍"、"海外古籍佚书"和"汉外籍合璧本"五大类,试图厘清这一问题。参见邹振环《"华外汉籍"及其文献系统刍议》,载《复旦学报(社会科学版)》,2012年第5期,第104—114页。

② 参见张伯伟著《域外汉籍研究论集》,北京大学出版社,2011年,第4页。

刊》(已出版九辑),此外还主编"域外汉籍资料丛书"①和"域外汉籍研究丛书"②,产出了大量与朝鲜、日本、越南所藏汉文文献有关的研究成果,同时还关注新加坡、马来西亚、泰国等地的文献。有学者评价,该研究所形成了一个完整的域外汉籍研究系统,是域外汉籍研究一个新时代的开始③。

由中国社会科学院历史研究所主持编纂的《域外汉籍珍本文库》项目,是迄今为止中国学界域外汉籍整理出版最庞大的项目,该项目作为中国国家"十一五"文化发展规划重大出版工程之一,2009年开始由西南师范大学出版社和人民出版社联合出版。其中主要包括三部分内容:中国历史上流散到海外的汉文著述;域外钞录、翻刻、整理、注释的汉文著作;原采用汉字的国家与地区学人用汉文撰写的与汉文化有关的著述。此外,近数百年来欧美来华传教士用汉字或双语撰写的与汉文化有关的一些重要著作,也作为附录收入《文库》。该丛书计划出版800册,囊括2 000余种珍贵域外汉文文献,截至2013年已出版三辑共213册。

除了机构的推动外,一些研究者个人的文献整理和研究工作也

---

① 已出版《朝鲜时代书目丛刊》(9册,中华书局2004年版),计划出版的还有:(1)域外中国文学评论数据集(韩国卷),约150万字;(2)日本15至19世纪宋诗研究数据集,包括苏轼、黄庭坚、惠洪、陆游等,约600万字;(3)朝鲜时代杜甫研究数据集,约60万字;(4)日本江户时代《世说新语》注释集成,约50万字;(5)日本诗评汇编(汉文卷),约120万字。见南京大学文学院网站介绍(http://chin.nju.edu.cn/shownews714.html。

② 该套丛书目前已出版的有:(1)张伯伟著《清代诗话东传略论稿》,中华书局,2007年。(2)金程宇著《域外汉籍丛考》,中华书局,2007年。(3)蔡毅著《日本汉诗论稿》,中华书局,2007年。(4)左江著《李植杜诗批解研究》,中华书局,2007年。(5)刘玉珺《越南汉喃古籍的文献学研究》,中华书局,2007年。(6)张伯伟著《作为方法的汉文化圈》,中华书局,2011年。(7)李庆著《海外典籍与日本汉学论丛》,中华书局,2011年。(8)陈益源著《越南汉籍文献述论》,中华书局,2011年。(9)静永健、陈翀著《汉籍东渐及日藏古文献论考稿》,中华书局,2011年。(10)王晓平著《日本诗经学文献考释》,中华书局,2011年。(11)陈捷著《人物往来与书籍流转》,中华书局,2011年。

③ 参见陈庆浩《汉文化整体研究三十年感言》,载《书品》,2011年第5期,第31—34页。

值得注意，比如：白化文等人的《入唐求法巡礼行纪校注》（花山文艺出版社1992年）、朱瑞平点校的《热河日记》（上海书店出版社1997年）、葛振家的《崔溥〈漂海录〉评注》（线装书局2002年）、党银平的《桂苑笔耕集校注》（中华书局2007年）、白化文和李鼎霞点校的《参天台五台山记》（花山文艺出版社2008年）、王丽萍点校的《新校参天台五台山记》（上海古籍出版社2009年）等，都是从文献学的角度出发，对域外文献进行整理和点校的重要成果。

其二是历史学的脉络。这一脉络侧重强调中国周边国家汉文文献对中国历史研究的价值。它基本上可以向上接续到前述吴晗的做法和胡适的想法。胡适提出利用周边国家汉文文献研究中国历史的想法，可能是因为过于超前，在当时时代条件下没有立即形成一种鲜明的学术风气，但是随着历史研究的进展和新材料发掘需求的增长，不仅仅胡适提到的"日本朝鲜所存中国史料"注定要重新进入中国历史研究者的视野，更广阔视野中的域外文献也在陆续成为中国历史研究的新资源。

在历史学的脉络下发掘和研究域外汉文文献的工作，大体有两方面值得关注的情况。首先是一些国别史研究者的相关工作，他们的专业是朝鲜史、日本史或东南亚史（越南史）等，在各自的研究领域长期接触到这些国家历史上的汉文文献并加以研究。不少学校和科研机构成立了专门的国别史研究中心，比如日本研究中心、韩国研究中心、越南研究中心等，这些研究中心也关注对象国家历史文献的整理和研究。除了国别史之外，中外关系史领域也是利用域外文献开展研究的重要阵地，近年来，特别是在中朝（韩）关系史、中日关系史研究领域，涌现出大量此类研究。一些学术团体的活动在汇聚学者、引领学术方向上起到积极作用，比如中国朝鲜史研究会就聚集了国内绝大多数的朝鲜半岛历史和中朝关系史研究学者，每年召开一次学术会议，并定期出版会刊《朝鲜·韩国历史研究》，可以说，该研究会在推动朝鲜半岛留存史料的利用和研究方面起到了重要的作用。

其次是燕行文献研究热的出现。对历史上明清两代朝鲜使节出使中国留下的纪行文献产生兴趣并展开研究，最初大概出现在中朝

(韩)关系史领域,其后越来越多的研究者感到,此类文献中更多的是和中国直接有关的材料,于是研究中国史(主要是明清史)的学者,也迅速加入进来,掀起了一股燕行文献研究的热潮,近十几年来产出大量成果。专著方面较具代表性的有:陈尚胜等的《朝鲜王朝(1392—1910)对华观的演变:〈朝天录〉和〈燕行录〉初探》(山东大学出版社1999年)、刘顺利的《王朝间对话——朝鲜领选使天津来往日记导读》(宁夏人民出版社2006年)和《朝鲜文人李海应〈蓟山纪程〉细读》(学苑出版社2010年)、徐东日的《朝鲜使臣眼中的中国形象——以〈燕行录〉〈朝天录〉为中心》(中华书局2010年)、邱瑞中的《燕行录研究》(广西师范大学出版社2010年)、杨雨蕾的《燕行与中朝文化关系》(上海辞书出版社2011年)、葛兆光的《想象异域——读李朝朝鲜汉文燕行文献札记》(中华书局2014年)等。相关的研究论文更是层出不穷[1]。而近年来各高校文史专业的学位论文中,也出现越来越多的与燕行文献相关的题目[2]。

燕行文献作为域外人士观察中国留下的第一手资料,对研究中

---

[1] 较具代表性的论文有:(1)王政尧《〈燕行录〉初探》,载《清史研究》,1997年第3期,第1—8页。(2)孙卫国《〈朝天录〉与〈燕行录〉——朝鲜使臣的中国使行纪录》,载《中国典籍与文化》,2002年第1期,第74—80页。(3)杨雨蕾《朝鲜燕行录所记的北京琉璃厂》,载《中国典籍与文化》,2004年第4期,第55—63页。(4)刘静《从"燕行录"看18世纪中国北方市集——兼论中朝文化交流与文化差异》,载《北京社会科学》,2006年第3期,第34—38页。(5)徐东日《朝鲜燕行使节眼中的乾隆皇帝形象》,载《东疆学刊》,2009年第4期,第13—19页。(6)葛兆光《"不意于胡京复见汉威仪"——清代道光年间朝鲜使者对北京演戏的观察与想象》,载《北京大学学报(哲学社会科学版)》,2010年第1期,第84—92页。(7)王振忠《朝鲜燕行使者与18世纪北京的琉璃厂》,载《安徽史学》,2011年第5期,第13—29页。(8)王鑫磊《韩国汉文燕行文献〈随槎录〉的史料价值——兼谈朝鲜王朝的"小中华意识"》,载《复旦学报(社会科学版)》,2013年第5期,第19—29页。

[2] 近年来与燕行文献研究相关的博士学位论文不少,试举几例:(1)马靖妮《〈热河日记〉中的中国形象研究》,中央民族大学,2007年。(2)杨盼盼《朝鲜使臣眼中的道光朝》,山东大学,2008年。(3)颜宁宁《金景善〈燕辕直指〉研究》,山东大学,2008年。(4)杨昕《"朝天录"中的明代中国形象研究》,中央民族大学,2009年。(5)许明哲《朴趾源〈热河日记〉的文化阐释》,延边大学,2009年。(6)韩龙浩《19世纪〈燕行录〉中的中国形象研究》,中央民族大学,2011年。(7)李根硕《朝鲜的中国想像与体验(从17世纪到19世纪)》,北京大学,2012年。

国明清时代的历史、社会和文化有着重要的价值,且其主题集中、体量较大,原本在韩国就有较好的整理出版基础①,加之国内也有选编出版的情况②,研究者较易获得和利用,使得以燕行文献为史料基础的研究近年来迅速涌现,以至于不少中国研究者都对韩国学者最先提出的所谓"燕行学"津津乐道。燕行文献作为新发现史料对相关学科的影响可想而知。

而随着对朝鲜半岛燕行文献关注度的提高,与之近似的一类文献资料——越南汉文燕行文献也开始进入研究者的视野。2010年,复旦大学文史研究院与越南汉喃研究院合编的《越南汉文燕行文献集成》(全二十五册)由复旦大学出版社出版发行,是为越南汉文燕行文献的首次收集、整理和影印出版,意义重大。中国学者对越南汉文文献的关注由来已久,但长期以来集中在文献学和文学领域③,利用越南燕行文献开展研究总的来说尚处在起步阶段,但也已经可以看到一些成果问世④。

---

① 韩国影印出版的燕行文献资料丛书有:(1)成均馆大学东亚学术院编《燕行录选集》(全二册),成均馆大学东亚学术院1962年出版。(2)林基中编《燕行录全集》(全一百册),韩国东国大学出版社2001年出版。(3)林基中、夫马进编《燕行录全集:日本所藏编》(全三册),韩国东国大学出版社2001年出版。(4)成均馆大学东亚学术院编《燕行录选集补遗》(全三册),成均馆大学东亚学术院2008年出版。(5)林基中编《燕行录全集续编》(全五十册),韩国尚书院2008年发行。

② 中国大陆燕行文献资料的影印出版有:(1)复旦大学文史研究院与韩国成均馆大学东亚学术院合编《韩国汉文燕行文献选编》(全三十册),复旦大学出版社2011年出版。(2)弘华文主编《燕行录全编》,广西师范大学出版社2010年开始出版,目前已陆续出版三辑共三十二册。

③ 重要的成果有:(1)刘春银、王小盾、陈义编《越南汉喃文献目录提要》(二册),台湾"中研院"中国文哲研究所,2002年。(2)刘春银、林庆彰、陈义编《越南汉喃文献目录提要补遗》(二册),台湾"中研院"中国文哲研究所,2004年。(3)孙逊等编《越南汉文小说集成》(全二十册),上海古籍出版社,2010年。

④ 比如:(1)彭敏《元结纪咏诗文研究——以湖南浯溪碑林与越南燕行文献为中心》,载《湖南科技学院学报》,2012年第1期,第16—20页。(2)陈正宏《越南燕行使者的清宫游历与戏曲观赏》,载《故宫博物院院刊》,2012年第5期,第31—40+159—160页。(3)陈国保《越南使臣对晚清中国社会的观察与评论》,载《史学月刊》,2013年第10期,第55—67页。(4)周亮《清代越南燕行文献研究》(硕士论文),暨南大学,2012年。(5)张茜《清代越南燕行使者眼中的中国地理景观》(硕士论文),复旦大学,2012年。

日本方面也有与此类似的文献,但总的来说数量较少。比如唐代园仁的《入唐求法巡礼行记》和宋代成寻的《参天台五台山记》等,作为外国人记录中国的历史资料,越来越受到相关时期的中国历史研究者的重视。明代产生了一批日本人中国纪行文献,一般称为"遣明使记录",其性质和资料价值都接近于燕行文献,比如笑云瑞䜣的《笑云入明记》、策彦周良的《初渡集》和《再渡集》等。以往中日关系史领域的研究者利用遣明使记录开展研究的不少,但近年来,从"异域之眼"和域外史料的角度出发,利用这些资料集中讨论中国本身的历史问题的研究也开始涌现出来①。

燕行文献的研究热既有其积极的一面,同时也有局限性,过度关注于燕行文献这一个史料的增长点,带来的副作用也可能是对其他文献的忽略。这与历史学的研究方法不无关系,研究者往往喜欢深入挖掘、务求穷尽史料的价值,特别是在接触到新史料的情况下。不可否认,很多优秀的历史研究都是以这样的方式做出来的,但是在对待燕行文献的研究时,研究者更应该考虑的或许是一个在接触、进入之后,应该怎样走出来,以及如何走向一个更广阔的史料视野的问题。

如果我们把吴晗先生辑录《朝鲜李朝实录中的中国史料》看作是中国学界关注和利用域外汉文文献开展中国历史研究的一个标志性的起点,那么燕行文献热或许可以视作继之以后的第二个明显的标志性阶段,我们目前尚处其中。那么,下一个热点会是什么?下一个发展阶段将是什么样的情况? 以朝鲜半岛汉文文献来说,继李朝实录和燕行文献之后,可能为研究者研究中国历史所利用的文献空间还很大,比如韩人文集、官署誊录、通信使文献等,这些都已经是呼之

---

① 试举几例:(1)朱莉丽著:《行观中国——日本使节眼中的明代社会》,复旦大学出版社,2013年。(2)范金民《从〈入明记〉看明代嘉靖年间日本使者与浙江士人的交游活动》,载《史林》,2013年第3期,第60—69页。(3)陈小法《日本入明僧携回的中国物品——以策彦周良为例》,载《甘肃社会科学》,2010年第5期,第88—92页。(4)凌金祚《策彦周良两次入明贡舶与海禁》,载《浙江海洋学院学报(人文科学版)》,2002年第4期,第26—30页。(5)陈越《明代日本来使接待制度研究——以策彦周良〈初渡集〉为例》(硕士论文),浙江大学,2004年。

欲出的热点。而除了文献体量最大的朝鲜半岛方面,日本、越南的汉文文献的整理和研究也都有迎头赶上的趋势①。无论何者成为下一个热点,至少可以肯定的是,中国历史学界对域外汉文文献的关注和研究将会是一个长期延续的态势。

三 以邻为镜:朝鲜半岛汉文文献与中国历史研究

在中国周边的诸多"他者"中,朝鲜半岛是一个最重要的存在,它在历史上和中国的关系最密切,而且所保留的汉文文献资料也是最多的。更为关键的是,当前韩国在本国历史文献的整理、出版以及电子数据库建设等方面的工作,遥遥领先于包括中国、日本在内的东亚其他国家,研究者获取和利用相关文献十分便利,这一点相信熟悉韩国文献状况的研究者都有同感。对历史研究而言,史料的获得是最重要的前提,前述燕行文献研究热的出现,很大程度上就得益于韩国方面文献资料的公开与共享。

朝鲜半岛历史上受到中国传统文化影响颇深,其历史文献的编纂和留存状况也和中国类似。张伯伟教授在《域外汉籍研究入门》一书中介绍韩国出版的资料集时采用中国传统的经、史、子、集的四部分类加以介绍,其中史部又细分为正史、编年史、纪事本末、别史、传记、古文书、政法、地理、外交、书目、金石、史料汇编,子部细分为儒家、释家、杂家、医家、艺术、类书,集部分为总集、别集、诗文评②,在这样的分类下均能相应找到对号入座的文献资料,毫无违和感。事

---

① 2013年,复旦大学出版社出版了《琉球王国汉文文献集成》(全三十六册)。2012年,上海交通大学出版社开始《日本汉文史籍丛刊》出版计划,拟收书500余种,分为纪传、编年、纪事本末、杂史、史表、传记、系谱、地理、外纪、目录、职官、政书、史评十三类,全书共计六辑170册,现已出版第一、二辑共61册,拟于2014年出版第三、四辑,2015年出版第五、六辑。

② 参见前引张伯伟著《域外汉籍研究入门》,复旦大学出版社2012年,第74—109页。

实上,韩国一些文献资料数据库网站在对文献分门别类时,用的也是经、史、子、集的方法。朝鲜半岛留存历史文献的系统与中国历史文献系统的相似性,由此可见一斑。

按照葛兆光教授提出的"多面镜子看中国"的想法,朝鲜半岛可以算是许多镜子中最重要的一面,以这个空间距离最近、历史文化传统也最相似的邻居作为映照中国的一面镜子,大概可以得到最多的收获。朝鲜半岛历史上留存下来的汉文文献资料体量极为庞大,而张伯伟教授的分类介绍已经十分详尽,几乎没有什么可以补充的余地。此处仅拟聚焦于朝鲜半岛汉文文献对研究中国历史的借鉴作用这一主题,归纳出三个类别的文献,并略述其对研究中国历史的借鉴意义。这三个文献类别是:官修史书、官署记录、文人著述。

1. 官修史书

朝鲜半岛和中国一样,也有后代为前代修史的传统,一般来说,其历史上最主要的官修史书(或称之为正史)有三种:《三国史记》、《高丽史》和《朝鲜王朝实录》,以下分别加以讨论。

(1)《三国史记》

《三国史记》记录的是朝鲜半岛历史上的三国时期(即朝鲜半岛三个政权新罗、百济、高句丽并立的时期)的历史,其时代约为公元5世纪至10世纪,这一时期相当于中国的南北朝、隋代和唐代。《三国史记》为金富轼(1075—1151)所撰,编撰体例为纪传体,共计五十卷,包括新罗本纪十二卷,高句丽本纪十卷,百济本纪六卷,年表三卷,志九卷,列传十卷。《三国史记》的撰写一方面以朝鲜古代文献《旧三国史》、《海东古记》、《三韩古记》、《花郎世记》(均已失传)等为基础,另一方面也大量取材于中国的历史典籍,包括《汉书》、《后汉书》、《魏书》、《三国志》、《晋书》、《旧唐书》、《新唐书》和《资治通鉴》等①。

从时间段上来看,《三国史记》记载的朝鲜半岛历史与中国南北

---

① 参见[韩]郑求福《〈三国史记〉解题》,收在[韩]赵秉舜编《增补修注三国史记》,韩国诚庵古书博物馆,1986年,解题第14页。

朝至唐代的历史时期并行，这一时期朝鲜半岛和中国之间有不少重要的关联事件，比如朝鲜僧人入隋求取佛法、朝鲜派遣学生去唐朝学习、新罗联合唐朝统一朝鲜半岛等，因此如果要说到这一文献对中国历史的借鉴作用，大致可以从中国佛教的发展状况、文化教育以及战争、外交等内容上进行挖掘。以下试举几条史料：

安弘法师入隋求法，与胡僧毗摩罗等二僧回，上稜伽、胜鬘经及佛舍利。(《三国史记》卷第四，新罗本纪第四，真兴王三十七年，公元576年)

王遣子弟于唐，请入国学，是时，太宗大征天下名儒为学官，数幸国子监使之讲论，学生能明一大经已上皆得补官，增筑学舍千二百间，增学生满三千二百六十员。于是，四方学者云集京师。于是，高句丽、百济、高昌、吐蕃亦遣子弟入学。(《三国史记》卷第五，新罗本纪第五，善德王九年夏五月，公元640年)

遣使大唐，上言：高句丽、百济侵凌，臣国累遭攻袭数十城，两国连兵，期之必取，将以今兹九月大举，下国社稷必不获全，谨遣陪臣归命大国，愿乞偏师以存救援。(《三国史记》卷第五，新罗本纪第五，善德王十二年秋九月，公元643年)

冬使邯帙许朝唐，太宗敕御史问：新罗臣事大朝，何以别称年号？帙许言：曾是天朝未颁正朔，是故先祖法兴王以来私有纪年，若大朝有命小国，又何敢焉。太宗然之。(《三国史记》卷第五，新罗本纪第五，真德王二年，公元648年)

与《三国史记》记述同一历史时期史事的还有一部文献，名为《三国遗事》，它由高丽时代僧侣一然所编撰。该书由五卷九篇一百四十四个条目所构成，九篇的篇目分别为王历、纪异、兴法、塔像、义解、神咒、感通、避隐、孝善。《三国遗事》被认为是朝鲜半岛继《三国史记》之后第二早的史书，然而因为其中也包含了许多神异的民间传说，一直被看做是一部野史。书名中的"遗事"两字，代表的是作者对于《三国史记》的编写方针有所不满,故而刻意收集遗漏之事加以记载。因此,该书在内容上和《三国史记》几乎没有重复性,是对当时历史状况的重要补充记述,从中可以了解到朝鲜半岛古代社会的政治、经济、文化的许多侧面和细节,尤其是存在大量语言学、民俗学、历史地理学、宗教学及佛教造像、雕刻、建筑、美术等珍贵资料。严格意义上说,《三国遗事》不属于官修史书,但是其中包含的资料,完全可以从比较研究的角度,被用以研究中国同一时期的相关历史文化问题,故在此一并提及。

(2)《高丽史》

《高丽史》朝鲜半岛历史上又一部正史,是高丽王朝时期的历史记载,其时代约为公元10世纪到14世纪,相当于中国的宋、辽、金、元时期。全书共一百三十九卷,为朝鲜王朝时期郑麟趾等修纂,全部用汉文写成,体例亦悉仿中国正史,计分世家四十六卷、志三十九卷(包括天文、历、五行、地理、礼、乐、舆服、选举、百官、食货、兵、刑法)、表二卷、列传五十卷(包括后妃、宗室、诸臣、良吏、忠义、孝友、烈女、方技、宦者、酷吏、嬖幸、奸臣、叛逆、辛祸)、目录二卷。

鉴于朝鲜半岛高丽朝与中国宋、辽、金、元历史时期的并行,在《高丽史》中,我们既可以看到如高丽与宋的外交关系、商贸往来及佛教、道教交流等记载,也可以看到高丽与中国北方少数民族政权契丹、女真关系的历史记录,同时,高丽后期与蒙古、元朝的关系更是占据重要的篇幅,包括高丽成为征东行省时期的历史记载等。因此,在诸如宋代外交、经济、宗教等问题,辽、金政权研究,以及蒙元史研究等方面,《高丽史》的材料都具有重要的补充意义。值得一提的是,韩国学者金渭显曾编著《高丽史中中韩关系史料汇编》(全二册),早在1983年就由台湾食货出版社出版①,事实上类似的工作在今天依然有其开展的价值。

---

① [韩]金渭显曾著《高丽史中中韩关系史料汇编》(全二册),台湾食货出版社,1983年。

《高丽史》有关中国历史的史料,亦举几例如下:

冬十二月,行宋年号。宋遣册命使时赞来,在海遇风,溺死者九十人,赞独免,王特厚劳之。(《高丽史》卷二,世家卷第二,光宗十四年十二月,公元963年)

夏四月庚寅,韩彦恭还自宋,献《大藏经》,王迎入内殿,邀僧开读,下教赦。(《高丽史》卷三,世家卷第三,成宗十年四月,公元991年)

癸卯,宋江南人王肃子等二十四人来献方物。壬申,宋福州虞瑄等百余人来献香药。己酉,宋泉州人怀赞等来献方物。己亥,宋广南人庄文宝等八十人来献土物。(《高丽史》卷四,世家卷第四,显宗九年四月、十年七月、十一年二月、二十年八月,公元1018、1019、1020、1029年。)

是月,遣侍中朴良柔奉表如契丹,告行正朔,乞还俘口。(《高丽史》卷三,世家卷第三,成宗十三年四月,公元994年)

遣童子十人于契丹,习其语。(《高丽史》卷三,世家卷第三,成宗十四年九月,公元995年)

东女真奉国将军沙伊罗等来献土物,加归德大将军。(《高丽史》卷七,世家卷第七,文宗元年三月,公元1047年)

金主阿骨打遣阿只等五人寄书曰:兄大女真金国皇帝致书于弟高丽国王,自我祖考,介在一方,谓契丹为大国,高丽为父母之邦,小心事之。契丹无道,陵轹我疆域,奴隶我人民,屡加无名之师。我不得已拒之,蒙天之佑,获殄灭之。惟王许我和亲,结为兄弟,以成世世无穷之好。(《高丽史》卷十四,世家卷第十四,睿宗十二年三月,公元1117年)

蒙古遣日本国信使秘书监赵良弼及忽林赤、王国昌、洪茶丘等四十人来,诏曰:朕惟日本自昔通好中国,又与卿国地相密迩,故尝诏卿道达去使,讲信修睦,为渠疆吏所梗,不获明谕朕意,后以林衍之故不暇及,今既辑尔家,复遣赵良弼充国信使,

期于必达。(《高丽史》卷二十七,世家卷第二十七,元宗十二年一月,公元1271年)

癸酉,世祖皇帝崩。王与公主以羊十马一祭于殡殿,其文曰:鲽墟莫远,伫瞻莫陛以来宾,龙驭忽回,曷极鼎湖之哀慕。梦也觉也,颠之倒之。聊修菲薄之仪,冀垂歆容之赐。将使赞成事郑可臣读之,诸大臣止之曰:岂宜用诸侯之礼祭天子乎?遂不读。王奠荐之礼,哀慕之诚,皆致其极。元朝丧制,非国人不敢近,唯高丽得与焉。故王之从臣,虽舆台之贱,出入无禁。(《高丽史》卷三十一,卷第三十一,忠烈王二十年一月,公元1294年)

(3)《朝鲜王朝实录》

《朝鲜王朝实录》是朝鲜半岛继高丽王朝后的李氏朝鲜王朝的实录体正史文献,它按照时间顺序记载国家每日发生的事件,其篇幅极其浩大,据统计约有六千四百万字。

朝鲜半岛大约自高丽末开始出现实录编撰的形式,大体均仿照中国的修史制度,在政府内设立专门机构负责编纂事宜,该机构最初称为艺文春秋馆①,后艺文馆、春秋馆分列,春秋馆成为实录编纂的负责机构。春秋馆的史官是实录编纂的主体人员,他们负责记录国王和宫廷的活动,当国王同大臣讨论重要国政时,他们均列席记录并整理成"史草",同时地方上设有兼任史官(也称外史),负责将地方事务报告给春秋馆,史官又根据史草、承政院日记、外史报告等编写"时政记"②,是为日后编纂实录的基础。当一任国王去世之后,春秋馆下临时设置一个叫实录厅的机构,负责整理编纂这个国王在位期间

---

① 《朝鲜王朝实录》太祖一年七月二十八日(丁未)条:"艺文春秋馆,掌论议、教命、国史等事",见[韩]国史编纂委员会编《朝鲜王朝实录》,探求堂,1968年,第一册,第23页。

② "时政记"实际上是史官按年月日编辑的一个记录资料长编,不仅记录事实,还可以加史官个人的说明、品评,以及附录相关资料。关于朝鲜王朝的"时政记",南开大学孙卫国教授曾有专门的研究,可参考孙卫国《论朝鲜王朝〈时政记〉之纂修及其特征》,载《郑州大学学报(哲学社会科学版)》,2012年第3期,第102—108页。

的实录,其过程一般要经过初草、中草、正草三个阶段以形成定本,然后抄写、付印,才算最终完成。实录完成之后,最后还有一个步骤,称为"洗草"①,即将所有用于实录编纂的资料进行销毁。

配合实录的编撰,还出现了实录保存的制度,称为"史库制度",每一代《实录》编成之后,除刊印一个正本存放于汉阳(今首尔)春秋馆外,还刊印数个副本,分别藏入分散在全国各地的史库中,以免《实录》遭损失传。壬辰倭乱前,全国共有忠州、星州、全州三大史库,壬辰倭乱中,除全州史库所藏副本之外,前代《实录》的正本和其余副本全部被毁。朝鲜宣祖三十六年(1603),才又依据全州本重新编修,印刷五部,分别存于春秋馆、摩尼山史库、太白山史库、妙香山史库、五台山史库。妙香山本后来移藏于赤裳山,摩尼山本后来移藏于鼎足山。1905 年,春秋馆本移存于奎章阁。

日本侵占朝鲜半岛时期,奎章阁本、太白山本和鼎足山本被先后移交给日本朝鲜总督府,赤裳山本收藏于藏书阁,五台山本被"赠送"给东京帝国大学,1923 年日本关东大地震,五台山本被烧毁。1930 年,朝鲜总督府将太白山本和鼎足山本送给京城帝国大学(韩国首尔大学前身),日本投降后移交韩国政府,继续存放在首尔大学。朝鲜战争期间,鼎足山本被朝鲜人民军移至朝鲜,现存放在金日成综合大学;太白山本则被韩国政府转移至釜山,至今仍存放于韩国国家记录院辖下的历史档案馆。故现存的《朝鲜王朝实录》有三个原本:鼎足山本(1181 册)、太白山本(848 册)以及五台山本残本(27 册)。

严格意义上的《朝鲜王朝实录》,指的是由朝鲜王朝初代太祖到哲宗(1392—1863)的二十五代国王期间的实录体文献,因为最后两

---

① "洗草"的地点在彰义门外遮日岩,而造纸署就在遮日岩附近,经过洗草的废纸也就直接成为造纸署造纸的原料。"洗草"结束以后举行"洗草宴",所有参与实录修撰的人员都参加。《朝鲜王朝实录》孝宗四年七月一日(甲子)条有载:"实录厅启曰:在前实录纂出后,总裁官以下往彰义门外遮日岩,取其草本,锉破沉水,洗其墨迹,送于该曹,谓之洗草,请依旧例举行。从之,仍下教曰:依旧例赐宴(洗草宴)。"见前引《朝鲜王朝实录》,第三十五册,第 633 页。

代国王高宗和纯宗朝的实录,是在朝鲜半岛日占时期由朝鲜总督府编纂的,故出于民族主义立场,韩国和朝鲜的一些历史学家不予承认。1953年,日本学习院东洋文化研究所影印出版了五十册的《李朝实录》,其中未包含《高宗实录》和《纯宗实录》。1959年,《高宗实录》和《纯宗实录》由中国科学院和朝鲜科学院合作影印出版。另一个比较容易见到的《朝鲜王朝实录》的版本,是韩国国史编纂委员会以太白山本为底本所编的影印本(全四十九册),1968—1970年由韩国探求堂陆续出版,该版本同样没有包括最后两代实录。1970年,探求堂单独出版了一部《高宗纯宗实录》(全三册)。

《朝鲜王朝实录》是14世纪到20世纪初朝鲜半岛的历史记录,其时段基本与中国的明、清两代平行。明清时期,朝鲜王朝与中国保持朝贡关系,而与中国有关的记载,可以说充斥于整部《实录》的角角落落,随处可见。加上其历史记录方式是极为细节化的实录体,所以对于朝鲜半岛与中国之间发生的各种大小事件,其记述往往比中国方面的史料更加详细。《朝鲜王朝实录》中于中国历史研究有助益的史料,无须再做列举,吴晗先生早年的辑录工作已经给出最好的证明。当下,不仅对于研究明清中韩(朝)关系史的研究者来说这部文献是绕不开的材料,而其他明清时代历史文化的研究者,基本也都认同这是一个资料的宝藏,其重要性毋庸置疑。

以上提到的四种历史文献,在韩国都可以找到相应的电子数据库供研究者利用[①]。

2. 官署记录

进入朝鲜王朝以后,朝鲜半岛的历史文献数量较此前历史时期骤增,这在很大程度上与其形成了成熟的文书记录体系和国史编纂制度(即实录修撰)有关。一部篇幅浩大的《朝鲜王朝实录》,虽已足

---

① 《三国史记》数据库网址:http://db.history.go.kr/item/level.do?itemId=sg;《三国遗事》数据库网址:http://db.history.go.kr/item/level.do?itemId=sy;《高丽史》数据库网址:http://db.history.go.kr/KOREA;《朝鲜王朝实录》数据库网址:http://sillok.history.go.kr/main/main.jsp。

以令人为其材料的丰富而感到惊讶,但事实上可以毫不夸张地说,它也不过只是冰山一角而已。如前所述,《朝鲜王朝实录》有其相对独立的编纂体系,但为其提供资料基础的,其实是一个极为庞杂的国家文书记录系统。从高丽末开始,政府中各级官署就开始有日常工作的文书记录,而这一制度在朝鲜王朝逐步发展,并得到进一步强化和规范,随着时间的推移,产生出越来越多的官署记录类文献,而这些文献的体量,远远大于《实录》本身,而且不少都被完整地保留下来。

不少《朝鲜王朝实录》的研究者曾为实录编纂过程中的"洗草"感到可惜,认为更多有价值的资料因此而没能保留下来,然而换个角度去看,事实上"洗草"销毁的只是经史官整理书写的草稿,除了史官个人记录和议论的部分外,这些草稿的内容,多数来自各级官署的记录,而这些原始记录仍然在各署保存着,并没有随"洗草"而消失,因此也不必过于惋惜。

在朝鲜王朝官署记录文献中,有一类比较常见的记录被称为"誊录",它是指各衙门将其公文书保存一段时间以后,或集中全部,或挑选其中比较重要的部分,按照年月日的顺序,或按照内容分门别类,将其汇总一处编辑而成的公文书的册子①。"誊录"类文献有大量保留下来,且有不少都已经被影印出版②。此外,还有一些官署记录是以"某某日记"、"某某志"等命名的③。

在了解到朝鲜王朝有大量官署记录类文献留存这一事实以及这些文献与《朝鲜王朝实录》编纂的内在关联之后,我们在史料的关注和利用时,就大可不必局限于《实录》本身,而可以进入到更广阔的史

---

① 参见金相溟《朝鲜时代公文书管理》,《书志学研究》,1986 年第 1 期,165 页。
② 试举几例:(1) 韩国国史编纂委员会编《备边司誊录》(全二十八册),[韩] 景仁文化社,1982 年。(2) 韩国国史编纂委员会编《各司誊录》(全二十二册),[韩] 民族文化社,1981 年。(3)《通信使誊录》(全六册),首尔大学图书馆,1981 年。(4)《漂人领来誊录》(全八册),首尔大学奎章阁,1993 年。
③ 以"志"命名的官署记录,首尔大学奎章阁曾经影印出版过不少,比如:《奎章阁志》(2002 年)、《弘文馆志》(2002 年)、《侍讲院志》(二册,2003 年)、《秋官志》(三册,2004 年)、《通文馆志》(二册,2006 年)、《增正交邻志》(2007 年)等。

料视野。可能有人会认为,《实录》呈现的都是国家大事,与中国有关的事务自然集中于其中,但官署记录更多可能反映朝鲜内政事务,与中国直接有关的资料不一定很多。这样的想法无可厚非,但事实却并非如此。鉴于历史上朝鲜王朝与中国的特殊关系,对于前者来说,对中国的外交事务与其国内内政事务几乎同等重要,甚至还有很多官署的职能就直接与中国有关,比如备边司、承文院、司译院等,这些部门所留下的工作记录中,同样存有大量与中国有关的资料。以下选取几种此类官署记录文献加以介绍。

(1)《承政院日记》

承政院是朝鲜王朝定宗时期(1399)设立的政府机构,其性质相当于国王的秘书室,承政院的重要职责之一就是详细记录国王的活动,并编写成为《承政院日记》,也因此每一代《实录》编纂过程中,《承政院日记》都是最主要的资料来源,与其他实录来源资料不同,《承政院日记》不需要被"洗草",故一直独立保存下来。1894年以后,承政院虽历次更名为承宣院、宫内府、秘书监,但仍继续编写《日记》,最后《日记》的编写职责又被归到奎章阁,直至1910年才停止编写①。因此,《承政院日记》的编写,前后总共持续了五百多年。

但是,现存的《承政院日记》只有1623年到1910年间的记录留存下来,这是因为在1592年的壬辰倭乱中,保存在宫城内的《承政院日记》全部被烧毁②,因其不像《实录》那样有副本制度,故前代记录尽皆无存。1623年,《承政院日记》开始重新恢复编写,但仍只有一

---

① 1894年到1910年间的《日记》编写,并不都以《承政院日记》为名,出现过《承宣院日记》、《宫内府日记》等名称,但目前韩国一般将其作为《承政院日记》的延续,一并计入数据统计。

② 《朝鲜王朝实录》宣祖二十五年(1592)四月十四日(癸卯)条有载:"景福、昌德、昌庆三宫一时俱烬。……历代宝玩及文武楼、弘文馆所藏书籍、春秋馆各朝《实录》、他库所藏前朝史草(修《高丽史》时所草)、《承政院日记》皆烧尽无遗。"见前引《朝鲜王朝实录》,第二十五册,第614页。

个原本,这个唯一的本子现藏于首尔大学奎章阁①。尽管有近半数已毁于战火,但目前保存下来的《承政院日记》仍有 3 245 册②之多,39 万 3 578 页,约 2 亿 4 250 万字,其文献体量为《朝鲜王朝实录》(888 册③,6 400 万字)的近四倍。

《承政院日记》采用日记的形式编写,一般每个月写出一册,后期随着内容的增加,也有每个月出两册以上的情况。其记录内容不仅包括与国王活动相关的如启禀、传旨、请牌、请推、呈辞、上疏、宣谕、传教等内容,同时还记录内殿动向、承政院的管理和业务状况以及人事关系等,可以说包含了所有国家政治、经济、社会、外交、文化、军事的材料。从另一个角度来看,如果说《朝鲜王朝实录》是国王死后经史官之手编撰的二手资料,那么《承政院日记》则可称得上是记录当时历史的第一手史料。而既然我们已经充分认识到《朝鲜王朝实录》对于中国历史研究的史料补充价值,那么《承政院日记》的价值也就不言自明了。

《承政院日记》已有一个影印本出版(韩国国史编纂委员会,1961—1977 年刊行),同时,其可检索的全文电子数据库以及原本图像数据库也可以通过互联网方便地访问和利用④。

(2)《日省录》

《日省录》是与《承政院日记》性质类似的一部朝鲜王朝国政记录类文献,由朝鲜王朝政府机构之一的奎章阁负责编写,奎章阁最初是朝鲜王宫内藏书阁的名称,从朝鲜王朝正祖时期开始,奎章阁作为一个政府机构的职能得到强化,它不仅是一个图书收藏管理机构,扮演着皇室图书馆的角色,同时也是负责图书出版的国家机构,而最重要

---

① 《承政院日记》(1623—1894)的原本在奎章阁图书馆的藏书号是:奎 12788-v.1-3047。
② 其中 1894 年以前编写的《承政院日记》为 3047 册。
③ 此为包含《高宗实录》和《纯宗实录》在内的数据。
④ 《承政院日记》的全文检索数据库网址:http://sjw.history.go.kr/main/main.jsp,原本图像数据库网址:http://kyujanggak.snu.ac.kr/LANG/ch/search/2_03_search_seungjeongwon.jsp。

的是,它是一个国内最优秀学者集中治学和从事研究的地方。

《日省录》的前身是正祖为世孙时期所写的《尊贤阁日记》。据传,正祖从《论语》中曾子所说的"吾日三省吾身"的语句中深受感触,从此每天写日记以反省自己。正祖登上王位后,命令奎章阁的官员们站在国王的立场每天写日记,且每隔五日要将其订为一册,送给自己亲自审阅。正祖希望《日省录》能更多地反映当时的政治社会面貌,以根据这些资料进行反省。

《日省录》包含从1760年到1910年一百五十一年间的历史记录,相对于《朝鲜王朝实录》和《承政院日记》在所涉时间段上稍短一些。它在编写方式上有独特之处,将国政的主要问题都分为"纲"(概括性的标题)和"目"(具体内容)来进行记录,这是一种技术层面的处理,为的是让国王看的时候一目了然。从内容上来说,其中都是经过选择后记录下来以备国王查看的国政事件,同时也是当时的学者认为相对重要的事件,和《承政院日记》相比,它少了大量琐碎的记录,所以后世研究者利用起来也比较容易抓住重点。

尽管《日省录》编写的初衷是为国王服务,而不是出于保存国史记录的考虑,但它实际起到的却是实实在在的历史资料整理和留存作用。尽管在没有经过全面的比对之前,很难确定《日省录》与《朝鲜王朝实录》或《承政院日记》之间的史料重复率如何,但对于中国研究者而言,至少还是可以将其作为一个可供参考和比较阅读的扩展性材料来加以关注和利用。

目前,《日省录》只有唯一的一个抄本,收藏于首尔大学奎章阁,共2329册,其中有二十一个月的书册缺失。从1982年开始到1996年为止,奎章阁陆续完成了《日省录》影印本(全八十六册)的刊行,而现在通过奎章阁的网站,也可以访问《日省录》的全文数据库和原文图像数据库[①],并且能够实现检索功能。

---

① 《日省录》电子数据库网址:http://kyujanggak.snu.ac.kr/LANG/ch/search/2_02_search_ilseongnok.jsp。

(3)《备边司誊录》

《备边司誊录》是朝鲜王朝时期一个特殊的官署机构——备边司的记录文献。要理解《备边司誊录》的史料价值,首先要了解备边司这一机构的性质。一般认为,备边司最初是朝鲜王朝中宗朝(1506—1544)时为应对女真和日本两方侵扰而设置的临时性机构,至明宗朝(1545—1569)成为正式机构,"壬辰倭乱"中,其职能进一步扩大,且升格为正一品衙门,其后一步步发展成为军政一体的国家最高权力机构,并弱化了原有议政府的功能。

备边司成为国家最高机构,很大程度上是朝鲜王朝的王权与臣权角力的产物。在传统的议政府机制下,"两班"士人阶层掌控国家事务,国王权力受到严重掣肘,伴随着士人掌权而频发的党争、士祸又经常造成政治动荡。在这种情况下,国王选择国家安危所系的边关事务和军事为抓手,借备边司为载体,聚集能够为己所用的力量,从而在王权和臣权的角力中占得优势,这差不多就是备边司产生和发展的根本原因。尽管政府中对备边司的反对意见长期存在,但始终没有动摇其最高权力机构的地位。1865年,高宗将备边司和议政府合为一府。到了1894年,朝鲜经历了一系列近代化改革(史称"甲午更张"),政府机构名称亦皆变更,备边司之名才最终退出历史舞台。在朝鲜王朝历史上存在了三百多年的备边司,是一个在国王的直接主导下讨论和决定国家全面事务的机构,其重要性可想而知。

备边司是一个国王直接参与其中,通过议事方式决定国家大政方针的机构,而《备边司誊录》所记录的,就是备边司每次议事的具体讨论内容,即会议记录。其主体记录格式为"启辞",一般由"启曰"加"答曰"两部分构成,"启曰"即备边司或其他机构上奏的内容,而"答曰"即国王的回复意见。在"启辞"之后,往往会附有一些以"别单"、"事目"、"节目"为题的记录,其内容是会议之后备边司或其他机构具体处理相关事务的情况汇报。除此之外,还有些内容是单纯的国王言论记录,即国王在并非回答任何启奏的情况下所说的话,这些言论一般以"传曰"、"备忘记"、"王若曰"的形式加以记录。

由上可知,《备边司誊录》所提供的史料,涉及的是朝鲜王朝国家事务中内政、外交等所有方面的内容,而非局限于望文生义的边境事务。同时,鉴于其记录形式,它反映出国王和大臣们就一个个问题反复讨论形成决议的过程,这一点为研究者了解相关历史事件的细节提供了有力的史料支撑。而《备边司誊录》的史料价值,也并非仅限于对朝鲜王朝历史的研究,对中国历史的研究同样有意义。韩国和日本学界针对《备边司誊录》已有大量研究成果问世,而中国学界也早有学者关注到这一文献的史料价值,并在相关研究中加以引用,他们多是中朝关系史领域的学者[①]。接下来的问题就是,《备边司誊录》这一文献是否能够像《朝鲜王朝实录》和燕行文献一样,从中朝关系史的领域走出来,为更多中国历史研究其他领域的研究者所知晓并利用?照目前学界的趋势来看,我们似乎有理由期待这一天的到来[②]。

目前留存下来的《备边司誊录》,其记录时间起自 1617 年,下至 1892 年,更早前的记录同样毁于壬辰倭乱,而留存记录中也还缺失了五十四年的记录。其原本现藏于首尔大学奎章阁,共计二百七十三册。1959—1960 年,韩国国史编纂委员会出版了一部二十八册的《备边司誊录》影印本,但该版本并非直接影印奎章阁原本,因为原本的草书字体较难辨识,所以国史编纂委员会先组织人员以楷书重新誊抄了一遍,再进行影印出版。现在,《备边司誊录》的可检索全文电

[①] 以下学者的研究都利用到了《备边司誊录》的资料:(1)李光涛著《多尔衮征女朝鲜史事》,台湾"中研院"史语所,1970 年。(2)张存武《朝鲜对清外交机密费研究》,收入氏著《清代中韩关系史论文集》,台湾商务印书馆,1987 年,第 86—146 页。(3)刘为著《清代中朝使者往来研究》,黑龙江人民出版社,2002 年。(4)李花子著《清朝与朝鲜关系史研究——以越境犯越为中心》,延边大学出版社,2005 年。

[②] 在中国学界,不仅《备边司誊录》的资料已经被很多研究者作为参考文献来开展研究,系统性地介绍该文献的状况和史料价值的研究也已经出现,笔者在写作过程中注意到 2011 年东北师范大学宋先超的一篇硕士学位论文《〈备边司誊录〉史料价值初探》,该文梳理了备边司的历史,介绍了《备边司誊录》的编纂体例与内容,并对其中与中国历史相关的史料线索进行了初步的整理和分析,是一项颇有价值的文献引介研究。参见宋先超《〈备边司誊录〉史料价值初探》,东北师范大学硕士论文,2011 年。

子数据库和原文图像数据库,也可通过互联网访问和利用①。

(4) 外交文献:《同文汇考》《槐院謄录》《通文馆志》

在朝鲜王朝时期留存下的官署记录文献中,还有一类文献历来受到中国研究者的极大关注,那就是外交文献。这一点不难理解,谈到朝鲜王朝的外交,中国毫无疑问就是其最重要的外交对象,没有之一。因此,朝鲜王朝时期产生的外交文献中,绝大部分内容都是与中国方面的外交往来记录,这些材料和中国直接相关,自然也就成为中国研究者关注的焦点。以下拟介绍三种文献:

其一,《同文汇考》。

《同文汇考》大概是中国研究者利用率最高的一种朝鲜外交历史文献。这部文献的编纂缘起于朝鲜正祖朝 1784 年开始的一项外交文献整理汇编的工作。当时,随着对清态度的缓和和两者外交关系的日益密切,朝鲜政府一方面希望通过对以往对清外交文献的整理来为今后外交的开展提供参考,另一方面也想以此文献编纂工程向清朝方面展现自己的"事大"之诚。

《同文汇考》编纂汇编的工作由专人负责,而资料则来自掌管外交文书撰写和管理的机构——承文院。承文院和其他官署一样进行謄录的编写,因此历年承文院的謄录和其保管的外交文书,也就成为《同文汇考》的资料来源。到 1788 年,该汇编工作即告完成,当时刊行了六十册的《同文汇考》,是为初刊,其后的纯祖、宪宗、哲宗、高宗朝又各有补编的工作,形成了三十六册的续刊,故现存《同文汇考》共九十六册,约四百万字,其收录文献资料的时代上起 1636 年,下至 1881 年,基本上覆盖了整个朝鲜王朝对清外交时期。

从具体内容上看,《同文汇考》初刊六十册分为原编、别编、补编和附编,其中原编所收为 1644—1787 年间清朝入关后两国的往来文

---

① 《备边司謄录》电子数据库网址:(1) http: //db. history. go. kr/item/level. do? itemId= bb(国史编纂委员会提供),(2) http: //kyujanggak. snu. ac. kr/LANG/ch/search/2_04_search_bibyeonsa. jsp(奎章阁提供)。

书,以封典、哀礼、进贺等二十五个类目收录,共79卷;别编为1636—1643年崇德年间的往来文书,以封典、进贺、陈慰等十四个类目收录,共4卷;补编为两国使行往来的相关内容,包括使臣别单、使行录、事大文书式、诏敕录和迎敕仪节五个类目,共10卷;附编为与日本往来文书,以陈贺、陈慰、告庆等十四项类目收录,共36卷。而续刊的三十六册分为原编、原编续、补编续和附编续,其中原编为"洋舶情形",收录的是1866—1879年间朝鲜与清朝间关于"洋船侵扰"事件的往来文书;原编续、补编续和附编续则分别是对初刊相对应部分的文书增补,其类目大体相同,稍有增减。①

《同文汇考》收录的朝鲜与清朝外交往来文书和使行活动相关史料,对中国历史研究的价值不言而喻,目前在中国学界特别是中朝关系史领域,研究者利用这一资料展开研究的情况已经相当普遍,如果说还存在进一步深挖的空间,那大概就是在以往相对被忽略的朝日外交史料中,是否能够发现一些与中国有关的资料,而这就需要研究者从一个更宏观的研究视野去考察。

出版方面,1978年,韩国国史编纂委员会曾影印首尔大学奎章阁所藏的九十六册《同文汇考》,汇编成四册出版。同年,台湾珪庭出版社在出版《中韩关系史料辑要》丛书时,将《同文汇考》收录出版。该文献的选辑本,亦有台湾张存武等的《清入关前与朝鲜往来国书汇编(1619—1643)》和大陆赵兴元等选编的《〈同文汇考〉中朝史料》(全四册)。②此外,《同文汇考》亦有全文电子数据库(含原文图像),可以

---

① 关于《同文汇考》的基本情况,可参考以下研究:(1)[韩]全海宗《〈同文汇考〉解说》,载韩国国史编纂委员会编《同义汇考》(全四册),翰进印刷公社,1978年,第1—22页。(2)[韩]金暻绿《朝鲜后期〈同文汇考〉的编纂过程和性格》,载[韩]《朝鲜时代史学报》第32期,2005年,第185—226页。(3)刘波《〈同文汇考〉史料分类述要》,东北师范大学硕士论文,2011年。

② (1)韩国国史编纂委员会编《同文汇考》(全四册),翰进印刷公社,1978年。(2)郑昌顺等编纂《同文汇考》(全十册),台北珪庭出版社,1978年。(3)张存武、叶泉宏辑《清入关前与朝鲜往来国书汇编(1619—1643)》,台北国史馆,2000年。(4)赵兴元等选编《〈同文汇考〉中朝史料》(全四册),吉林文史出版社,2005年。

通过互联网进行访问。①

其二,《槐院謄录》(承文院謄录)。

也许有人会问,朝鲜王朝时期既然编了《同文汇考》这样一部对清外交文献的汇编,那是不是也有类似的对明朝外交文献汇编呢?这个问题在情理之中,而且相信不少研究者都曾有过同样的疑问。前文提到,承文院是朝鲜王朝一个负责外交文书撰写和管理的机构,也称为"槐院"。据朝鲜王朝实录记载,该机构的设置始于1411年,而从1421年开始,承文院的工作之一就是謄写对明外交往来文书,并将副本分藏于各地史库②。由此可知,朝鲜王朝的对明外交往来文书是有一套严格的整理收藏制度的。可是,这些文书现在何处,似乎找寻不到。同时,我们又可以知道,承文院和其他官署一样,是有謄录制度的,类似"考承文院謄录"、"取考槐院謄录"、"得见承文院謄录册"这样的语句,常常出现在朝鲜时代的各类文献中③。

那么,从承文院有謄录这样一个角度去考察,我们是否能够发现一些文献线索呢?目前看来,学界似乎没有发现一部题为《承文院謄录》的史料文献,那么《槐院謄录》呢?最近,中朝关系史研究者李善洪发表了一篇论文,题为《朝鲜对华朝贡关系文书集〈槐院謄录〉管窥——以韩国藏书阁所藏〈槐院謄录〉为中心》④,他告诉我们,在韩国

---

① 《同文汇考》电子数据库网址: http://db.history.go.kr/item/level.do?levelId=sa_049。

② 《朝鲜王朝实录》太宗十一年(1411)六月十九日(戊申)条载:"改文书应奉司为承文院。"又,世宗三年(1421)三月二十三日(乙酉)条载:"承文院提调启:自高丽臣事大明以来,一应文书只藏元本,如有水火之灾,无复可考。乞令謄写,藏诸史院。于是,藏于中外史库。"分别见前引《朝鲜王朝实录》,第一册第587页,第二册第426页。

③ 比如《朝鲜王朝实录》宣祖二十年十月十一日(乙卯)条载:"(郑)昆寿曰:臣得见承文院謄录册,倭奴于宣德年间请于我国转达中朝,有封贡之事。"见前引《朝鲜王朝实录》,第二十二册,第370页。

④ 李善洪《朝鲜对华朝贡关系文书集〈槐院謄录〉管窥——以韩国藏书阁所藏〈槐院謄录〉为中心》,载《古籍整理研究学刊》,2014年第1期,第83—87页。李善洪是研究朝鲜王朝外交文书的专家,曾著有《朝鲜对明清外交文书研究》一书(吉林人民出版社,2009年),笔者在2013年北京大学召开的中国朝鲜史研究会年会上得悉李善洪关于《槐院謄录》的研究,此后便一直期待其大作发表,终于近期得见。

的韩国学中央研究院藏书阁图书馆，就藏有一部《槐院謄录》。这部文献藏本的封面题名是"皇明时槐院謄录"，其十二卷分为表笺（1、2卷）、奏文（3—5卷）、咨文（6、7卷）、揭帖（8、9卷）和呈文（10—12卷）五个类目编排。据李善洪统计，这部文献收录了1403年至1637年间的1 047件朝鲜写给明朝的外交文书，另有5件明朝文书收在卷末。

这部《槐院謄录》的出现，肯定了我们对于朝鲜王朝应当有对明外交文书文献留存的猜测，但是其中还是存在有待解决的问题。正如李善洪在其文章中指出的，从体量和内容上分析，朝鲜王朝时期的对明外交文书的，都应该远远不止于此，大量文书可能是在壬辰倭乱中被毁，而根据其封面题中的"皇明"二字以及其中出现"槐院旧謄录"、"此在月沙集中"等眉批，也可推断这部文献是朝鲜人在清代以后根据前代留存的謄录残本和个人文集重新汇编的版本，只是具体年代尚无法断定①。但至少可以肯定，这部《槐院謄录》绝不是朝鲜承文院按照謄录制度所应该留下的那个"謄录"。

朝鲜王朝承文院的"謄录"文献究竟何在，这一点始终令人难以释怀。虽说其明代的部分有很大的可能性已毁于战火，但是据《朝鲜王朝实录》所记，它是有副本制度并有存入史库保存的机制的，所以应该还是有留存下来的可能。而更令人费解的是，清代以后朝鲜王朝的承文院始终还在运作，謄录机制也还继续着，可是为什么也只有一部二手汇编的《同文汇考》留下，而不见謄录的原本现世？这些问题的答案似乎还有待研究者进一步探寻②。

---

① 李善洪还通过《朝鲜王朝实录》的记载，发现1799年朝鲜出现过补编《皇明时槐院謄录》的建议，并且当时就提到该文献已经散佚一卷，由此推断其刊行时间当远在1799年之前，但确切时间不明。参见前引李善洪《朝鲜对华朝贡关系文书集〈槐院謄录〉管窥》一文。

② 笔者推测，承文院的謄录，或许本来就不像《备边司謄录》那样有统一题名和规整形制，而是以分门别类的形式整理的。检索奎章阁藏书目录，可以发现一批署为承文院编写的文献，比如《启下书契册》、《国照会謄录》、《笺文謄录》、《笺文头辞謄录》、《公文謄录》、《吏文》、《书契》（日本外交文书）、《制述文臣案》、《专经文臣案》、《禆院启达》等，或许这些文献就是承文院謄录一手资料的形态。

尽管如此，现在进入我们视野的这个重新汇编版的《槐院謄录》，还是确确实实地为我们提供了不少有价值的新史料，对于这一文献的研究，即使在目前的韩国学界，开展的也并不充分，总体还处在新发现史料的状态，在中国也是一样，有待更多的研究者去进一步发掘和利用。藏书阁所藏的《槐院謄录》，现在虽然没有影印出版的版本，但却已经全部实现了数字化，在藏书阁的网站上有该文献的全文电子本和原文图像①，研究者可以十分便利地加以利用。

第三，《通文馆志》。

《通文馆志》是朝鲜王朝肃宗时期（1674—1720）开始编纂的一部与外交相关的资料集，它初刊于1720年，其后又经各朝不断增补和重刊，最后一次重修本的刊刻是在1888年。该文献题为《通文馆志》，但它并非由一个叫做"通文馆"的机构编纂，而且朝鲜王朝时期也并没有一个官署机构叫做"通文馆"。通文馆是高丽时代设立的译官培养教育机构的名称，该机构在朝鲜王朝太祖时期就已经更名为"司译院"并一直沿用。《通文馆志》的编纂缘起于司译院负责官员崔锡鼎的个人想法，而其编纂过程也非司译院官方主导，甚至经费都是由译官群体中募捐而来，可能是因为该书的非官方性，将其命名为"司译院志"不妥，故而定名为《通文馆志》。《通文馆志》初编时的编纂者主要是金指南、金庆门父子，二人都是朝鲜历史上著名的译官。

《通文馆志》的编纂，一方面当然是希望将朝鲜历来有关外交的规章制度、外交事务程序等内容进行系统整理，以便于后来从事者参考执行，虽然这一目的得到了实现；另一方面，这其中可能也有一种译官群体借以彰显自身价值的深层考虑在。译官作为技术性官僚群体，在朝鲜王朝的官僚体系中属于中下级官吏，就社会身份地位来说，他们绝大多数都不属于"两班"士人阶层，而是低一等的"中人"阶层，可是在他们之中却不乏有识之士，文化层次与社会地位的不对等

---

① 《槐院謄录》电子数据库网址：http://yoksa.aks.ac.kr/jsp/aa/VolumeList.jsp?aa10up=kh2_je_a_vsu_23465_000。

造成了他们的身份尴尬。从这个角度看,译官群体对《通文馆志》的编纂必然是有着某种寄托的,因而募捐编书也才成为可能,而《通文馆志》最终呈现出来的状态也印证了这一点,其中专设"人物"一卷,用以记录著名译官的生平事迹。

从《通文馆志》的体例和内容来看,以1888年"重修本"为例,共分为十二卷。第一卷为"沿革",主要说明司译院的沿革、制度和现状;第二卷"劝奖",记载司译院官吏的晋升、考试、褒贬等人事问题;第三、四两卷为"事大上、下",分别记录中国使行的规章程序、文书、礼物、旅程、滞留等,以及朝鲜接待中国派来使节的礼仪和程序等内容。第五、六卷"交邻上、下",分别记录日本派来使节的接待内容和派往日本的通信使的相关内容,第七卷"人物",共介绍了四十九名著名译官生平事迹;第八卷"故事、率属、什物、书籍",记司译院流传故事、下级官吏情况、院内收藏物品和书籍的名目等;第九卷"纪年",是仁祖十四年(1636)到肃宗四十六年(1720)的外交大事记;而第十至十二卷均为"纪年续编",是1721年一直到1888年的外交大事记。

《通文馆志》的史料价值,约可从这样几个方面来理解:一是提供了有关朝鲜司译院这一机构的详尽史料。二是"事大、交邻"部分整理并保留了朝鲜王朝与清朝和日本外交的基本史料,且与《同文汇考》所收资料并不重复,可互为补充。三是译官人物事迹部分为研究外交过程中发生的人物往来和文化交流提供了新的材料。四是物品清单、书籍目录、随员名单等大量数据性的材料,在丰富我们对于中朝、中日往来细节的了解的同时,提供了大量有关物质文化史、经济史和书籍交流史研究的重要史料。

《通文馆志》虽然包括"事大"和"交邻"两大块内容,但是有关中国的材料远远超出日本部分①,因而对中国历史研究价值更大。目前,日本、韩国学者已有大量关于《通文馆志》的研究成果,中国方面,

---

① 当时朝鲜人自己也意识到日本相关外交文献整理不足的问题,故后来又有《增正交邻志》的编纂,其中全部收录对日外交史料。

虽可以看到一些研究者在研究中引用该文献资料的情况,但专门的研究尚不多见,曾有两篇硕士论文①有比较详尽的论述。

从某种意义上来说,《通文馆志》就好比是朝鲜外交官员的教科书和工具书,因其实用性和参考性所致,该书在朝鲜历史上刊刻次数很多,相应的留存版本也很多。有研究者曾统计过,目前在韩国各大图书馆收藏的《通文馆志》约有二十九种不同版本。现在研究者使用最多的是1888年刊刻的"重修本",1944年朝鲜史编修委员会最早刊行了此版本的影印本,该版本的全文电子及原文图像数据库,现也可通过互联网进行访问②。

以上介绍的几种文献,从其产生主体或者内容关联上,都可以找到相应的官署机构,故而将其归为"官署记录"加以表述。对这部分官署记录类文献的关注,很大程度上是因为研究者在对朝鲜半岛历史文献的知晓度提升后,不再满足于《朝鲜王朝实录》这一二手汇编史料的利用,而去关注其背后的资料来源。而对于以上介绍到的文献,目前在中国学界也已或多或少有研究者有所涉及,事实上这正代表了中国学界特别是历史学界的一个明显的发展趋势,即对朝鲜半岛历史文献的关注和利用,正在由面上的了解转向深层的发掘,这是一个可喜的趋势。

3. 文人著述(文集)

这里的文人著述,指的是历史上朝鲜半岛的知识分子个人撰著的文集类资料。前面讨论到的官修史书类和官署记录类文献多是反映国家政治、经济、外交等方面历史的资料,其记事性和档案性的特点,对于勾画历史事件的价值更大。而文人著述类文献,其体裁主要有诗歌、日记和学术专著等,其内容则更多的是作为历史主体的人的

---

① 两篇相关的硕士论文分别是:(1)李承姬《〈通文馆志〉考述》,复旦大学硕士论文,2010年。(2)宣丹丹《〈通文馆志〉研究——以朝鲜与清朝朝贡关系为中心》,东北师范大学硕士论文,2012年。

② 《通文馆志》电子数据库网址:http://yoksa.aks.ac.kr/jsp/aa/VolumeList.jsp?aa10up=kh2_je_a_vsu_22045_000&aa10no=kh2_je_a_vsu_22045_001。

思想的流露和反映,因而文集是公认的研究学术、思想和文化史的最关键资料。

朝鲜半岛的文人著述类文献,不仅对研究朝鲜半岛历史有着直接的史料价值,对研究中国历史特别是思想文化方面的问题,同样也有着重要的参考价值。比如,这些文集中必然会有朝鲜士人对于中国文化的认识和理解的表述,会有对于中国政治事件或人物的品评,也会有对于朝鲜和中国关系的论述,等等。类似于这样一些朝鲜文人对于中国相关问题的思想表达,很多都可以为我们研究中国历史和文化提供独特的认知角度,可以说是一种不可多得的文献资料。

朝鲜半岛的文人著述类文献,还从一个特殊的角度体现出其价值,那就是其中有不少直接记录和描写中国的资料,燕行文献就是这样的例子。被统称为燕行文献的"朝天录"和"燕行录",是明清两代的朝鲜士人在参与外交使行活动前往中国以后撰写的记录,其中多数都是关于中国情况的极为细节化的记载,有关于中国的时事政治、社会经济、民间风俗、风景名胜、各色人物、日用物品等大量丰富的内容,而且因为是以外国人的眼光观察和记录中国,所以其记录相对于中国人自己的记录更加详细,同时也更加客观。朝鲜人写作的这些燕行文献,近年来得到大量研究中国明清时期历史的研究者的重视,他们普遍认为这些外国人的中国记录,对于研究中国具有重要的补充、甚至是纠错的作用,由此也带来了中国学界研究燕行文献的一股热潮。而燕行文献从其本质上来说就属于文人著述类文献,它是一种主题式的文人著述类文献。

另外一类主题式的文人著述类文献就是朝鲜通信使文献,通信使是朝鲜王朝时期派往日本的外交使节,他们留下了一批关于日本的历史情况的记载,这些文献曾经在朝鲜王朝后期被人收集和整理出来,并以《海行总载》作为丛书题名刊行,不过,《海行总载》的文献收录范畴要更广一些,除了收录通过外交途径前往日本的朝鲜人记录外,还收录了其他途径前往日本的朝鲜人(比如壬辰战争被虏人)关于日本的记录文献等。历史上朝鲜半岛文人往来日本以后撰写的著述,不仅反映朝鲜和日本的历史,也可以从一个侧面对研究中国历史提供参考,这一点前文已有论及,后文也将进一步展开论述。

认识到燕行文献、通信使文献本质上是文人著述这一点,有助于我们开阔史料的视野。众所周知,今天研究者所利用的燕行文献,不外乎林基中等学者整理汇编出来的五百多种燕行文献,通信使文献的情况也类似。不难推测,学者在选编这些文献的过程,一般是以文献题名的相关度为线索,去大量的文人著述资料中搜索。但是,事实上我们不能排除这样的情况,那就是去过中国、日本的朝鲜文人虽然没有写一部从题名看上像是燕行文献、通信使文献的书,但在其他的著述中却同样可能述及相关内容,也就是说,直接有关中国、日本的记载,除了在所谓的燕行文献、通信使文献中以外,还有很大的可能散见于大量朝鲜文人著述中。这就提示我们,对于燕行文献也好,通信使文献也好,在研究到一定程度之后,很有必要将史料的视野扩大到文人著述类文献。

和中国一样,朝鲜历史上的文人群体中也有著书立说的风气和传统,而且在朝鲜王朝,撰著和留存文集是"两班"阶层士大夫的特权,是一种身份的象征。更有甚者,文集还和政治密切相关,一些在党争、士祸中倒台的士大夫,往往会遭受到销毁个人文集、不得使之留传后世的责罚,可见文集一事之重要。所以,但凡文人士大夫,几乎都有撰著个人文集的自我意识,生前未及完成文集整理的,亦多有友人或弟子在其身后代为编撰的情况。因此,今天朝鲜半岛留存下来的文人文集类文献数量是相当可观的。

目前,对朝鲜半岛历史上文人文集类文献的获取和使用,有十分便利的途径,这要归功于韩国民族文化促进会(现更名为韩国古典翻译院)的一项工程浩大的古籍整理和出版计划——《韩国文集丛刊》。《韩国文集丛刊》的编撰始于1986年,一边收集和整理文献,一边以每年刊行二十册左右的速度开展,到2005年为止,完成了正编三百五十册的出版。正编从新罗时代崔致远的《桂苑笔耕集》到大韩帝国末期曹兢燮的《岩栖集》,一共收录了六百六十二位人物的六百六十三种文集,共计190 840页。其后,鉴于不断有新的文集被发现,古典翻译院又启动了续编的计划,截至目前,续编已经出版了一百五十册,共收录了五百三十六种文集。据悉,该工程还将一直持续下去,可以期待今后将有更多的朝鲜半岛文人文集文献被发现和出版出来。

《韩国文集丛刊》出版的同时,《韩国文集丛刊索引》和《韩国文集丛刊提要》的工作也同步开展并陆续出版,为研究者提供了极大的便利①。不仅如此,韩国古典翻译院在出版丛书的同时,也对其进行了电子化,目前通过韩国古典翻译院的网站,可以在线浏览《韩国文集丛刊》(包括正编和续编共五百册)的全文电子版和原文图像,并且可实现检索操作②。

《韩国文集丛刊》在韩国被誉为"韩国学研究的基石",其史料价值得到学界的公认。而就中国学界而言,其价值也正在不断被了解和认可。从人物、事件、学术、文化,到诗歌创作、文学评论,再到儒学思想、佛学思想等,人文基础学科不同领域的学者,大概都可以从中发现与自己专业相关的文献资料,可以想见,今后这一部资料集被中国研究者利用的频率将会越来越高。

不过,仍然需要注意一点是,不能被这部《韩国文集丛刊》限制了我们的史料视野。笔者在这里用了"文人著述"这样一个标题而没有使用"文人文集",就是出于这样一种考虑。《韩国文集丛刊》的影响太大,以至于一提到文人文集,就会想到这部资料。《四库》之外有余篇,这是再正常不过的认知,朝鲜半岛也是一样。"文集"本身是一个限定性的词汇,用它做标准去编选一部资料集,在某种程度上就已经把一部分文人著述类文献排除在外了。因此我们应该要有这样的意识:在《韩国文集丛刊》之外,一定还存在着同类型等价值的文人著述类文献,而这才是一种正确的史料视野观。

---

① 关于《韩国文集丛刊》出版工程的情况介绍,可参考韩国古典翻译院编《韩国文集丛刊便览》,韩国古典翻译院,2010年,第1—5页。

② "韩国文集丛刊数据库"网址:http://db.itkc.or.kr/index.jsp?bizName=MM。

以上从官修史书、官署记录、文人著述三个角度，分别介绍了一些相应的文献资料及其史料价值。这三种类型的划分，并没有什么特别的依据，完全只是出于个人理解，只为方便论述而已。总的来说，之前介绍到的各种朝鲜半岛汉文文献，基本上都可以从不同的角度、在不同的层次上为我们提供和中国历史研究有关的资料，而且这些资料和中国自身所保留的历史文献资料在内容上的重复度并不高，相反的，往往还可以补充中国史料记载的一些不足，或者是有助于我们修正一些固有的有关中国历史的认知。

《朝鲜王朝实录》带着中国历史研究者进入了朝鲜半岛历史文献的宝库，随着研究的进展和史料知晓度的提升，更多更有价值的朝鲜半岛历史文献进入中国研究者的视野是迟早的事。由《朝鲜王朝实录》转向各类官署记录类文献，由燕行文献转向文人著述类文献，基本上会是中国研究者今后必经的研究路径。目前，我们已经可以看到有大批硕士、博士研究生的论文中出现朝鲜半岛新史料的身影，这正是学界未来发展趋势最有力的证明。关键之关键，还是一个史料视野的问题，史料的视野就是学术的视野，具体的研究可以聚焦于一点，而史料和学术的视野则应当尽可能大而化之，这是学术研究的应有之意，更是对待历史研究的正确态度。

四　本书旨趣：东亚互动视野下的近世中国

将东亚看作一个互动交流的地域系统，将中国放进这个系统当中去考察其历史和文化问题，进而达到对中国历史文化的新的认知，基于这样的考量，在传统的利用中国自身文献资料进行研究之外，侧重发掘和利用周边国家和地区所留存有关中国的历史文献展开研究和讨论，这是笔者近年来致力的方向。而在众多的"周边"之中，笔者选择以文献数量、质量情况相对来说均属最优的朝鲜半岛为对象，从研究时段上来说，则将重心放在对近世以来的中国，由此形成了一些具体的个案研究成果。通过呈现这些个案研究，为东亚互动视野下研究中国历史这一方法提供有限的注解,是为本书之旨趣。

本书以五个章节分别呈现五项个案研究。

第一章节为"儒学交涉:16世纪中后期朝鲜士人眼中的中国学术"。儒学是一个广泛而深刻地影响到东亚世界的学术传统,而东亚各国的儒学又都有各自的发展脉络。该章节以因朝贡活动来到中国朝鲜士人许篈与中国士人的学术交流为考察对象,讨论其中所折射出的中朝两国知识分子儒学观念的异同,特别是两者关于阳明心学的学术论争。同时,该章节还涉及明朝薛瑄从祀孔庙一事在朝鲜激起的连锁反应及其对朝鲜孔庙从祀制度的影响,并由此展开对孔庙从祀传统在中朝两国间的因承和断裂问题的讨论。

第二章为"中华名分:从卢以渐《随槎录》看朝鲜的小中华意识"。朝鲜的小中华意识是被学者讨论颇多的话题,它不仅关系到朝鲜半岛的历史文化心态,更是一个和中国传统文化的对外传播和影响有关的问题。该章节通过对一个具体的文献——卢以渐《随槎录》的解读和分析,一方面介绍这一文献的史料价值,另一方面呈现清代中期(乾隆年间)朝鲜半岛士人群体中"华夷观"与"北学思想"并存的复杂状态,探讨其背后与小中华意识的深层联系,并由此对朝鲜王朝的小中华意识提出一些新的看法。

第三章为"文化比赛:在朝鲜和日本之间寻找'中国'"。"文化比赛"的提法,出自葛兆光教授关于朝鲜通信使文献的论文[①]。本章节的讨论同样也是围绕朝鲜通信使文献展开,首先介绍通信使文献的基本情况和研究现状,其次选取两个具体的通信使文献文本——申维瀚《海游录》和洪景海《随槎日录》展开分析和讨论,最后从中国是"不在场的在场者"这样一个角度,对通信使文献这一朝日之间的历史文献之于中国历史文化研究的价值提出自己的理解。

第四章为"远邻安南:17世纪滞日朝鲜人赵完璧的安南之行"。

---

① 参见前引葛兆光《文化间的比赛:朝鲜赴日通信使文献的意义》,载《中华文史论丛》,2014年第2期,第1—62页。

该章节将通过朝鲜半岛历史上的文人记述,将视线投射到遥远的安南,展现出历史上朝鲜半岛与安南之间的文化关联的一个侧面。17世纪朝鲜人赵完璧的安南之行,是朝鲜半岛与安南之间人员往来、文化互动和知识传播的一个生动案例,也反映出当时东亚世界内部包括朝鲜、日本、琉球、吕宋之间交通的广阔图景。在呈现东亚文化交流图景的同时,笔者还将考察重点放到这一事件背后"隐身的中国"的问题,尝试讨论中国因素在其中的体现。

第五章为"近代转型:19世纪末朝鲜对中日两国的观察"。19世纪末,东亚世界受到西方的冲击而进入向现代化转变的时期。在这一过程中,朝鲜半岛的现代化步伐明显滞后于中日两国。意识到这一点的朝鲜王朝转而向中日两国寻求经验,几乎在同时分别向两国派出了或学习、或考察的团队,参与其中的人员及其留下的相关记录,为我们提供了有关中日两国现代化改革场景的第一手资料。这些资料不仅可以带我们进入历史的实景之中,也为我们提供了一种比较研究东亚三国现代化历史新视角和可能性。

这五个章节虽然主题各异,但有一个基本的共同点,那就是所有个案研究所依据的主体资料都是朝鲜半岛所留存的汉文文献。这些利用朝鲜半岛历史文献所展开的研究,一方面与朝鲜半岛的历史有直接的关系,另一方面也都和中国的历史、文化问题有直接或间接的关联。不仅如此,其中一些个案甚至不限于中韩两者互动的范畴,而是扩展到包括日本、安南在内的更大的东亚地域范围内的互动。有鉴于此,这些个案的呈现,能够很好地传递笔者希望表达的两个主要观点:一是朝鲜半岛留存的汉文历史文献对近世中国历史文化研究具有重要的参考价值;二是研究中国的历史文化,应该将视野放宽到东亚,从东亚去观察中国,同时由中国来理解东亚。

附 韩国文献资料数据库网站简介

历史研究得以展开的最基本前提是史料的获取,利用朝鲜半岛留存汉文文献来研究中国历史,同样存在一个史料获取的问题。幸运的是,大量留存在韩国的朝鲜半岛汉文文献,都得到了很好的保存和整理,并且通过影印出版、电子数据库建设等形式,提供研究者方便地使用。其中,尤其是在数据库的建设和免费提供公众使用方面,韩国可以说是走在了世界前列,今天,差不多只要是我们能够想得到的朝鲜半岛汉文历史文献,几乎都可以通过互联网访问韩国的相关数据库网站获得,并且其中绝大多数的数据库都是免费提供使用的。

韩国汉文文献资料数据库的建设成就,和韩国长期推动的一项国家工程有直接的关联,那就是汉文历史文献的国译化工程。所谓国译,就是将原本汉文书写的历史文献,全部翻译成现代韩语。国译化工程,是近代以来韩国在经历了去汉字化运动之后,为保存和延续传统文化不得不开展的工作。几代人之后,绝大多数普通韩国人将无法阅读本国历史上留存下来的汉文文献,届时只能通过国译本来了解本国的历史,这是一个悲哀但又很无奈的现实,国译工程对韩国的重要性不言而喻。国译化的工作进展非常迅速,目前看来,韩国最主要的历史文献差不多都已经完成国译,就连文献体量最大的《承政院日记》(约 2 亿 4 250 万字)的国译化也已开始,且其英祖朝的部分已经完成翻译。韩国汉文历史文献的国译化状况由此可想而知。

国译化的过程,带动了汉文文献的电子化,因为在翻译的过程中,第一步的工作就是把汉字原文进行电子化的录入,目前我们能看到的绝大多数韩国的汉文文献资料库,其形成过程,都不外乎国译化这一原因。另外,与其他国家一些文献资料数据库的使用往往需要相关权限或者收费使用的情况不同,韩国的文献资料数据库几乎全部免费向公众开放,这也是因为其数据库建设是作为国译化工程一部分而得到国家经费支持的,不存在盈利与否的问题,而韩国政府也将这些数据库的开放利用视作展示韩国文化的渠道。

前文列举朝鲜半岛汉文历史文献时,已经提到一些文献资料数据库的网站地址,包括:

三国史记:http://db.history.go.kr/item/level.do? itemId=sg

三国遗事：http：//db.history.go.kr/item/level.do?itemId=sy

高丽史：http：//db.history.go.kr/KOREA

朝鲜王朝实录：http：//sillok.history.go.kr

承政院日记：http：//sjw.history.go.kr/main/main.jsp

日省录：http：//kyujanggak.snu.ac.kr/LANG/ch/search/2_02_search_ilseongnok.jsp

备边司誊录：http：//kyujanggak.snu.ac.kr/LANG/ch/search/2_04_search_bibyeonsa.jsp

同文汇考：http：//db.history.go.kr/item/level.do?levelId=sa_049

槐院誊录：http：//yoksa.aks.ac.kr/jsp/aa/VolumeList.jsp?aa10up=kh2_je_a_vsu_23465_000

通文馆志：http：//yoksa.aks.ac.kr/jsp/aa/VolumeList.jsp?aa10up=kh2_je_a_vsu_22045_000&aa10no=kh2_je_a_vsu_22045_001

韩国文集丛刊：http：//db.itkc.or.kr/index.jsp?bizName=MM

以上这些都是按照文献主题进行的介绍，以下拟再介绍一些韩国主要的综合性文献资料数据库网站的情况。

1. 韩国古典综合数据库（http：//db.itkc.or.kr）

韩国古典综合数据库是韩国古典翻译院建设的数据库网站，韩国古典翻译院前身为韩国民族文化促进会，是韩国最早开展历史文献国译化工作的机构。"古典翻译丛书"和"韩国文集丛刊"是由其主推的两个最具代表性的文献整理工程。

古典综合数据库网站有韩语、中文、英文、日文四种操作界面，外国学者使用起来十分便利。该网站下包括三个主要的子数据库：

（1）"古典翻译书数据库"。这是将古典翻译院作为"古典翻译丛书"、"古典翻译支援合作事业"正在进行的翻译书以及外部机构及民间的"优秀古典翻译书"合为一体的综合性数据库，共收录122种电子文献（详见附表一），比如：《万机要览》《高丽史节要》《大东野乘》

《东史纲目》《燃藜室记述》《星湖僿说》《东文选》《海行总载》《燕行录选集》等。其中绝大多数文献都在韩语译文外同时附有原文电子本,部分文献有原文图像,并且每一种文献都附有韩国学者撰写的解题。

(2)"古典原文数据库"。这是将古典翻译书籍及主要古典文献的原文文本建成数据库。该库收录的文献只有23种,多数与"古典翻译书数据库"重合,只有两部文献是前一库未收的,分别是:柳馨远的《磻溪随录》和李睟光的《芝峰类说》。李睟光的《芝峰类说》是朝鲜历史上最著名的类书作品之一,"古典翻译书数据库"未收此书,说明该文献尚没有国译本。

(3)"韩国文集丛刊数据库"。这个数据库是整个"古典综合数据库"最大的亮点,它是将已出版的"韩国文集丛刊"(五百册)全部电子化而建成的数据库。该库除了有"韩国文集丛刊"所收文集的详细标点的原文电子本可供浏览和检索外,还提供了原文图像的浏览。

以上三个数据库所收录的文献,可以进行统一的跨库检索,用繁体汉字输入关键词,可以显示出所有文献中相对应检索结果。

另外,在该网站也提供了《朝鲜王朝实录》、《承政院日记》、《日省录》的电子数据库,不过后两者只有英祖朝的部分(因为古典翻译院只对这部分进行了国译化),并不是完整的数据库。《朝鲜王朝实录》、《承政院日记》、《日省录》均有其他方面提供的更完备的数据库可供使用,故该网站除了可以实现这部分数据库与本网站其他三个数据库的跨库检索功能外,这部分数据库本身的利用价值并不高。尽管如此,"古典翻译丛书"和"韩国文集丛刊"这两个重量级的数据库的存在,已足够支撑起整个"古典综合数据库"网站的学术价值。

2. 韩国史数据库(http://db.history.go.kr)

该网站是韩国国史编纂委员会建设的文献资料网站,它收录的是有关朝鲜半岛历史的最基本文献资料,同时还收录国史编纂委员会历年整理编纂出版的文献,以及该机构收藏但未出版的文献。

该网站将所收文献按照时代顺序分为七大部类,分别是:

(1)通史。该部类下收录文献有:《新编韩国史》、《韩国史论》、

《国史馆论丛》、《韩国史料丛书》、《海外史料丛书》、《中国正史朝鲜传》、《韩国史研究汇报》、《东学农民革命史论著目录》、《主题别年表》。

(2) 古代。收录文献有：《三国史记》、《三国遗事》、《海东高僧传》、《译注韩国古代金石文》、《韩国古代金石文资料集》、《韩国古代木简资料》、《韩国古代史料集成中国编》、《中国正史朝鲜传》、《日本六国史韩国关系纪事》、《入唐求法巡礼行纪》、《古代史年表》。

(3) 高丽时代。收录文献有：《高丽史》。

(4) 朝鲜时代。收录文献有：《朝鲜王朝实录》、《备边司誊录》、《承政院日记》、《各司誊录》、《各司誊录近代编》、《高宗时代史》、《驻韩日本公使馆记录及统监府文书》、《近代韩日外交资料》、《东学农民革命资料丛书》、《东学农民革命史日志》、《东学农民革命年表》、《对马岛宗家文书资料集》、《韩国古地图目录》。

(5) 大韩帝国。收录文献有：《高宗时代史》、《各司誊录近代编》、《驻韩日本公使馆记录及统监府文书》、《韩国近代史资料集成》、《韩国近代史基础资料集》、《职员录资料》、《韩国近现代杂志资料》、《近代史年表》。

(6) 日本占领期。收录文献有：《日帝侵略下韩国三十六年史》、《韩国独立运动史资料》、《韩民族独立运动史资料集》、《大韩民国临时政府资料集》、《国内抗日运动资料》、《国外抗日运动资料》、《韩国近现代人物资料》、《东亚日报》、《时代日报》、《中外日报》、《中央日报》、《朝鲜时报》等二十八种。

(7) 大韩民国。收录文献有：《资料大韩民国史》、《自由新闻》、《大韩民国史年表》等十四种。

以上文献资料中，大韩帝国以后的文献多为韩文文献，此前的文献，则多数为汉文文献，且都提供原文电子版的阅览和检索，有的文献还提供原文图像的浏览。该网站还提供了所有收录文献的跨库检索，并可支持以繁体汉字输入检索。对中国研究者来说，唯一不便之处是该网站只有韩文操作界面。

3. 韩国历史情报综合系统(http://www.koreanhistory.or.kr)

该网站是韩国国史编纂委员会建设的一个韩国历史文献相关的门户网站。它集成了所有韩国留存历史文献的目录信息、所藏处信息,并提供外部电子数据库的链接。使用该网站有两种方式:一种是检索,在网站检索框输入文献题名或关键词,网站会显示所检索文献或包含关键词的文献的电子数据库链接地址;另一种方式是分类浏览,在没有明确检索目标的情况下,使用者可以根据网站的文献分类目录进行浏览,浏览过程中发现感兴趣的文献,可以通过网站给出的信息链接到相应的电子数据库。

分类浏览方面,网站给出了十五种文献种类,分别是:古图书、古文书、图书、文书、连续出版物、古典国译书、研究资料、目录解题、人物、地图、辞典、年表、多媒体资料、遗物遗迹、金石文资料。每一种门类下又有具体细分,比如古图书类下按照经、史、子、集四部分类,经部下又分十个细类,史部下分二十细类,子部下分二十三细类,集部下分九细类。又比如在古文书下有上疏、表文、传令、谈草、批答、甘结、教书等共计八十四个细类的划分。在细类之下,再列出具体的文献的题名和数据库链接。

利用这个网站,不管是按图索骥地寻找文献,还是通过浏览了解之后再找文献,最终都可以找到相关文献的电子数据库地址。对于研究者而言,这是一个十分便利的文献资料门户网站。虽然该网站只有韩文操作界面,但它支持繁体汉字输入检索,而检索结果页面和文献浏览页面中的一些地方都会出现汉字注释,中国学者使用起来当不会有太大的障碍。

与该网站性质类似的文献资料门户网站还有:韩国学资料中心(http://www.kostma.net)和KRpia韩国学数据库(http://www.krpia.co.kr),其中韩国学资料中心网站有中文操作界面。

4. 韩国经学资料系统和韩国族谱资料系统

韩国经学资料系统(http://koco.skku.edu)是韩国成均馆大学东亚学术院建设的专题数据库网站。自1988年至1999年,成均馆大学东亚学术院历时十一年,收集整理历史上朝鲜半岛儒学者所撰著的经学类著作,编辑出版了145册的《韩国经学资料集成》,其中包括《大学》8册、《中庸》9册、《论语》17册、《孟子》14册、《书经》22册、《诗经》16册、《易经》37册、《礼记》10册、《春秋》12册。而该数据库就是对这一套《韩国经学资料集成》进行电子化的成果。

该数据库提供分类浏览、作者名浏览、书名浏览等浏览方式,同时也提供关键词检索。此外,该系统还有中文版操作界面。其中所有文献,均有原文电子版提供使用。应该说,这个数据库对于研究朝鲜儒学发展史和儒学思想史,或者关心儒学在东亚地区的传播和发展等问题的研究者而言,具有很高的利用价值。

韩国族谱资料系统(http://jokbo.skku.edu)也是成均馆大学东亚学术院建设的专题数据库。东亚学术院下属的图书收藏机构——尊经阁很早就开始收集、整理韩国的族谱,并在其收藏基础上进行数据化的工作,形成了这一数据库。

该数据库一方面提供以姓氏和籍贯排序的族谱浏览,另一方面也可以进行关键词检索,比如可以通过籍贯、姓名、字、号、科榜、官职、生年、终年、干支生年、干支终年等信息,检索族谱收录的人物。该系统有中文操作界面。族谱系统中出现的一些人物如有经学方面的著作,还可以和经学资料系统相链接获取信息。通过这一数据库,我们可以对韩国族谱的基本情况有所了解。同时,对于中国研究族谱问题的学者而言,该数据库也有一定的参考价值。

5. 图书收藏机构网站

朝鲜半岛留存的古代文献,很多都集中收藏在韩国的一些图书收藏机构中,其中保留古文献资料最丰富的两个代表性机构是奎章阁和藏书阁。奎章阁在韩国首尔大学内,藏书阁在韩国学中央研究院内。这两个图书收藏机构在对自身所藏的文献资料进行管理的过程中,也将一些特色馆藏文献进行数字化处理,建成相关的数据库,放在各自机构的网站上供研究者使用。

奎章阁网站(http://kyujanggak.snu.ac.kr)有中文操作界面,

在其主页上我们可以找到一个"原文资料检索"的选项,进入这一选项就可以利用奎章阁建设的馆藏特色文献资料库。其中共有十个资料库,分别是:朝鲜王朝实录、日省录、承政院日记、备边司誊录、内阁日历、仪轨、古地图、地理志、古文书、近代政府档案。使用者可以对这些资料库进行分库浏览,也可以用繁体汉字进行跨库检索。

藏书阁电子档案网站(http://yoksa.aks.ac.kr)是藏书阁建设的数据库网站,有中文操作界面。该网站是藏书阁将馆藏资料电子化并开放在线使用的数据库网站,目前已有大量文献资料实现了电子化,其中有的文献进行了原文的电子化,有的虽没有原文电子本,但是提供原文图像的在线阅览和打印。该网站将文献资料分为五个大类,分别是古图书、古文书、图像资料、语音资料和辞典。其中古图书、古文书的部分有大量历史文献的电子本,比如之前提到的《槐院誊录》的电子本就在其中。图像资料部分有文化图像、仪轨图像和印章图像三个子数据库,这些都是藏书阁的特色馆藏资料,具有重要的史料参考价值。

韩国的图书收藏机构目前几乎都在进行馆藏特色文献资料电子化的工作,并且随时制作随时在网站提供公众使用,因此,经常关注这些图书收藏机构的网站,会不时发现新的文献资料被制成电子化并公布出来。除了按照既有计划开展馆藏文献电子化工作外,在一些图书收藏机构往往有这样的情况:当有读者提出阅览某一尚未进行电子化的文献的要求时,他们会优先进行这一文献的电子化,提供读者使用的同时,将电子本放到网上。

奎章阁和藏书阁是韩国最重要的两个古代文献收藏机构,相对来说其数据化的建设也走在前列,不过在这两个图书馆之外,韩国其他一些图书收藏机构,特别是一些大学的图书馆,也都有一些特色的馆藏文献,同时他们也会进行一些文献数据库建设的工作,以下列举一些其他值得关注的韩国图书馆网站:

国立中央图书馆:http://www.nl.go.kr

首尔大学中央图书馆:http://library.snu.ac.kr

高丽大学图书馆：http://library.korea.ac.kr

成均馆大学图书馆 http://lib.skku.edu

6. 学术论著和学术情报数据库网站

在中国，作为学术论著的数据库网站，我们有超新图书馆（电子书籍）和中国知网（期刊论文）。在韩国也是一样，只不过韩国的学术论著数据库网站一般是把电子书籍和期刊论文资料合在同一个网站下。实现论著检索和下载功能的韩国网站主要有两个：一是韩国学学术情报网 KISS(http://kiss.kstudy.com)，一是 DBpia 网(http://www.dbpia.co.kr)。这两个网站均可检索到韩国学者学术论著的基本信息，但是如果要下载论著全文，则需要有相应的权限，这和中国的情况类似。

另外，韩国的 NAVER 网站（相当于中国的百度）有一个"专业情报"的页面(http://academic.naver.com)，其中也可以检索与学术论著、文献资料等学术情报的相关内容，其检索结果会以链接列表的形式给出，进而引导使用者从相应的网站和数据库获得所需的资料，某些因没有权限而无法从 KISS 和 DBpia 网站获取的资料，有时候可以通过该网站给出的链接中获得。

最后，再介绍两个比较实用的网站。一个是"韩国民族文化大百科辞典"网站(http://encykorea.aks.ac.kr)。在该网站上可以用繁体汉字检索与韩国历史、文化有关的内容，其检索结果是以韩语呈现的一段解释文字，同时会显示与该检索内容有关一些文献资料或研究论著，并给出相应的链接。当需要了解韩国历史上的一些基本概念，或某个人物的生平介绍，以及有关于这些内容的基本研究和基本史料，这个网站是一个不错的选择。另一个是"韩国历代人物综合情报系统"网站(http://people.aks.ac.kr)。顾名思义，这是一个以查阅韩国历史上的人物信息为主要功能的网站，在这个网站用繁体汉字或韩文输入一个人名之后，网站会提供一系列与该人物信息有关的外部网站链接，供使用者进一步浏览。当需要了解某一韩国历史人物尽可能多的相关资料，可以利用这个网站。

附表一 "古典翻译丛书数据库"所收书目一览

	编著者	书　　名
1	徐荣辅	万机要览
2	李 瀷	星湖僿说
3	李 瀷	星湖全集
4	李圭景	五洲衍文长笺散稿
5	崔汉绮	气测体义
6	朴世堂	思辨录
7	郑庆云	孤台日录
8	徐 兢	高丽图经①
9	金宗瑞 等	高丽史节要
10	申叔舟	国朝宝鉴
11	成 倪 等	大东野乘
12	安鼎福	东史纲目
13	安鼎福	顺庵集
14	金致仁 等	明义录
15	李肯翊	燃藜室记述
16	韩致奫	海东绎史
17	李 谷	稼亭集
18	崔 岦	简易集
19	李玄逸	葛庵集
20	张 维	溪谷集
21	崔致远	桂苑笔耕集
22	崔致远	孤云集

---

① 此即宋代中国人徐兢所著《宣和奉使高丽图经》,并非朝鲜半岛历史文献。

续　表

	编著者	书　　名
23	奇大升	高峰集
24	尹善道	孤山遗稿
25	许　穆	记言
26	许　穆	眉叟记言
27	金昌协	农岩集
28	丁若镛	茶山诗文集
29	白文宝	淡庵逸集
30	洪大容	湛轩书
31	李象靖	大山集
32	李崇仁	陶隐集
33	郑　蕴	桐溪集
34	李奎报	东国李相国集
35	郑斗卿	东溟集
36	宋浚吉	同春堂集
37	黄　玹	梅泉集
38	崔益铉	勉庵集
39	尹　拯	明斋遗稿
40	李　穑	牧隐集
41	李恒福	白沙集
42	尹　鑴	白湖全书
43	丁克仁	不忧轩集
44	徐居正	四佳集
45	金长生	沙溪全书
46	郑道传	三峰集
47	李承召	三滩集

续表

	编著者	书名
48	申钦	象村集
49	朴世堂	西溪集
50	柳成龙	西厓集
51	权韠	石洲集
52	许筠	惺所覆瓿稿
53	赵浚	松堂集
54	宋时烈	宋子大全
55	李南珪	修堂集
56	金集	慎独斋全书
57	李山海	鹅溪遗稿
58	南九万	药泉集
59	权近	阳村集
60	张显光	旅轩集
61	朴趾源	燕岩集
62	朴趾源	热河日记
63	车天辂	五山集
64	尹斗寿	梧阴遗稿
65	李应禧	玉潭诗集
66	金正喜	阮堂全集
67	李荇	容斋集
68	成浑	牛溪集
69	郑经世	愚伏集
70	李廷龟	月沙集
71	朴彭年	六先生遗稿
72	李珥	栗谷全书

续　表

	编著者	书　名
73	朴誾	挹翠轩遗稿
74	李齐贤	益斋集
75	李种学	麟斋遗稿
76	申楘	寅斋集
77	郑汝昌	一蠹集
78	金堉	潜谷遗稿
79	金宗直	占毕斋集
80	崔瀣	拙稿千百
81	曹好益	芝山集
82	金尚宪	清阴集
83	李德懋	青庄馆全书
84	南孝温	秋江集
85	卞季良	春亭集
86	李植	泽堂集
87	李滉	退溪集
88	赵翼	浦渚集
89	郑齐斗	霞谷集
90	金诚一	鹤峰全集
91	郑逑	寒冈集
92	权尚夏	寒水斋集
93	李晚焘	响山集
94	李稷	亨斋诗集
95	李算	弘斋全书
96	李裕元	林下笔记
97	周世鹏	竹溪志

续 表

	编著者	书名
98	成大中	青城杂记
99	池圭植	荷斋日记
100	未 详	厚光世牒
101	丁若镛	经世遗表
102	柳寿垣	迂书
103	正祖 命撰	审理录
104	崔汉绮	人政
105	姜 铣	燕行录
106	金昌业 等	燕行录选集
107	金健瑞	增正交邻志
108	未 详	海行总载
109	李 荇 等	新增东国舆地胜览
110	安廷球	梓乡志
111	柳长源	常变通考
112	徐居正 等	东文选
113	王性淳	丽韩十家文钞
114	洪万选	山林经济
115	日记厅	日记厅誊录
116	都监厅	嘉礼都监仪轨英祖贞纯王后
117	乐器造成厅	景慕宫乐器造成厅仪轨
118	社稷署	社稷署仪轨
119	实录厅	英宗大王实录厅仪轨
120	宗庙署	宗庙仪轨
121	进宴都监	进宴仪轨
122	仪轨厅	亲耕亲蚕仪轨

第一章 儒学交涉：16世纪中后期朝鲜人眼中的中国学术

引　言

　　从东亚的视角来考察儒学的历史，大概可以发现这样一个情况：发源于中华传统文化的儒学，通过东亚地域间的国际交往和人员往来，借助于东亚历史上长期存在的"书同文"的历史条件，逐步传播和影响到各主要国家，特别是朝鲜半岛、日本和越南，并最终发展成为各国共享的思想资源，同时又演化出各自不同的文化特色。

　　这里就出现了一个共性和差异性的问题。关于共性，我们应该可以认同，东亚各国的儒学思想在其源头上是具有同质性，即来自同一批最原初的经典文献和学者论述。所谓差异性，则在于儒学思想在一国落地之后，由本土学者所做出的阐明和发展，这些后现的本土思想，尽管仍然围绕着一个共同的中心和传统展开，但却无可避免地在差异化的道路上越走越远。

　　就学术研究而言，承认共性是前提和基础，但更应予以关注、更具有研究价值的恰恰是差异性的方面。目前，中、日、韩三国学界，都有各自的儒学史的论著，而这类论著中，除了简要追溯本国儒学渊源外，绝大部分篇幅是在讨论本国的儒学思想发展谱系，以及构建本国的儒学思想体系。当然，这一点无可厚非。

　　然而，也有越来越多的学者关心"之间"的问题，即各国同源而又不同流的儒学思想之间存在着怎样的关系，彼此之间的交流如何，是否存在相互影响等等。此类研究多依赖一种比较研究的方法,而最普遍的做法是利用不同国家的儒学者的具体论述来进行思想史的比较研究或哲学层面的比较分析。而如果说还有另外一种做法,大概就是切切实实地回到历史本身,找到一些过去真实发生的不同国家儒学者之间产生接触并进行讨论的个案来进行考察,本文将做的就是这样一种尝试。

让我们把目光聚焦到中国和朝鲜半岛之间,时间段大概是 16 世纪中后期。在这个时期,就儒学发展而言,中国总体还处在程朱理学尤其是朱子学占主导的时段,但同时心学思想也因王阳明的发展而正处在急速上升时期,大有与理学一争长短之势。再看朝鲜半岛,此时整个朝鲜半岛都还处在朱子学的深刻影响之下,是理学一枝独秀垄断思想界的状况。这里就产生了差异性,而差异点就在于阳明心学的异军突起。那么当这种差异性在现实中产生了碰撞,又会出现怎样的情况? 对于这样一个问题,恰有一些异域的历史文献为我们留下了真实的记录。

第一节　许篈及其《朝天记》简介

这里要提到的文献叫做《朝天记》,出自一个名叫许篈(1551—1588)的朝鲜士人之手。1574 年,许篈作为朝鲜王朝派往明朝的使臣来到中国,回国后将自己的所见所闻书写整理成四卷本的《朝天记》,后收入其文集《荷谷集》中,故又称《荷谷先生朝天记》[①]。熟悉朝鲜时期燕行文献的人大概都会了解,这部《荷谷先生朝天记》可算是产生于明代的使行文献中内容最翔实、体例最完备的文献之一,而

---

① 该文献在《韩国文集丛刊》([韩]民族文化推进会编,景仁文化社,1990 年版)第五十八册《荷谷集》中有收录;在《燕行录全集》(林基中编,韩国东国大学校出版社出版,2001 年版)第六册中亦有收录;此外,复旦大学文史研究院与韩国成均馆大学东亚学术院合编的《韩国汉文燕行文献选编》(复旦大学出版社,2011 年版)第 3 册,也收录了该文献奎章阁藏 1707 年木版印刷的重刊版本。

针对这一文献展开的研究也为数不少①。

　　这部文献的作者许篈,也是一个颇值一提的人物。许篈,字美叔,号荷谷。出身名门,年仅18岁就以第一名的成绩通过了生员试,22岁在科举考试中文科及第,后由朝廷"赐暇读书",为出仕做准备。期间,他的表现在同期进士中堪称佼佼者,不仅经常与李珥、柳希春等当世大儒同在经筵论道,还曾在国王主持的一次试射中三中夺魁,可谓文武全才②。1574年,朝鲜循例要向明朝派出圣节使(恭贺皇帝生日的使节),是年24岁的许篈主动上疏请求担任书状官(职责是记录使行经过并在归国后汇报)同行,获批前往中国。回国之后,许篈一度仕途亨通,先后担任吏曹佐郎、弘文馆校理、昌原府使等职。然而,1584年,朝鲜政府内部发生了一场弹劾李珥的党派之争,许篈因跟随其父立场(东人派)而成为弹劾派的先锋,站到攻击西人派李珥的第一线,这场政治斗争以东人派的失败告终,许篈也遭流放,尽管第二年他就被赦免,但已无心从政,自此开始了流浪生活。1588年,38岁的许篈因病卒于出游金刚山的途中③。

　　许篈的英年早逝令当时的朝鲜士人多为其扼腕叹息,当时有评论称"篈聪颖强记,诗词艳丽,一代推为才子。故时人宗之曰:吾侪虽失李珥,有美叔在,何损焉?篈亦傲然自当,立帜攻珥,以至于败,谈者惜之。"④许篈的学识得到世人高度评价,还可从这样两个情节

---

① 如陈尚胜等所著《朝鲜王朝(1392—1910)对华观的演变:〈朝天录〉和〈燕行录〉初探》(山东大学出版社,1999年版)一书中,就专门有一个章节讨论"许篈《朝天记》";日本学者夫马进在其《朝鲜燕行使和朝鲜通信使——使节视野中的中国日本》(上海古籍出版社,2010年版)一书的第一章,也有对许篈及其《荷谷先生朝天记》的专门讨论;此外还有专文如李豪润的《16世紀朝鮮知識人の「中國」認識—許篈の『朝天記』を中心に—》,收在立命馆大学编《コリア研究》第2辑,2011年,第81—96页。

② 《朝鲜王朝实录》,宣祖六年四月二十九日(戊寅)条:"凡通政以下文臣及武臣二品以下试射……至日暮,科次,则许篈以三中为魁"。见前引《朝鲜王朝实录》,探求堂,1968年,第二十一册,第262页。

③ 关于许篈的生平,可参见《荷谷先生年谱》,收在[韩]民族文化推进会编:《韩国文集丛刊》,景仁文化社,1990年版,第五十八册,第485—486页。

④ 《朝鲜王朝实录》,宣修19卷,宣祖十八年六月一日(庚子)条,见前引《朝鲜王朝实录》,第二十五册,第544页。

得到证明:其一是李珥弹劾案结束后,李珥本人甚至还因可惜许筠的才华,而在国王面前为这个抨击自己最厉害的青年后学求情①。其二是许筠曾作为朝鲜政府的代表接待过一位明朝来的使节黄洪宪(1582),在交流过程中,这位黄太史对他的评价是"使此子生于中华,玉署金马当让一头"②,意思是说他即使与中国的文人学士相比亦有过之而无不及。

具体来看许筠的学问。许筠是朝鲜大儒柳希春的门人,柳希春精通经史,著述颇丰③,尤擅理学,曾著有《朱子语类笺解》。师从柳希春的许筠自然是受到了极好的儒学训练,特别是对朱子学有极深的造诣。23岁时他就多次奉旨"入侍进讲",与李珥、柳希春等一起为和自己年纪差不多的宣祖大王讲读诗书经籍④。他学宗李滉,重视道统思想,十分关心李珥编撰的《圣学辑要》。据其年谱记载,许筠著有《朝天记》、《北边记事》、《荷谷粹语》、《仪礼删注》、《夷山杂述》、《读易管见》等书⑤,还编有《海东野言》、《伊山杂述》等,就其短暂一生来说实属多产。

许筠年少成名、意气风发,自然也就有了成就一番事业的远大的理想。他主动请缨出使明朝,大概就是他对自己人生规划的第一步。对当时的绝大多数的朝鲜士人来说,出使中国是一个增长见闻,了解先进文化的绝好机会,而往往完成出使任务归来,仕途就可上一台

---

① 《朝鲜王朝实录》,宣祖十六年十月二十二日(庚午)条:吏曹判书李珥入京肃拜。上引见慰谕后,传曰:"予如汉元帝之为君,不能斥远小人,国几亡矣。"珥对曰:"朴谨元、宋应溉固邪人也,许筠则年少轻亡,而非邪人也,其才华可惜也。此三人得谴太重,同罪之人,皆不自安,须从宽典。"见前引《朝鲜王朝实录》,第21册,408页。

② (许筠)以远接使李珥从事官,迎诞生皇长子颁贺诏使黄洪宪、王敬民于义州。二使俱服其文章,临别赠扇求诗,公一挥以进。二使击郎叹赏曰:"佳作妙作"。黄太史谓译者曰:"使此子生于中华,玉署金马当让一头。"见前引《荷谷先生年谱》,收在《韩国文集丛刊》,第五十八册,第485页。

③ 柳希春的著述有《续蒙求》、《历代要录》、《续讳辨》、《川海录》、《献芹录》、《朱子语类笺解》、《诗书释义》等,编著有《国朝儒先录》。

④ 参见前引《朝鲜王朝实录》,第21册,第280、296、297页。

⑤ 参见前引《荷谷先生年谱》,收在《韩国文集丛刊》,第五十八册,第486页。

阶。对于许篈的主动请缨,夫马进教授在他的著作中还有这样一种推测,认为最主要的原因可能是许篈关心当时明朝学界阳明学兴起的情况,希望亲自前往确认中国士大夫接受和信奉阳明学的真实状态以及王阳明将要从祀孔庙的消息是否属实①。而张崑将教授则进一步从许篈家学渊源和学派归属的角度分析指出,他的"自请"出使明朝,事实上有李退溪(李滉)的东人派排斥阳明学的任务②。尽管我们找不到许篈自己表达过这样一些目的的文献记载,但两位教授做出推论当都成立,就文献证据的角度来说,在许篈记录这次中国之行的文献《朝天记》中,留下了大量与阳明学有关的内容,而且我们可以发现,在中国期间,一旦有机会和中国士人笔谈,许篈提到最多的都是关于阳明学的问题,甚至经常是刨根问底和针锋相对的,像极了今天的记者在做深度调查采访,由此亦可见深入了解当时中国阳明学情况确实是许篈的急切愿望。

《朝天记》中大量有关阳明学的内容③,几乎全部以许篈与中国士人笔谈的形式被记述,其中既有相对平淡的问答式对话,也有相当精深的学术性讨论。这些丰富而细节化的记录,具有极高的史料价值,也吸引了大量学者的关注,并用以讨论中国和朝鲜半岛间的儒学交流特别是阳明学的相关问题④。

---

① 参见夫马进著、伍跃译《朝鲜燕行使和朝鲜通信使——使节视野中的中国日本》,上海古籍出版社,2010年,第13—14页。

② 参见张崑将《16世纪末中韩使节关于阳明学的论辩及其意义——以许篈与袁黄为中心》,载《台大文史哲学报》,第70期,2009年5月,第58—60页。

③ 需要指出的是,有关阳明学的内容只是许篈《朝天记》的其中一个方面,就《朝天记》这一文献而言,还有大量其他可供发掘的史料层面,这一点可以参考前引陈尚胜教授及夫马进教授的相关研究。

④ 除了前及陈尚胜、夫马进、李豪润的研究都涉及这一问题外,还有一些学者撰文专门讨论过这个问题,如周振鹤《朱子学与阳明学在晚明中国和朝鲜的交错影响》,收入氏著《长水声闻》,复旦大学出版社,2010年,第290—301页;金东珍的《许篈의大明使行과阳明学变斥》,收在韩国文化史学会编《文化史学》第21辑,2004年,第825—854页;张崑将的《16世纪末中韩使节关于阳明学的论辩及其意义——以许篈与袁黄为中心》,载《台大文史哲学报》,第70期,2009年5月,第55—84页。

总的来说,这些材料具有三方面的价值。首先,它们集中体现了许篈本人的学术思想,特别是经由对阳明学的批判而体现出的理学和道统思想。许篈著述不少,但存世的不多,后人编撰的《荷谷先生集》收录最多的是他的诗歌,其次是少量杂著短文、书信,再有就是这部《朝天记》。据传为许篈所著的其他一些学术著作,多已散佚不见,因此《朝天记》可算是现存能够直接体现许篈儒学思想的最主要文献了;其次,它们客观反映出阳明学在当时中国发展的真实情况。就许篈接触到的中国士人来看,有信奉阳明学的,有反对阳明学的,而且各有各的道理。这实际上是通过异国观察者的眼光,为我们记录下明代中后期特定时段的一个学术生态场景;最后,也是我认为最重要的一个方面,那就是这些材料生动地呈现了一段中国和朝鲜半岛间儒学思想碰撞的历史,除了有关阳明学的内容,许篈和中国士人的交流中还反映出其他一些与儒学传统有关的问题。尽管这只是很小的个案,但背后反映的却是儒学在东亚两个不同国家各自发展流变、相遇冲突,以及寻求受容的大问题,这不仅是一个历史问题,也是当下我们仍然十分关注的现代性的话题。

第二节　阳明异端:许篈与中国士人的学术论争

有韩国学者研究指出,王阳明的学说传入朝鲜相当早,大约在其《传习录》出版后的第三年(1521),朝鲜就有了关于这部书的讨论①,而此后阳明学说一直受到朝鲜士人的强烈批判,尤以退溪李滉为代表。然而这样一个批判的过程,反过来恰恰也造成了阳明学说在士人间广泛传播的结果。正因如此,许篈在未出国门之前,就已经对阳明学有了相当深入的了解,并且是坚定地站在"卫朱斥王"的立场上

---

① 参见吴钟逸(오종일)《阳明传习录传来考》,[韩]《哲学研究》,1978年第5期,第67—86页。

的。这一立场贯穿许篈与中国学者交流的始终,当碰到阳明学的支持者,对话往往会变得剑拔弩张、不欢而散,张崑将教授曾用"笔战"一词形容之,再恰当不过①。而当遇到阳明学的反对者,许篈就会发出志同道合、相见恨晚的感叹。尽管这些交流并不都是心平气和的学术讨论,但并不妨碍我们从中分析两国儒学者因认识的差异而希望进行沟通的努力。

1. 正学书院阳明学笔战

许篈和中国士人的第一次阳明学笔谈发生在万历二年(1574)农历六月二十六日,这一天许篈等人前往参观辽东正学书院②,参观后在书院的乐育堂休息时,有四名生员前来相见,分别是贺盛时、贺盛寿、魏自强、吕冲和,其中贺氏兄弟是当地知州贺国定之子,此外,许篈特别指出,那名叫做吕冲和的生员,乃是东莱先生吕祖谦(南宋著名理学家,与朱熹、张栻并称"东南三贤")的后裔③。

许篈自然不会放过这样一次机会,当即与四人展开笔谈,一番寒暄之后就直奔主题,谈起阳明学:"仆窃闻近日王守仁之邪说盛行,孔孟程朱之道,欝而不明云。岂道之将亡而然耶?愿核其同异,明示可否?"④四人的回答是:"本朝阳明老先生,学宗孔、孟,非邪说害道者比,且文章功业,俱有可观,为近世所宗,已从祀孔庙矣。公之所闻,意昔者伪学之说惑之也。"⑤很明显,这四人乃是阳明学的拥趸,对王阳明评价甚高。但是,四人在谈话中提到的王阳明已从祀孔庙,却并

---

① 参见前引张崑将《16世纪末中韩使节关于阳明学的论辩及其意义》,第57页。
② 据考证,此处所指正学书院位于辽东城内西南隅,其前身是弘治七年辽东巡按御史樊祉创建的"辽左书院"。嘉靖四十四年辽东巡按御史李辅增建后改名为"正学书院"。"正学"就是儒学,宋人吕祖谦有《正学编》,明人方孝孺书房名"正学",因此明代称"正学书院"的并不止辽东一处。参见张士尊《明代辽东书院述略》,载《鞍山师范学院学报》,2009年第5期,第32—33页。据悉,如陕西西安、安徽灵璧、河南信阳等地,历史上都有名为"正学书院"的书院存在。
③ 参见许篈《朝天记》,收在前引《韩国文集丛刊》,第五十八册,第424页。
④ 同上。
⑤ 同上。

非事实,各种材料均显示,王阳明正式从祀孔庙是万历十二年(1584),那是十年以后的事①。当时这四位生员之所以会有这样的错误认识,或许是因为信息传递的误差所致,但这在某种程度上也反映出当时关于王阳明从祀的论调已经甚嚣尘上②。然而,听到四人说王阳明已经从祀孔庙,以及有将朱子学斥为伪学之意,许篈马上按捺不住,随即展开大段的辩驳:

> 恭惟朱考亭先生,纂孔、孟、周、程之绪,集圣贤之大成。自是厥后,有如真西山、许鲁斋、薛文清、贺医闾诸公,莫不敬之如神明,信之如父母,未尝有异议。独王守仁者,掇拾陆氏之余,公肆谤诋,更定《大学章句》,其言至曰:苟不合于吾,则虽其言之出于孔子,吾不敢以为信然也。推得此心,何所不至。守仁若生于三代之前,则必服造言乱民之诛矣。孔子曰:小人者,侮大人之言,其守仁之谓欤?夫守仁之学,本出于释,改头换面,以文其诈,明者见之,当自败露,诸君子特未深考之耳。守仁之所论著,仆皆一一精察而细核,非泛然传闻之比也。公所谓文章事业,仆亦未之闻也。其事业,指破灭宸濠一事乎?此战之捷,亦守仁仗皇灵而能胜耳。原守仁之弟子刘养正者,为宸濠腹心,宸濠就擒,人于身中得养正手简,其中有曰:赣老之事,渐不如前。赣老,指守仁而言也,此果纯臣乎?是以,嘉靖圣天子革其爵禄,明其伪学,以榜天下,大哉帝之卓见也!岂意从祀之典,乃起于末流,若使夫子有灵,必羞与之同食矣。且吕先生乃东莱贤孙,东莱平日与朱子共排子静无遗力,而为子孙者,乃不能仰体祖先之

---

① 张崑将教授在其论文中也指出这一点,参见前引《16世纪末中韩使节关于阳明学的论辩及其意义》一文,第61页。

② 王阳明从祀孔庙的建议最早在明隆庆元年(1567)被提出,当时王门后学耿定向疏请阳明应"复爵赠谥,从祀孔庙",从祀孔庙被以"世代稍远,恐众论不一"驳回,但"复爵赠谥"得以实现。同年,魏时亮又提出"请祀先臣薛瑄、陈献章、王守仁",此后朝廷内部就阳明从祀问题展开了长达十余年的反复争议。详见杨正显《王阳明〈年谱〉与从祀孔庙之研究》,载《汉学研究》第29卷,第1期,第156—157页。

意,其可谓无忝乎哉?噫!守仁之从祀,与王安石、王雱之配享,何以异乎?行当毁撤,必不能久于天地间也。语直伤交,切望亮之。①

许筠首先指出,朱熹乃是集圣贤之大成的儒者,后世学人如真德秀、许衡、薛瑄、贺钦等无不信服之,唯独王阳明公开诋毁朱熹,妄自更定朱熹的《大学章句》,可谓不敬。不仅如此,王阳明还曾说过"苟不合于吾,则虽其言之出于孔子,吾不敢以为信然也"这样的话,又明显是对孔子的大不敬。许筠认为,王阳明如果生在三代之前,"必服造言乱民之诛",同时还借用孔子的话"小人者,侮大人之言",称王阳明就是孔子口中的"小人"。这些批评,不可谓不严厉。

同时,许筠又从学术和功绩两个方面批评王阳明。学术方面,他指出阳明学不过是将佛学思想改头换面后的假学问,在内行人看来尽是破绽,而其论著文章更是没有什么值得一提。至于所谓的政治功绩,他认为王阳明之所以立下平定宁王朱宸濠之乱的军功,不过是仰仗皇灵庇佑,以及因为有朱宸濠心腹刘养正为内应的缘故,胜得并不光明正大。因而,他认为当年嘉靖皇帝对王阳明"革其爵禄,明其伪学,以榜天下"的处理,才是真正的明见。

随后,许筠回到王阳明从祀的话题,称王阳明如若从祀孔庙,孔夫子"必羞与之同食",而其结局也一定会和王安石、王雱父子配享孔庙一样,最终落得个被扫地出门的下场。同时,他还不忘告诫四人中那位吕祖谦的后孙吕冲和:你的先祖与朱熹一道力排陆九渊的心学,你非但不能坚守先祖的立场,反而支持阳明学,实在应该感到愧疚。最后,他还不忘说一句:我说话太直,恐怕有伤交情,还请你们见谅。

听到许筠这番严词辩驳,四名生员并不相让,答复道:"从祀孔庙,乃在朝诸君子舆议,非山林僻见也。且学以良知良能为说,非有心得者,其孰能知之,所闻不若所见之为真,诸君特未之察耳。"意即

---

① 见许筠《朝天记》,收在前引《韩国文集丛刊》,第五十八册,第424—425页。

王阳明从祀孔庙之提议,并非少数人的想法,朝廷和学界上层支持者亦大有人在。且对于一种学问来说,要评价它的好坏,首先要真正了解它,不能道听途说。大体他们是认为,许篈之所以对阳明学有偏见,是因为他根本没有了解其真谛。许篈自然不同意这种看法,又与其反复争论,但始终无法说服对方。

无奈之下,许篈只得再祭出一个撒手锏,他提到自己曾于几年前来中国的友人那里得见石槚和赵思诚反对王阳明从祀的题本①,意思是他之前一番对于王阳明的评价并非一己私见,在当时中国士人中亦有持相同观点者。然而四人的答复却又让许篈碰了一鼻子灰:"此人皆伪学者之后,故其言如是其乖戾也。"这句话不仅回答了许篈,而且还不动声色地又一次把伪学的标签贴到了许篈的身上,许篈自不能就此罢休,就再追问:"伪学者指何人乎?"四人回答:"不就是你说的那个王安石嘛(如王安石是也)。"许篈是个明白人,他自己记到:"此盖指朱子为伪学,而不敢诵言,姑托之于他人也。"到这里,许篈认为这四个生员"固滞鄙贱,不可与辨"。于是最后一纸书曰:"承教不胜缺然。古云:道不同不相为谋。我宗朱门,君耽王学,尔月斯迈,吾日斯征,终无可望于必同也,奈何奈何。今日已昏暮,不得稳讨,明若临陋,则可以从容。"至此,双方已是相当明显的不欢而散。②

---

① 万历元年,谢廷杰、徐栻等人再次上疏请祀阳明,引发新一轮争论,其时,石槚和赵思诚两人是持反对意见的代表。其中赵思诚上疏为:守仁党众立异,非圣毁朱,有权谋之智功,备奸贪之丑状,使不焚其书、禁其徒,又从而祀之,恐负学生一奸窦,其为世道人心之害不小。因列守仁"异言叛道"者八款。又言其宣淫无度,侍女数十,其妻每对众发其秽行。守仁死后,其徒籍有余党,说事关通,无所不至。擒定宸贼,可谓有功,然欺取所收金宝,半输其家,贪计莫测,实非纯臣。石槚上疏为:国家以祀典为重,当祀而不祀,则无以崇报功德;不当祀而祀之,又何以激劝人心。王守仁谓之才智之士则可,谓之道德之儒则未也。因言致良知非守仁独得之蕴,乃先圣先贤之余论,守仁不过诡异其说,玄远其词以惑众耳!朱子注经书,衍明圣道,守仁辄妄加诋辱,实名教罪人。方宸濠未叛,书札往来,密如胶漆,后伍文定等擒宸濠于黄石矶,守仁尚遥制军中。始则养虎贻患,终则因人成功。朦胧复爵,报以隆重,若又祀之,不免崇报太滥。详见前引杨正显《王阳明〈年谱〉与从祀孔庙之研究》,第162—166页。这两道上疏,应该就是许篈所说自己看到题本,而许篈对王阳明的一些贬斥意见,特别是有关平定宸濠的负面评价,大概都来源于此。

② 参见许篈《朝天记》,收在前引《韩国文集丛刊》,第五十八册,第425页。

来到中国后的这第一战,并没有讨到什么好处,想来一向自命不凡的许篈定是相当郁闷,只能靠一番笔下牢骚来排解。再加上这个时候许篈并没有意识到王阳明从祀孔庙只是一个假消息,因而有一种伤心欲绝之感。于是,他在当天的日记里这样记道:

> 由此观之,则今之天下,不复知有朱子矣。邪说横流,禽兽逼人,彝伦将至于灭绝,国家将至于沦亡,此非细故也。而为儒者转相眩惑,万口一谈,虽有辟邪崇正之论如石、赵两公者,皆不获施行,至以跻于从祀之列,其污蔑圣庙大矣!呜呼!此道已衰,无复可支吾者。为今之计,将如何哉?其亦尊所闻行所知,而白直加功,不容少懈,朝以没身,则庶不为他说之所摇,而可以不大得罪于圣贤矣。若但与此辈呶呶终日,则恐其无补于事,而徒起纷扰之端也。①

事实上,许篈生出这些想法有些反应过激,毕竟他听到的仅仅只是几个年轻书院生员的片面之词,远远不能代表当时明朝学界的整体情况,何况阳明从祀是否属实还应进一步确证。然而,我们也应该考虑到,许篈当时毕竟还只是一个二十出头的年轻人,正是热血沸腾的年纪,动辄发出极喜极悲的慨叹,倒也可以理解。

2. 与贺盛时、姚继孝辩论许衡、刘基之功过

尽管许篈与正学书院四人辩论的最后有些不欢而散,但临了毕竟还是客套地留下了一个"明若临陋,则可以从容"的明日之约,而四人碍于地主之礼,自不能爽约,于是第二天晚上,四人中的贺盛时作为代表前来赴约,同行的还有一个叫做姚继孝的生员。许篈与同行的赵宪②与之对话。

---

① 参见许篈《朝天记》,收在前引《韩国文集丛刊》,第五十八册,第 425 页。
② 赵宪(1544—1592),字汝式,号后栗、陶原,晚号重峰,是李珥的门人,该次使行,他以质证官的身份前往中国,在使行过程中经常和许篈一同与中国士人会面,因而许篈《朝天记》中所记笔谈事,在赵宪记录该次使行经过的《朝天日记》中亦多有记载。(转下页)

这次大家没有继续昨天关于王阳明的讨论,而是换了一个话题,开始聊起近世儒者的情况。熟悉燕行文献的人都知道,但凡当时朝鲜士人和中国士人对谈,绕不开的一个话题就是学人,诸如程朱后人的情况、当世推崇何人之学等,都是出现频率极高的问题。朝鲜人这样一种八卦精神的背后,反映的是他们希望了解中国学术思想界动态的迫切心情。

笔谈开始,许筬首先由贺盛时居处引出关于许衡和二程后人的话题:"闻贺先生居于卫辉府云,与许鲁斋想必同乡,有传其学者否?其后今有几人?且贵居与洛阳相距几里,二程子孙?今居其地否?幸详示。"贺盛时回答:"鲁斋先生亦元文人,但事元,为人所短,虽有所宗,亦寡矣。程氏后子孙亦多,贤者亦寡矣。"贺盛时提到许衡因曾在元朝做官而为人诟病,以致现在推崇其学问者很少,这一点引来了许筬的追问:"尝观薛文清公(按:薛瑄)《读书录》,其推尊鲁斋至矣,未知短鲁斋者是何人?乞指示。"同时他还抛出另外两个问题:"且辽阳城中,亦有为心学者否?义州贺给事钦,亦何如人耶?"

贺盛时一一作答,关于许衡的问题,他说:"鲁斋先生,当时贤士夫亦亟称者,但以中国事夷,其视刘诚意(按:刘基)识真主于群凶鼎沸之中何如也?故后世不无议之者,其人可指而述之乎?"意思是许衡虽在生时为人所称道,但其毕竟屈事异族,与刘基辅佐朱元璋比起来,高下立现,至于说谁在批评他,只能说有那么一批人而很难说是某一人。对于后两个问题,则以一句话回答:"贺医闾,非特为辽之心学者,白沙(按:陈献章)之后迥无双也。"他认为,若论辽阳的心学者,则非贺钦莫属,且贺钦的影响绝不仅限于辽阳一地,对其学问的评价是继陈献章之后无出其右者。对贺盛时有关贺钦的评价,许筬表示认同,他说:"贺给事,筬所尊仰者有年,诸公之教极是",由此观

(接上页)只是后者记述稍略,但仍可供对比研究。赵宪的《朝天日记》也是一部重要的明代燕行文献,夫马进、陈尚胜等人都曾对其展开研究,参见前引二人专著。赵宪后因在壬辰战争中组织义军抗倭并身殉国的忠烈事迹垂名后世,并作为"东国十八贤"之一从祀朝鲜孔庙,其有《重峰集》存世。赵宪《朝天日记》,收在前引《韩国文集丛刊》,第五十四册。

之,许筠等朝鲜士人并非完全排斥心学,而是唯独极力反对王阳明的学说,究其原因,不外乎王阳明旗帜鲜明地反对在他们心中神圣不可动摇的朱子学的缘故。

不过,许筠对贺盛时将许衡与刘基作比较一事颇有意见,他阐述了自己的观点:

> 鲁斋之时,天地易位,人类将灭。苟无鲁斋扶持之力,则民其鱼肉矣,岂有今日乎?故文清公以其出处比于古圣贤,诸公其未之见耶?且刘诚意登元朝科第,而事我圣祖,功业虽可称,而其行已无足述也。况晚年未能勇退,为奸臣所毒,亦与鲁斋之超然远去者异矣。诸公乃欲以比于鲁斋,不亦谬乎?

许筠认为,许衡出仕元朝是时势所迫,且其以民为本的政治主张对元朝统治者影响颇深,在扶持社会民生方面起到了积极的作用,这也是明代大儒薛瑄对其进行表彰的原因。许筠认为,薛瑄的评价得当,贺盛时所言之时人评断有失偏颇。至于刘基,许筠说他先在元朝取得功名,也曾在元朝为官,后又仕官明朝,亦是一种反复的行为,并无足称道,且刘基晚年不能急流勇退,不如许衡超脱。总的来说,许筠认为刘基根本不能和许衡相提并论。

许筠的这段话,其实涉及一个明朝人对许衡如何评价的问题。在明朝内部,对许衡的评价有褒贬两种,褒之者以薛瑄为代表,贬之者则是贺盛时口中"不可指述之人"。褒者多基于一种客观的学术评价,贬者则多是基于一种政治的立场。总的来说,在对许衡的评价问题上,大概还是许筠这样一个不带朝代政治立场的朝鲜人更加旁观者清一些。但是,许筠对于刘基的评价,又显得有些过,比如说刘基先后在元朝和明朝当官是一种反复行为,这点明朝人是断断不敢说的,事实上也没什么道理,至于说刘基晚年如何不超脱,也已游离于就学论人的范畴。在这里,许筠为了驳斥对方,又犯了年轻气盛的毛病,反击过当了。而从这里开始,当晚的笔谈又向针锋相对的方向发

展了。听完许筠的论述,贺盛时立马反驳:

> 鲁斋扶天常于既倒,后世述之亦多,人有议之,特白玉之微瑕,岂予之所正短。诚意伯虽第于元而后隐,不事元主而事圣主,是识见甚高、出身甚正,非斯人则终惟夷有,万世正统孰接之乎?且为本朝开国元勋,足下何短之深哉?

显然,贺盛时对这个朝鲜人竟如此贬低本朝的开国元勋颇为不满。再看许筠如何应对,他先是大段阐述了许衡的学问如何值得敬重,见贺、姚二人没有回应,接着又开始辩说刘基的"出处非正"的问题。最后,姚继孝忍不住了,说道:"古人云,居是邦,不非其大夫。此事非余之所敢知也。"这句话可谓深意无限。

说过"居是邦,不非其大夫"的古人,不是别人,正是朱熹,若再追溯,其源头乃是《孔子家语》①。"礼,居是邑,不非其大夫"、"君子居是邦,不非其大夫",这些是孔子及其门人那时就有,后来又被朱熹再次强调过的一种儒家的"礼"的表述。姚继孝的这句话说得极含蓄,先是称"古人云"而不直言朱熹,又用一句"此事非余之所敢知也"故意把这句话的意思搞得模棱两可。因为"居是邦,不非其大夫"确实有两层含义:一层是作为本国人,不应该议论本国的官员,孔子不议"鲁大夫练而杖"是此例。另一层意思则是指外邦人不应该议论所在邦国的官员,朱熹注"夫子为卫君"是为此例。所以,听者可以认为姚

---

① 《论语·述而》(7.15):冉有曰:"夫子为卫君乎?"子贡曰:"诺,吾将问之。"入,曰:"伯夷、叔齐何人也?"曰:"古之贤人也。"曰:"怨乎?"曰:"求仁而得仁,又何怨。"出,曰:"夫子不为也"。就此,朱熹《论语集注》分析:"君子居是邦,不非其大夫,况其君乎? 故子贡不斥卫君,而以夷、齐为问。夫子告之如此,则其不为卫君可知矣。"事实上,在《孔子家语·曲礼子夏问第四十三》中就有:子路问于孔子曰:"鲁大夫练而杖,礼邪?"孔子曰:"吾不知也。"子路出,谓子贡曰:"吾以夫子为无所不知,夫子徒有所不知。"子贡曰:"女何问哉?"子路曰:"由问:'鲁大夫练而杖,礼邪?'夫子曰:'吾不知也。'"子贡曰:"吾将为女问之。"子贡问曰:"练而杖,礼邪?"孔子曰:"非礼也。"子贡出,谓子路曰:"女谓夫子为有所不知乎? 夫子徒无所不知,女问非也。礼,居是邑,不非其大夫。"

继孝是在就第一层意思说自己不敢讨论本国的官员,特别是在加了那一句"此事非余之所敢知也"之后。但同时"居是邦,不非其大夫"乃是朱熹的原话,在朱熹那里特指的是第二层意思,从这个意义上说,则完全是姚继孝在批评许筠这个外国人不懂礼数。在我看来,这句话绝不简单,它反映出中国文人一种登峰造极的话语艺术,难听点说是弯弯肠子。而且,这句话不仅一语双关,甚至还带有一种调侃性的考问:你们朝鲜人不是号称很懂朱熹吗?那我就看看你能不能解开我这句话里暗含的"古人"就是朱熹的题目。

那么,许筠到底怎么理解姚继孝的这句话的呢?从他的日记来看,姚继孝说完这句话后,双方的谈话就戛然而止了,许筠并没有回应姚继孝的话。接下来发生的是许筠要送礼物,贺、姚推辞不受,许筠一再坚持,二人才收礼离去。等二人离去之后,许筠在日记里就当天的谈话总结了这么一句:"贺生居于河内,而不知鲁斋,未可以专责沈诸梁也。且姚生始焉推尊刘基,终则闻余之论而屈服。"他首先评价贺盛时,认为贺虽然和许衡可算同乡,但却对许衡相当之不理解,他打了个比方,说当年叶公不理解孔子的思想和主张①,大概也不过如此。至于姚继孝,按照许筠的说法,他竟是认为在刘基的问题上,姚最终是被自己说服了的。

由此可见,许筠只理解到了姚继孝那句话的第一层含义,认为姚自己打了退堂鼓。这也说明他压根没有通过姚继孝的话联想到自己极度推崇的朱熹,姚继孝给许筠出的考题,许筠没有答出来,甚至根本没有意识到。既然解不开题目,自然没能明白对方的真正意思,而双方的学问比拼,事实上也已分高下。最后的结果是,一方面,许筠因为不明所以然而沉浸在论辩胜利的自我满足中。另一方面,在贺、姚二人看来,自己则是以一种不失礼数的方式在和朝鲜人的论辩中取得了实质性的胜利。这又何尝不是一种和谐、双赢的收场呢?以

---

① 沈诸梁乃是春秋末期楚国大夫,其以叶公之名著称,有叶公好龙之典故,又有叶公不用孔子为官的典故。

上就是许篈和中国士人第二次交锋的经过,和第一次笔谈后的郁闷心情相比,这次许篈大概会有扬眉吐气的愉悦,不论客观的情况如何,至少在他主观上一定是这么认为的①。

3. 与国子监生叶本谈阳明学

许篈日记中记录的第三次与中国士人的笔谈,发生在农历八月初二日,对方是一个叫叶本的人。此时,许篈等人正在从蓟州前往通州的途中,他们在路上偶遇叶本,打过招呼之后觉得此人"气象颇雅驯",于是邀请其在路边柳荫下坐下笔谈,赵宪也参加了这次笔谈②。许篈记载,叶本是国子监生,浙江杭州府仁和县人,之前去蓟州与通州之间的三河县访亲,此时正在返回北京的途中。

显然,许篈还是十分纠结于王阳明从祀一事,因此再次遇到中国的读书人,马上就要打听这件事。在互通姓名之后,许篈马上就问了叶本这样一个问题:"今闻王阳明从祀文庙,而命其裔袭爵云,未审此事定于何年,而出于谁人之建明乎?乞详示。"叶本回答:

> 阳明公,浙江绍兴府余姚县人也。天赋挺秀,学识深纯,阐明良知圣学,又有攘外安内之功,穆宗皇帝嘉其绩,封其裔为新建伯。今年,浙江巡按御史论其学真足以得往古不传之秘,宜从祀孔子庙廷。圣旨谕礼部,尚未覆。此其大较也,若欲备知,有《阳明文录》,又有《年谱》,可买查之。谨覆。

从这一问一答可见,自正学书院四生员向许篈传递王阳明已从祀孔庙的错误消息后,许篈已经把它当成一个既定事实,他现在只是希望从叶本处了解具体是什么人提出阳明从祀的建议。而据叶本所说言,关于王阳明从祀的建议,目前还只是在礼部搁置着,并没有形

---

① 关于许篈、赵宪与贺盛时、姚继孝的笔谈的内容,见许篈《朝天记》,收在前引《韩国文集丛刊》,第五十八册,第426页。

② 有关这次笔谈的具体内容,参见许篈《朝天记》,收在前引《韩国文集丛刊》,第五十八册,第444—446页。

成定论。叶本是在北京国子监的监生,他的消息应该比正学书院四人更为准确,因此从他口中听到这样的消息,许筠表示"良自慰幸",心情相比之前宽慰了一些。不过,许筠最终确定王阳明没有从祀孔庙,还是要等他到了北京并亲眼确认了国子监内的孔庙从祀布置以后,才算真正放下心来①。与此同时,因为感觉叶本话语中对王阳明的肯定评价,许筠又开始用大段论述向其申明自己反对阳明学的立场:

> 阳明之所论著,筠尝略窥其一二矣,千言万语,无非玄妙奇怪之谈、张皇震耀之辨,自以为独得焉。至曰:如其不合于吾意,则虽其言之出于孔子,吾不敢以为信然。此其猝迫强戾之态极矣!是果古昔圣贤虚心平气中正和乐之气象乎?且世之所推阳明者,以其良知一说也,而愚窃惑焉。夫所谓良知云者,乃天理本然之妙也,有不待强作而人皆知爱其亲敬其长,则凡为学,舍良知别无寻讨处矣。但人之生也,气质物欲迷蔽交攻,而天理之本然者晦。故圣贤教人,必也居敬以立其本,格物以致其知,然后可以明人伦而成圣学也。今如阳明之说,则是弃事物、废书册,兀然独坐,蕲其有得于万一也,乌有是理哉?此阳明之学所以为释氏之流而不可以为训者也。吾子其思之。

许筠在这里批评王阳明的意见无非两点:其一,他再次强调王

---

① 当年农历八月二十日,许筠等人参观国子监,并拜谒先师庙,当时他和赵宪二人分头审视了东、西庑的从祀情况,并确认其中确实没有王阳明的牌位:汝式循东阶,余则循西阶,各辟东西庑门而审视。东庑曰先贤澹臺灭明、原宪、南宫适、商瞿、漆雕开、司马耕、有若、巫马施、颜幸、曹邺、公孙龙、颜高、壤驷赤、石作蜀、公夏首、后处、奚容箴、颜祖、句井疆、秦祖、公祖句兹、县成、燕伋、颜之仆、乐欬、狄黑、孔忠、公西蒧、施之常、秦非、申枨、颜哙、先儒谷梁赤、高堂生、毛苌、后苍、杜子春、韩愈、程颢、邵雍、司马光、胡安国、张栻、杨时、陆九渊、许衡。西庑曰先贤宓不齐、公冶长、公晳哀、高柴、樊须、公西赤、梁鳣、冉孺、伯虔、冉季、漆雕哆、漆雕徒父、商泽、任不齐、公良孺、公肩定、鄡单、罕父黑、荣旂、左人郢、郑国、原亢、廉絜、叔仲会、邽巽、公西与如、陈亢、琴张、步叔乘、先儒左丘明、公羊高、伏胜、孔安国、董仲舒、王通、周敦颐、欧阳修、张载、程颐、胡瑗、朱熹、蔡沈、真德秀、吕祖谦、薛瑄。见许筠《朝天记》,收在前引《韩国文集丛刊》,第五十八册,第456—457页。

阳明"如其不合于吾意,则虽其言之出于孔子,吾不敢以为信"一语是对孔子不敬。其二,他就王阳明为世人所推崇的良知说展开针对性讨论,他认为,良知本就存在于天地间,要得到良知,唯一的途径是不停地向外部世界学习(这一观点的来源,是儒家经典《孟子》和《大学》),而王阳明却主张以一种冥想的方式向内心世界寻求良知,这套理论其实是佛家的思想,不足为训。叶本听了许篈的观点,不卑不亢地提出自己的见解:

> 承教谕阳明之学为近于禅者,以其独言良知而未及于良能故也。良知即体,良能即用,岂不以体立而用自行乎?若禅则外身心事物,而流于空寂矣,阳明亦建有许多事功可见。要识阳明,须于其似禅而非禅者求之。若《中庸》所谓"诚则明矣",此言何谓也?惟其高出于人一步,就以禅拟之耳。至若谓不合吾意者虽以孔子之言不信,此亦自信以理之意而极言之,非自外于孔子也。若孟子所谓圣人复起,必从吾言,则孟子之心亦未始平矣?故当以意逆志,不可以文害辞也。本亦浅陋,习于章句之末,圣学渊源毫未之有得也,敬以管见陈覆,幸老先生折衷以教之。幸幸。本不敢不虚心受教也。

在回应许篈对王阳明良知说的批评时,叶本引入了良能的概念(良知和良能在《孟子》中是一起出现的,即"人之所不学而能者,其良能也,所不虑而知者,其良知也")。叶本认为,许篈之所以会觉得王阳明的良知说类似佛学思想,大概是因为王阳明在论述良知的时候没有过多谈到良能的缘故。叶本说,良知是根本,良能是途径,关键是要明确获得良知这一根本目的,至于达到这一目的的途径,可以是各自不同的选择。叶本的理解是,王阳明的良知说,核心是强调人要有获得良知的意愿,至于他的从内心获得的方式,只是他个人的一种途径选择而已,再说,王阳明也不是只用内心来解决问题,他毕竟也通过外在努力,建立过很多的政治功绩。若要真以禅的思想来看,所有的东西都是虚无的,连目的本身都应是虚无的,而王阳明有明确目的即致良知,所以与禅的思想不同。叶本还提出这样一种观点:"要识阳明,须于其似禅而非禅者求之。"即要真正理解王阳明高明的地方,恰恰正应该从他的由内心致良知这一似禅而实非禅的观点入手,《中庸》说"诚则明矣"(自诚明,谓之性;自明诚,谓之教。诚则明矣,明则诚矣。),经由内心的真诚可以明白道理,王阳明的高明之处,就是用一种大家熟悉的禅的方式来比拟这种向心求取真知的途径。

而对于许筠认为王阳明不敬孔子一说,叶本的看法是,王阳明的只是在文字表述上用一种极端式的打比方来表达自己相信真理更甚于权威,而绝没有从情感上不尊重孔子的意思,孟子也曾说过"圣人复起,必从吾言"这样的话,难道也要说孟子对圣人不敬吗?因此,不能仅仅只看一句话的表面意思就轻易下王阳明不敬孔子的结论。

总的来说,叶本是在为王阳明辩护,他本人应该也是一个王阳明的拥护者,或者说至少不是反对者①,他与许筠辩论的态度相当谦和,说的话都还算中肯。可是,这些话非但不能对许筠的固有想法有丝毫的动摇,反倒招来后者的大段驳论:

> 筠窃闻孔子曰:"博学于文,约之以礼。"孟子曰:"博学而详说之,将以反说约也。"然则居敬、观理二者,其不可偏废也明矣。夫阳明倡良知之说,凡日用应接之事、古今圣贤之书,一切放置,不入思虑,只要想象一介良知,使之忽然有觉于霎尔之顷,此非释氏之远事绝物而何?揆之孔、孟之训,同耶异耶?昔者江西陆子静曾有顿悟、径约之说,朱子深排之,不遗余力。若阳明之论,

---

① 许筠后来在参观国子监时遇到一个叫杨守中的监生,此人是应天府高淳县人,他在回应许筠关于阳明学的问题时明确说阳明学是伪学,而且他还补充了一句说:"南人皆尊阳明,而北人则排斥之",这样一种地域性的差异,大概是当时人一种普遍的认识。参见许筠《朝天记》,收在前引《韩国文集丛刊》,第五十八册,第458页。叶本是浙江杭州人,他倾向于支持阳明学,杨守中是南京人,反对阳明学,后来许筠还遇到一个陕西人王之符,也旗帜鲜明地反对阳明学。不过,再回过头去看许筠最初在辽东遇到的生员,却又都是阳明学的拥护者,可见南北差异也不绝对。

则本诸江西而文之以经书,又加奇险者也。恭惟我朱子扩前圣未发之道,其所论著,盛水不漏,无毫发之遗恨,而《大学章句》尤其所吃紧着力者也。阳明则乃敢辄以私意,改定《章句》,妄肆诋诃,无所不至。且刻朱子像置诸左右,读朱子书一有不合则起而杖之云,此何等气象?而何等举措乎?此其为学固不必深辨,而可见其心术也。吾子乃引孟子之言以饰阳明之谬,不亦误乎?筬平生所愿,欲学朱子而未之有得,独于背朱子而妄出他意者,则言之及此,不觉痛心,此所以斥阳明为异端,而不容有小避。伏望珍砭可否。余在通州,再话从容。

许筬认为王阳明的致良知摒弃了一切外在事物,包括古今圣贤书本的知识,只留一个想象中虚无的良知,并希望以一种顿悟的方式达到它,这和孔孟关于博学致知的训诫背道而驰,完全掉入了佛学的唯心论之中。以前陆九渊也曾经有过顿悟的说法,遭到朱熹的激烈排斥,现在阳明学其实是想将陆九渊顿悟说系统化,这比之陆九渊更加危险。

最后,许筬还是回到王阳明对朱熹大不敬的问题上来,再次提到王阳明随意篡改《大学章句》诋毁朱熹的学问一事,并且举出王阳明雕刻朱熹像置于左右,读朱子书遇到不合自己心意的地方就杖打朱熹像的恶行。王阳明杖责朱熹像的传闻,不知出自何处,但许筬之意是批评王阳明不但学问不行,人品更坏。归根结底,许筬或者说当时绝大多数朝鲜人反对阳明学,最关键的还是因为王阳明触动了他们心目中神圣不可侵犯的权威——朱熹。

许筬等人和叶本的这一次路边笔谈,因为时间的关系,到这里就没有再继续下去,按照许筬所说,他们原本和叶本约好到通州以后再见面相谈,而许筬也期盼着叶本来访,但叶本不知何故没有再出现,令许筬颇感遗憾[①]。

[①] 许筬在第二天的日记中记载:"是日,叶本不至,其有故也欤?",见许筬《朝天记》,收在前引《韩国文集丛刊》,第五十八册,第 448 页。而在另一当事人赵宪的日记(转下页)

4. 与举人王之符对谈

在路遇叶本的当天晚上,许篈等人在通州宿处结识了一个叫王之符的陕西人,当晚未及详谈。第二天下午,许篈、赵宪带着一个叫安廷兰的朝鲜人翻译一起去拜访王之符并与之交谈①,在许篈和赵宪的日记中都记载了这次谈话的内容,这也是许篈日记中记载的第四次与中国士人的交流。据许篈记载,王之符,字国瑞,号觉吾,是陕西西安府长安县人,登乙卯(1555)举人。

在和王之符的对谈②中,许篈首先问道:陕西人都尊崇那些圣贤的学问? 王之符回答:皆尊孔孟程朱之道。许篈又问:近世有陆九渊、王阳明等人的学问,和程朱之学不同,陕西有人推崇这些人的学问吗? 对此,王之符回答:"陆子静是禅教,王阳明是伪学,吾地方人则皆辟之矣。"这是许篈第一次听到一个中国士人称阳明学为伪学,于是他又进一步追问其对王阳明良知说的见解。王之符答复道:

> 良知之说,倚于一偏,非伪而何? 闻阳明聚徒讲学于家,一日阳明之妻出外,诟其门弟曰:"你何敢相率而师矫伪者乎?"门弟由是多散去。若圣贤,则岂有不能刑家,致有此事之理乎? 然则阳明之学,决知其文饰于外者多矣。迩来请从祀者,徒以阳明之弟子多在朝著,故欲尊其师,而廷议或不直之,是以巡按御史上本已久而礼部尚未定夺矣。

(接上页)中也这样记载:"约(叶本)于通州再话,故止而不讲,卒不遇焉。"见赵宪《朝天日记》,收在前引《韩国文集丛刊》,第五十四册,第 371 页。

① 种种迹象显示,这次谈话是在有翻译在场情况下的口头交谈,最直接的一个证据是许篈记载中有一句:"之符缔听久之",见许篈《朝天记》,收在前引《韩国文集丛刊》,第五十八册,第 447 页。其次,关于安廷兰此人的翻译身份,从许篈日记的其他一些记载中可以得到证实。

② 本次笔谈内容,参见许篈《朝天记》,收在前引《韩国文集丛刊》,第五十八册,第 447—448 页。

王之符对良知说的答复相当笼统,不似叶本那样有学理性的阐释。但他引了一则王阳明惧内的传闻,以圣贤岂有不能刑家之理,来推论阳明学多是一些表面文章。将王阳明的惧内和其学问建立联系,似无道理,大概是王之符此人老道油滑,正借机调侃王阳明其人其学。同时,王之符给许筠提示了一个王阳明从祀建议出现的背景,即王阳明的弟子现在多有在朝为官者①。然而,朝廷中反对的声音也不少,故而从祀一事始终搁置。

对于一个同样持反对阳明学立场的人,许筠没有与之辩论的必要,也没有什么可进一步追问之事,于是他开始转而问一些有关中国学人的情况,向王之符请教陕西有哪些有名的儒学者。王之符提到了四个人:吕柟、罗伦、韩朝江和王用宾②,其中吕柟、罗伦都是明代著名的理学家,吕柟后来也从祀孔庙(1863)③。韩朝江、王用宾二人的事迹几乎未见于史册,按王之符所言,其大略因二人在官场并无建树,但专注于在家讲学之故,类似这样的学者,青史或未留其名,但并不代表其在当时没有影响。

王之符也向许筠问起朝鲜学界的情况:"贵国亦有心学之贤者

---

① 关于这点,张崑将教授有展开论述,他指出,当时提出王阳明从祀的主张的御史耿定向属于泰州学派,而首辅徐阶本就是阳明门人。参见前引张崑将《16世纪末中韩使节关于阳明学的论辩及其意义》,第64页。

② 许筠记载:"之符曰:吕状元柟,西安府高宁县人,平生著述极富,以道为己任,一方学者莫不尊仰。其次有南京兵部侍郎韩朝江,咸宁县人,亦为学者也,此二人皆已作古。今则有南京吏部尚书致仕王用宾者,朝邑县人,虽不着功学问,而蔚然有德望焉。此吾乡贤之大概也。"见许筠《朝天记》,收在前引《韩国文集丛刊》,第五十八册,第447页。赵宪记载:"又问近世名贤中,孰有能传圣学者乎?曰:罗一峰伦,古真儒柟,得与从祀。吕是咸宁人,而博极群书,卒以成德,门徒至万云云。""问工云方今天下,退藏自修之士有几个人乎?王曰:陕西咸宁县有王用宾,曾为南京吏部尚书,呈病不赴,在家讲学,是亦间世高人也。又闻王国瑞云,陕西高宁县人韩朝江,以兵部侍郎致仕,在家讲学。"见赵宪《朝天日记》,收在前引《韩国文集丛刊》,第五十四册,第371—372页。赵宪记载王之符说罗伦、吕柟"得与从祀",大概只是说当时有请将二人从事的议论,事实上二人当时并未从祀孔庙,吕柟是到了清同治二年(1863)才被许从祀,而罗伦则从未从祀。

③ 《明史》对吕柟有如下评价:"时天下言学者,不归王守仁,则归湛若水,独守程、朱不变者,惟柟与罗钦顺云"(见《明史·列传第一百七十·儒林一》)。

乎?"许筹回答:

> 在高丽朝,有郑梦周首明大道,为东方理学之祖。至我朝则有金宏弼、赵光祖、李彦迪、徐敬德诸先生,皆超然独得于简编之中,造诣深纯,践履笃实。至于近世,有退溪先生李滉,为学一以朱子为师,动静语默,出处进退,皆与之暗合。后学宗仰之如泰山北斗。已殁于庚午岁,今已五年,而士林悲慕如一日焉。

王之符问的是朝鲜有没有心学者的问题,而许筹甚至没有回答有或无,直接向他介绍起了朝鲜儒学发展的历史和重要人物如郑梦周(1337—1392)、金宏弼(1454—1504)、赵光祖(1482—1519)、李彦迪(1491—1553)、徐敬德(1489—1546)、李滉(1501—1570)等,他的言外之意大概是我们朝鲜只讲理学,根本没有心学的立足之地,更不用提有没有心学者了。而王之符大概也明白了许筹的态度,他顺着许筹的回答,继续问起现在仍在世的儒学者有哪些,而没有再继续纠缠于朝鲜心学者的问题,许筹则又回复了成运(1497—1579)、李恒(1499—1576)和卢守慎(1515—1590)等朝鲜学者的情况,最后,许筹还用一句话总结了朝鲜儒学的发展与中国儒学的关系:"由于中朝列圣以正学倡天下,故虽以我国偏小之壤,而亦得与于斯文之盛也。"①

接着,许筹还颇显惴惴地向王之符打听其中国当下政治的情况:"海外之人,其于中朝之事,所不敢与闻。而但入境以来至于三月之久,而无所闻知,就与聋瞽同类,不胜私悯。伏闻圣天子冲年明睿,诸君子布列朝廷,天下必无虞矣?"王之符倒也乐于谈论国事,他向许筹介绍道:"圣天子虽明睿,而特以年幼。故冯太监保,张阁老居正总摄

---

① 之符缔听久之,又问曰:无有生存者乎?余曰:有成运、李恒二人,皆年过七十,笃于为学,屡征不起,虽暂至京而旋亦退归。有卢守慎,今为右相,深有得于反躬向里之学焉。后学中自奋于圣道者,无虑数三十人。此皆由于中朝列圣以正学倡天下,故虽以我国偏小之壤,而亦得与于斯文之盛也。见许筹《朝天记》,收在前引《韩国文集丛刊》,第五十八册,第447页。

朝政。阁老虽好人,而制于冯太监,不得有所作为,科道官或有封章,皆未能行其志。今日亦可谓太平之世,而但冯太监弄权,此为可忧耳。"他丝毫不讳谈万历皇帝年幼,张居正虽主政,朝政实则受制于太监冯保,表面上天下太平,但宦官弄权实为一大隐患的万历初年明朝政局。

之后,许篈还向王之符打听了二十几年前曾经出使朝鲜的陕西人王鹤的情况,得到了王之符的答复①。而赵宪向王之符请教"中原人好用文庄家礼乎?"王之符答:"参用文公文庄家礼矣。"赵宪又想追问关于文庄家礼(朱子家礼)的具体问题,却因为时间关系没有得到王之符的回答。但王之符表示日后将去北京玉河馆拜访,再与二人相谈。但这一约定和之前与叶本的通州之约一样,最终未被履行。

无论如何,与王之符的对谈,给许篈留下了极为深刻的印象,他在后来的日记中写道:

> 方今人人皆推王氏之学,以为得千古之秘,而之符独排之,可谓狂流之砥柱也。余行数千里,始得此人,岂非幸哉!

可见,关键中的关键,还是要回到对阳明学的态度问题上,经过与正学书院生员和国子监生叶本的交流,许篈大概悲观地感受到阳明学在中国相当流行,难免心有戚戚焉。而在遇到王之符后,他总算看到中国仍有学人坚持捍卫着朱子学,自然就生出千里之外遇知音的感慨。

在这次谈话之后,许篈的日记中再没有出现与中国士人长段交

---

① 余曰:先生既在陕西,则知王行人鹤乎?之符曰:与吾同闲,曾任太常寺卿,被劾回家,顷有荐之者,而不肯出仕,今年五十八。余问其历官迁次。之符曰:初自行人升给事中,稍至都给事中,超擢应天府尹,仍迁太常寺正卿云。见许篈《朝天记》,收在前引《韩国文集丛刊》,第五十八册,第 447 页。

流的记载①。这大概有几方面的原因,一是他到了北京之后开始忙于官场应酬而无暇他顾。二是朝鲜使臣到了玉河馆后,行动受到一定的限制②,能遇到中国士人也不多。再者,毕竟到了天子脚下,这时许筠等人大概也意识到需遵循"居是邦,不非其大夫"的礼数。而及至返回朝鲜的途中,则早已是归心似箭了。

第三节 足征难循:朝鲜王朝对明朝薛瑄从祀的反应

前已述及,许筠在中国之行中有两大关注点,一是阳明学的情况,二是王阳明从祀的问题,这两点在其与中国士人的交流中都已经得到充分的体现,其中关于王阳明从祀一事,还经历了一个柳暗花明的过程。许筠对王阳明从祀事的关注,直接的原因当然是来自他反对阳明学的立场。但就一个更大的背景而言,许筠等朝鲜士人绝不仅仅关心王阳明一人的从祀与否,整个中国孔庙的从祀动态变化,也是他们关注的重点,而这一点同时恰恰也是能够反映中朝之间儒学差异和交流的一个重要面向。

朝鲜和中国一样都有孔庙从祀制度,但两者从祀安排并不相同,一方面表现在朝鲜除从祀中国先贤先儒外,也从祀本国先儒如崔致远、薛聪等所谓"东国十八贤"③。另一方面,即使是其中从祀的中国先儒,亦不尽相同,因袭与差异并存。李朝朝鲜前期,朝鲜孔庙从祀

---

① 唯一的例外是参观国子监时与监生的谈话,谈到阳明学,但相当简短:"余问守中(国子监生杨守中)曰:王阳明之学何如?曰:阳明单说良知,正是伪学。余曰:然则今日何以推崇阳明者众,至欲举从祀之典乎?守中及二三监生不记姓名者答曰:此亦非天下之通论,南人皆尊阳明,而北人则排斥之。故从祀之议,今尚未定也。"见许筠《朝天记》,收在前引《韩国文集丛刊》,第五十八册,第458页。

② 赵宪记载:"至玉河馆,不得出入",见赵宪《质正官回还后先上八条疏》,载前引《韩国文集丛刊》,第五十四册,第184页。

③ 所谓"东国十八贤"计有:崔致远、薛聪、安珦、郑梦周、金宏弼、赵光祖、李滉、郑汝昌、李彦迪、李珥、成浑、金长生、宋时烈、宋浚吉、朴世采、金麟厚、赵宪、金集。

的中国先儒大体随中国方面的变化而变化,但往往会出现中国方面的变动信息不能及时传递到朝鲜的情况,最初尽管消息滞后,朝鲜还是会相应进行增补①。然而,明代弘治年间以后出现的从祀变动,朝鲜方面就没有再跟从,这背后明代心学兴起和心学者从祀个案的出现可能是一个关键的原因。总的来说,从这一时期开始,两者在孔庙从祀差异化的道路上渐行渐远,目前韩国文庙基本上已经取消中国先贤先儒的从祀②。而1574年许篈等人使行中留下的一些记载,在某种程度上正折射出这一差异最初出现时的情况。

1. 许篈所见《南宫奏议》与薛瑄从祀

许篈等来到中国之前三年,即1571年,明朝在孔庙从祀问题上做出一个重要的决定,即以本朝先儒薛瑄从祀。到了许篈等出使的这一年,多数朝鲜人还并未知晓薛瑄从祀一事。有意思的是,许篈在这一年农历七月二十五日在七家岭驿投宿明人刘九彝家时,因行程耽搁而翻阅严嵩所撰《南宫奏议》一书,"中有《薛文清从祀覆议》,备载一时朝绅异同之论"③,从而知道了此事。由于当时离薛瑄被准从祀不久,许篈觉得这篇记录1540年明代士人讨论薛瑄从祀的文献有一定的价值,于是专门将这篇《覆议》全文抄录下来。这篇《覆议》是严嵩等人将当时礼部收到的众多有关薛瑄从祀的不同意见进行摘要

---

① 如明宣德十年(1435)以元儒吴澄从祀孔庙,正统二年(1437)以宋儒胡安国、蔡沈、真德秀从祀孔庙,朝鲜成宗九年(1478)始知中国此事,令千秋使到明朝国子监询问,十二年即"依中朝之制,以先儒吴澄、真德秀、胡安国从祀孔子庙"。参见孔祥林《朝鲜的孔子庙——儒家思想深远影响的象征》,载《孔子研究》,1992年第1期,第112页。

② 目前韩国成均馆大成殿内主祀孔子,以颜回、子思、曾参、孟子东西配享,孔门十哲闵损、冉雍、端木赐、仲由、卜商、冉耕、宰予、冉求、言偃、颛孙师和宋朝六贤周敦颐、程颢、程颐、邵雍、张载、朱熹以及东国十八贤分别东西从祀。其他地方的乡校均供奉孔子、四配、东国十八贤,有的还奉祀孔门十哲,宋二贤(程颢、朱熹)、三贤(程颢、程颐、朱熹)、四贤、六贤。比较特殊的是江陵乡校和全州乡校,前者奉祀人物最多,有孔子、四配、宋六贤(大成殿内)、中国九十七位先贤先儒和东国十八贤(两庑内),后者无九十七位先贤先儒,却单独奉祀有若、宓不齐、伏胜、董仲舒、韩愈、司马光、李侗七位先贤先儒(两庑内)。参见前引孔祥林《朝鲜的孔子庙——儒家思想深远影响的象征》,第112—114页。

③ 许篈抄录的《南宫奏议》中的"薛文清从祀覆议",见其《朝天记》,收在前引《韩国文集丛刊》,第五十八册,第440—442页。

整理后,提供皇帝御览的文本。其中提到二十三人的赞同意见以及三人的反对意见,具体如下:

赞 同 者	意 见
尚书　霍韬	瑄造诣不及董仲舒,而诚笃似之;颖悟不及韩愈、欧阳修,而笃行过之;粹精渊醇不及程颢,而浑厚师之。从祀孔庙,薛瑄无愧。
侍郎　张邦奇	笃实足以砭伪,中正足以律偏,纯粹足以订杂。臣愚以为瑄当从祀无疑。
詹事　陆深	本朝以理学为宗者自瑄始,考其平生出处进退言论风旨,不合于圣人之道者鲜矣。从祀之选,非瑄不可。
少詹事　孙承恩	夫理学莫盛于宋,使瑄而生其时,未足多也,而在今日,则可无崇重乎?臣故以为祀之是。
祭酒　王教	瑄著述所存,固虽少让于前贤;德馨之美,亦足感发乎后学。以之从祀,未为不可。
学士　张治	纯粹可以正偏驳,笃行可以破浇漓,廉介可以厉贪鄙,恬退可以黜奔竞,惇大可以裕浅狭。薛瑄从祀之典,似不可缓。
府丞　胡守中	议从祀者,道德为重,著述为轻。当以天理人心裁之,而不当惑于浮议之私也。表章从祀,无出瑄之右者。
庶子　杨维杰	潜心孔颜,抗志程朱,若秩之从祀,实足以彰我朝人文之盛。
谕德　龚用卿	其人诚贤也,虽不必于著述可也。以瑄之贤而特允其从祀,主张斯文,实在此举。
屠应峻	崛然兴起,卓越自信,卒为本朝理学名臣称首。以之侑坐孔庭,且与古祭于瞽宗之义合。
洗马　徐阶	以身卫圣道,非徒托诸空言。诚祀瑄以示向往之端,示风励之意,其于圣化,亦岂小补。
邹守益	考其出处进退之间,不折节于权奸,不谢恩于私室,不曲法于贵近,不慑志于临刑,不濡滞于相位,一时翕然尊信,揆之于古,其近于狷者之流乎?进瑄从祀,以昭国家之盛,其于世教,未必无补。

续 表

赞同者		意 见
中允	李学诗	瑄之专言性理纲常,如彼其醇也;修身以道,如彼其正也。以瑄侑食孔庭,揆之礼意,最为得。
	秦鸣夏	瑄独反躬实践,遡寻正脉,使学者晓然知所趋向。此其功诚不在著述下,进瑄而祀之,庶几继往开来,永光吾道。
	闵如霖	瑄生明盛之世,卓然有见,以居敬尽诚为学。进瑄从祀,实斯道之幸。
赞善	阎朴	体认精详,造诣深粹。昭代之士,曾无瑄若者。不瑄之祀,而谁祀哉?
司直	谢少南	从祀孔庙,当论其学术之醇驳,不当论其著述之有无。国家真儒,宜以瑄为第一。进瑄从祀,实协公义。
	吕怀	其学已有诸己,寝寝乎笃实而有光辉。特加从祀之典,则鼓舞感孚,将不有振刷兴起,因流求源,以上继往圣之传者哉。
编修	王同祖	瑄言行笃实似许衡,出处峻洁过杨时。以之从祀,诚为无忝。
	赵时春	言必底绩,行不愧心。如瑄者,百年以来,实难其人。是亦圣人之徒从圣人之祀,于理为当。
	唐顺之	瑄之可附于祀典者有四,无歉于祀典者有二,宜如臣瞻、臣得仁所疏。
	黄佐	瑄之诵法著述与其躬行,于孔子之道无愧焉。列之从祀,于典礼为宜。
侍读	胡经	举瑄而从祀之,俾经生学子,在于敦行而不在乎多言,务于实胜而不贵于虚谈,则吾道幸甚。

反对者		意 见
庶子	童承叙	程朱高第如罗从彦、李侗、尹焞、黄幹,尚未得祀。近时儒者如吴与弼、胡居仁、陈献章,亦应从祀。舍彼取此,似为未遍。莫如姑缓,以俟将来。

续 表

反对者	意 见
赞善 浦应麒	如董仲舒、韩愈、王通诸人，亦各旷千古而后始定，虽以俟后世可也，是以瑄为不必祀。
郭希颜	瑄可为一时之豪杰，而不可谬称理学之宗支；可享一方之明禋，而不可滥叨圣门之礼乐。臣请莫若罢之便。

在概述了士人的意见之后，严嵩等人也提出自己的看法：

> 臣等切惟光岳气分，世无全士，度长絜短，自有可观。薛瑄之造诣，其视宋儒，虽若有间，然实为本朝理学之倡，必若从祀，无以踰瑄。臣等推仰先哲之心，与诸臣一也。乃若与弼诸人，亦皆为一时士论之所推许。但时同地近，臣等难以轩轾决择于其间矣。夫众言析诸圣人，议礼本诸天子，仰惟皇上神谟圣学，卓越千古，顷者诸所祀典彝章，悉加裁正。诚所谓考诸三王而不谬，建诸天地而不悖也。惟兹孔庙之祀，关系万世，天下之所仰瞻，实为重大。臣等愚昧，不敢轻议，伏乞圣明特赐睿断。

当时，嘉靖皇帝对这篇《覆议》的批复是：

> 圣贤道学不明，士习趋流俗，朕深有感焉。薛瑄能自振起，诚可嘉尚，但公论久而后定，宜俟将来。

薛瑄(1389—1464)，山西平阳府蒲州河津县人，明代著名的理学家，河东学派的创始人，也是第一个在明代从祀孔庙的明代儒者，应该说在思想史上具有一定的地位。学界对薛瑄的研究从20世纪80

年代以后开始出现高潮,陆续有大量研究论著问世①,而关于薛瑄从祀问题的讨论,目前所见似乎只有许齐雄的两篇论文和李海林的两篇短文②。

薛瑄从祀孔庙的建议,从其去世之年(1464)起,就有人提出,此后一直绵延了一百多年的时间,而在这篇《覆议》产生的嘉靖十九年(1540),由当时的礼部主导,对薛瑄从祀问题进行了一次集中讨论,仅从这篇《覆议》来看,当时多数士人倾向于同意薛瑄从祀,但最终这次议论的结果还是由于薛瑄著述不多以及"时同地近"这两大争议点,而未形成定论,此后又经过了三十一年,即到了1571年,薛瑄才被批准正式从祀孔庙。而研究者分析薛瑄最后之所以成功从祀的原因,多指向三个方面,一是明中期以后阳明学的兴起对朱子学产生冲击,理学支持者希望通过一种"表彰正儒"的方式,来重新强化理学传统的权威,于是薛瑄成为最合适的人选。二是指出最后主持讨论并决定薛瑄从祀的当权派中,不少都是薛瑄的乡党,他们的帮助起到了决定性的作用。第三点则是,当时有一位叫李濂的士人,通过私人论

---

① 如李元庆著《明代理学大师——薛瑄》,太原:山西高校联合出版社,1993年;赵北耀主编《薛瑄学术思想研究论文集》,太原:山西古籍出版社,1997年;蒙培元《薛瑄学术思想与程朱理学的演变》,《晋阳学刊》,1982年第6期,第73—78页;郝星久《薛瑄的教育思想》,《晋阳学刊》,1983年第6期,第98—102页;魏宗禹《薛瑄思想特点三论》,《山西大学学报(哲社版)》,1987年第4期,第59—64页;周庆义《从孟、荀论性说观照薛瑄复性论》,《运城师专学报》,1989年第2期,第56—59页;徐远和《薛瑄的"实学"思想探析》,《孔子研究》,1992年第3期,第37—41页;姜国柱《薛瑄的理学思想》,《孔子研究》,1995年第2期,第62—69页;许齐雄《薛瑄的"道统观"和"复性论"》,《明清史集刊》,2007年9月,第49—61页;许齐雄《国家政治目的和理学家教育理想在官学和科举的结合——以薛瑄思想为例》,《汉学研究》,第27卷,第1期,2009年3月,第87—112页;李海林《薛瑄对程朱理学的体认与实践》,山西大学2007届硕士学位论文,指导教师马玉山;高琼《生命践履与"通天性"——薛瑄哲学思想研究》,陕西师范大学2010届博士学位论文,指导教师丁为祥。

② 许齐雄《我朝真儒的定义:薛瑄从祀孔庙始末与明代思想史的几个侧面》,《中国文化研究所学报》第47期,2007年,第93—114页;许齐雄《为昭代真儒辩护:明朝人讨论薛瑄从祀问题的一个重要侧面》,《晋阳学刊》,2007年第4期,第32—34页;李海林《薛瑄从祀孔庙缘由》,《山西煤炭管理干部学院学报》,2007年第2期,第119转124页;李海林《关于薛瑄从祀孔庙的两个问题》,《兰台世界》,2011年第28期,第30—31页。

著从学理上解决了著述多寡不能作为从祀与否的单一标准的问题。①

现在学者讨论薛瑄从祀的问题,以许齐雄的研究为例,主要运用的文献资料是官员奏本、礼部奏章、实录资料以及文人文集等,这都是正确的方向。而许筬抄录《南宫奏议》中的《薛文清从祀覆议》一事,可以说又为研究薛瑄从祀提供了一种新的文献线索,我们无法说这些记录是全新的资料,因为《南宫奏议》本就是中国固有的文献,但是如果没有许筬的抄录和呈现,一般的研究者大概不会想到去《南宫奏议》里寻找薛瑄从祀的相关资料,这大概就属于通过交流的视角或者异域的眼光反观自身问题可以得到的意外收获。

2. 许筬对严嵩按语的忧虑

许筬作为程朱理学的支持者,对明朝士人高度评价薛瑄功绩以及薛瑄最终成功从祀孔庙,自然是表示了乐见其成的态度,他在日记中表示:"然文清祀典,卒定于近日,可见公论之不终泯也。"②然而,在抄录《南宫奏议》的过程中,他还是隐隐发现一些危险的信号,让他对薛瑄从祀一事产生了一种复杂而矛盾的心情。

许筬在《南宫奏议》的《薛文清从祀覆议》中,看到严嵩写的一条按语:

> 又看得尚书霍韬奏内,欲将宋臣司马光、陆九渊议黜从祀。夫司马光平生所学,惟是濮王之议,失父子之伦,委为昧礼。若其公忠鲠亮,勋业伟峻,为宋一代名臣,无问贤不肖,皆知尊信,似未可以一眚病之。陆九渊资禀高明,见道超悟,其学术论议当在薛瑄之右。今议进瑄,则九渊似难遽罢。③

---

① 相关论述亦可参见前引许齐雄、李海林的文章。
② 见许筬《朝天记》,收在前引《韩国文集丛刊》,第五十八册,第442页。
③ 同上。

第一章　儒学交涉：16世纪中后期朝鲜人眼中的中国学术 ▎93

因看到尚书霍韬在表彰薛瑄的奏章中，同时提到希望将司马光、陆九渊二人取消从祀的建议，严嵩谈了自己的观点。首先，他认为霍韬主张取消司马光从祀，大概是因为他曾有濮王之议①，而司马光一生中，除了濮王之议为人诟病之外，其他方面都还是好的，并不至于要取消其从祀资格。而对于陆九渊，严嵩的评价甚高，认为他的学问胜过薛瑄，如果霍韬觉得薛瑄可以从祀，那陆九渊的从祀资格就很难取消。

许筠对严嵩的这番论述有自己的看法：

> 霍韬请黜九渊则是矣，而欲并去司马公者，专指濮王议一事而言，此韬之附会奸计也，其亦可唾也夫。矧嵩之以司马公濮议，为昧父子之伦；跻九渊于文清之右，以为不当罢者。尤足以见嵩之心术也。②

显然，许筠对霍韬所提取消陆九渊从祀这一点是持赞同观点的，但他反对霍韬的将司马光去祀的意见，可见，许筠是司马光的濮王之议的支持者，这大概也代表了绝大多数持道统论的朝鲜学者的立场。针对严嵩的论述，许筠认为其将司马光的濮议看做昧父子之伦，这一

---

① 宋仁宗无子，立从兄濮王允让之子曙为皇子。仁宗崩，曙即位，是为英宗。治平二年（1065），英宗令礼官与大臣集议崇奉濮王之典礼，司马光、王珪等议："为人后者为之子，不得顾私亲；若亲爱之心分于彼，则不得专于此"，故英宗于濮王"宜准先朝封赠期亲尊属故事，尊以高官大国"，"宜称皇伯而不名"。时宰相欧阳修、韩琦等则谓："本生之亲，改称皇伯，历考前世，皆无典据"。议久不决。次年，御史吕诲、范纯仁、吕大防等主光、珪之说，上疏劾韩琦专权导谀："（仁宗）昭陵之土未干，遂欲追崇濮王，使陛下厚所生而薄所继，隆小宗而绝大宗。"又劾欧阳修"首开邪议，以枉道说人主，以近利负先帝，陷陛下于过举"。琦、修等仍固执其见，谓皇伯无稽，决不可采。英宗追念本亲，乐闻琦、修之议，犹豫再三，终下诏称濮王为皇考。吕诲等以所论奏不见听用，纷纷求去，帝皆官以外郡，濮议乃寝。北宋士大夫之党争，每遇事而发，由争议论而变为争意气，濮议一细事也，而执政与台谏嫌隙本存，借题竟言，党同伐异，成见转深，上承仁宗之庆历党议，下启神宗之王安石变法，濮议竟成一大关目。
② 见许筠《朝天记》，收在前引《韩国文集丛刊》，第五十八册，第442页。

观点并不正确,此其一;而对其把陆九渊的地位置于薛瑄之上,许篈自然就更为不满。由此,他认为严嵩是心术奸猾之人。但让他更担心的是,在三十多年前,如严嵩这样的高官都已是心学的拥趸,理学在明朝的发展前景实在不容乐观。

不仅如此,对于严嵩抬高陆九渊的学术这一点,许篈还有更大的担忧:

> 陆九渊之从祀,则嵩之他文有曰,在于嘉靖九年,而我国人全不闻知,诚可惊骇。然则迩来之旅请从祀王守仁者,实本于此而发也欤?堂堂圣庙,本为崇德报功以淑人心,而今乃杂以异学之流污之。此实我中朝之一大阙典也。

许篈提到陆九渊从祀的问题,他指出,从严嵩《南宫奏议》的其他文章中看到,陆九渊早在嘉靖九年(1530)就已经从祀孔庙,他对此深表惊骇,认为陆九渊四十四年前就已经从祀孔庙,但朝鲜方面竟然全然不知。其实朝鲜方面倒也不是全然不知,只是确实知道得很晚,在许篈出使的三年前,许篈的老师柳希春就曾向朝鲜国王提到过陆九渊从祀,但总的来说这个问题在朝鲜因为没有被大规模地讨论,所以许篈和多数朝鲜士人一样,还并不了解。由陆九渊的从祀,许篈进一步联系到王阳明的从祀(由前述可知,此时许篈误认为王阳明已经从祀孔庙),他认为近来之所以有人提请让王阳明从祀,就是因为有陆九渊从祀的先例。而自此之后,心学者从祀孔庙的大门已经洞开,堂堂圣庙将不可避免地受到心学异说的污染。

许篈对于陆九渊开创了心学者从祀先河的判断是正确的,这确实为后来王阳明的从祀扫清了一半的道路,而这大概也是当时明朝的心学支持者为最终实现王阳明入祀而采取的一种铺垫策略。既然心学者可以从祀孔庙,那么王阳明就学术和功绩而言,已经完全符合从祀的标准,剩下的唯一棘手问题就是"时同地近"或者说"世代稍近"。王阳明是1529年去世的,一般从祀孔庙都需"公论久而后定",

薛瑄从去世到从祀经过了一百零七年,已经算是相当之快了。但我们知道,王阳明最后是在1584年确定从祀,即在他去世后的第五十五年,在当时来说是创造了一个从祀孔庙的最快纪录。

事实上,从某种意义上说,也恰恰正是薛瑄的从祀为王阳明的从祀扫清了另外一半的道路。为什么这么说?薛瑄从祀算是开启了本朝人从祀的先河,而在有了"本朝人亦可从祀"的先例之后,时间条件也慢慢不再成为从祀孔庙的硬性标准。如果再回过头去看,当时在薛瑄从祀的问题上,士人意见呈现令人惊讶的一边倒情况,心学派非但没有太多反对,甚至还助推之,是薛瑄成功从祀很重要的原因之一。而这背后,很难说不是心学派希望通过薛瑄的从祀,解决"世代稍近"的时间难题,从而为王阳明从祀铺平道路。由此观之,第一位明儒理学家薛瑄的从祀孔庙,真的是如有的学者所认为的,是所谓理学对心学的一次胜利吗?其亦未可知矣。

3. 朝鲜孔庙的薛瑄从祀之议

许篈一行回到朝鲜,带回了有关薛瑄从祀的最新消息。事实上,许篈等人并不是最先将这一消息带回朝鲜的人,在此之前,1572年使行的许震童、1573年使行的尹根寿,都在参观北京国子监时看到了薛瑄从祀的情况①。但是,如果说此前只是简单的消息传递,那么这一次许篈的贡献,就是他抄录《薛文清从祀覆议》的举动,实际上是将有关薛瑄从祀的经过和明朝士人对薛瑄的评价等详细资料带回了朝鲜,而这些资料也成为后来朝鲜人讨论薛瑄是否应在朝鲜从祀以及其他一些问题的重要思想资源。

照理说,朝鲜的孔庙从祀大体应该追随中国的变化,所以与许篈同时前往中国的赵宪,在回国后向国王提交的《质正官回还后先上八条疏》中,专门论及"圣庙配享之制",列举出当时朝鲜孔庙与中国孔庙在中国配享上的不同:

---

① 参见许震童《东湘集》,收在前引《韩国文集丛刊》,续编第三册,第589页;尹根寿《月汀集》,收在前引《韩国文集丛刊》,第47册,第232页。

臣又按东西庑之列。林放、蘧瑗、公伯寮、秦冉、颜何、荀况、戴圣、刘向、何休、贾逵、郑众、马融、卢植、郑玄、服虔、范宁、王肃、王弼、杜预、吴澄等不在其中。后苍、王通、欧阳修、胡瑗、杨时、陆九渊、薛瑄等皆与于列。①

从赵宪的观察可以看到，当时朝鲜仍然从祀但明朝已经不再从祀的先贤先儒，其数已达二十人之多，而明朝新列入从祀朝鲜未及增补的，也有七人。事实上，在赵宪所记七名新增从祀者中，杨时早在1495年就已从祀，后苍、王通、欧阳修、胡瑗、陆九渊等人也是在1530年从祀，这些情况朝鲜国内早已有过讨论②。只有一个薛瑄，算是最新的变化。

此前朝鲜孔庙的从祀，基本上还算是紧跟中国的变化，但这一次使行考察下来的情况，竟然有如此大的差异，这在某种程度上也反映有明一代孔庙从祀的变化之大。面对这一变化，赵宪一一做出了自己的分析，并认为绝大多数的变化都可接受，"我朝似当讲究而从之者也"，唯独对陆九渊的从祀，他提出坚决的反对，认为"恐不可效尤而苟从也"。同时，在明朝最近新增的从祀者中，赵宪又对薛瑄至为推崇：

薛瑄奋乎绝学，笃志力行，迨其道成德立，进仕于朝则高风大节，砥柱乎奔流，退而讲学则只句微言，日星乎中天。臣窃观吕柟所记《薛文清祠堂记》，则其人学行之高，概可想矣。故臣敢具奠于后以进，如或前颁《读书录》之中未及载印，伏愿以此还下

---

① 见赵宪《质正官回还后先上八条疏》，载前引《韩国文集丛刊》，第五十四册，第185页。

② 《朝鲜王朝实录》，宣祖四年(1571)十二月三日(辛卯)条，即有柳希春进言明朝从祀变化："中朝嘉靖中，黜荀况、马融、刘向、贾逵、何休、王弼、戴圣、王肃、杜预，而以王通、欧阳修、胡瑗、杨时、李侗、胡安国、陆九渊、蔡沈、真德秀从祀。此时王之制，且不无意，请从之。"参见前引《朝鲜王朝实录》，第二十一册，第238页。

于校书,命印而颁之,使一时学者咸得观感,则以之从祀而人知景仰矣。(先生追注曰:是年□月□日,传于校书馆,印出《读书录》,再并令附印斯记于篇首)。①

由此我们看到,当时朝鲜官方已经有颁印薛瑄代表作《读书录》的打算,只是还没有印出,而赵宪建议将吕柟所写的《薛文清祠堂记》附于该书篇首,得到了批准。同时,赵宪也向国王表达了应该将薛瑄列入朝鲜圣庙从祀的意见。已经从祀孔庙的薛瑄,是被中国官方认可的"明儒第一人",而且他是理学家,照理应该受到朝鲜士人一致好评,其从祀朝鲜孔庙似乎不成为一个大问题,可事实却并非如此。除了赵宪回国后提交的《八条疏》中提到的建议之外,短期内朝鲜几乎没有更多主张薛瑄从祀圣庙的议论出现。

这种现象其实不难理解,我们可以设想,如果朝鲜真要以薛瑄从祀,势必要面对当时中朝孔庙从祀中总共有二十七人存在出入的问题,他们不可能仅将有自己最有好感的薛瑄一人从祀,而不顾其他。而如果要考虑全部按照当时明朝的从祀者进行变更,又会面临一个最棘手的问题,那就是陆九渊怎么办?于是,最好的办法就是干脆维持现状。而当时朝鲜人尹根寿的一番话,可以说为朝鲜这样一种以回避麻烦为目的的维持现状找到了极好的借口:

> 试以吴澄祀黜一事言之,澄之从祀,在于正统,而我国不之知,其黜在于嘉靖,而我国今始知,凡嘉靖以后从祀升黜,未允于人心者,岂无后日之公论而或有改之,如吴澄之升黜者乎?此尤可待公论之定而未可一一遽从者也。②

---

① 参见赵宪《质正官回还后先上八条疏》,载前引《韩国文集丛刊》,第五十四册,第185—186页。
② 见尹根寿《月汀集》,收在前引《韩国文集丛刊》,第四十七册,第232页。

尹根寿其实是给出了这样一种想法：他以吴澄为例，指出其在明朝正统年间(1435)从祀，当时朝鲜没有马上知道，等到朝鲜终于跟进从祀之，其又于嘉靖年间(1530)被罢祀，而他被罢祀的消息朝鲜又是很晚才知道(1571)。明朝的从祀罢祀，变化太快，特别是嘉靖以后从祀之人，也不知道今后会否和吴澄一样的命运。所以朝鲜不如等待其经过时间检验、形成定论后再说，而不必马上跟从。

4. 薛瑄从祀与朝鲜"五贤从祀"之关联

表面上看，包括薛瑄从祀在内的一系列明代新增从祀，不再对朝鲜的孔庙从祀产生即时性的影响，但如果深入去看，就会发现薛瑄从祀对朝鲜的从祀制度还是有一定影响的。要理解这一点，不应该把目光聚焦在朝鲜是否从祀薛瑄的问题上，而应该从另外一个角度去思考——即薛瑄从祀是明朝从祀本朝先儒的先例，这一点对朝鲜有着不小的触动。

朝鲜孔庙除了从祀中国的先贤先儒，也从祀本国先儒，但在当时，朝鲜孔庙中从祀的本国先儒只有崔致远、薛聪、安珦、郑梦周四人，都是前朝的儒者。早在朝鲜中宗十二年(1517)，朝鲜士人在提请从祀前朝儒者郑梦周的同时，就已经提出过从祀本朝先儒金宏弼①，但最后郑从祀(1517)而金未从祀。其后，朝鲜又陆续出现从祀本朝先儒郑汝昌、赵光祖、李彦迪的呼声。到了1573年，又进一步形成以本朝先儒金宏弼、郑汝昌、赵光祖、李彦迪、李滉等五人从祀孔庙的建议，即"五贤从祀"之议②，从时间上看，正好在薛瑄从祀的消息传到朝鲜之后。可见，朝鲜士人要求从祀本朝先儒的建议由来已久，但迟迟不被采纳，而明朝从祀本朝先儒薛瑄的先例，无疑给"五贤从祀"增加了一个砝码，1574年赵宪回国后递交的《质正官回还后先上八条

---

① 参见《朝鲜王朝实录》，中宗十二年(1517)八月七日(庚戌)条"成均生员权磺等上疏"，见前引《朝鲜王朝实录》，第十五册，第308页。

② 《朝鲜王朝实录》，宣祖六年(1573)八月二十八日(乙亥)，"昨日儒生等上疏，大概金宏弼、郑汝昌、赵光祖、李彦迪及李滉从祀文庙"；次日，二十九日(丙子)，"儒生上疏以金宏弼等五贤从祀，再度上疏"。见前引《朝鲜王朝实录》，第二十一册，第269页。

疏》中的部分论述，大致能够体现出这一点：

> 臣愚。又因中朝从享之事，而深有所感焉。盖士习之趋，一视其上好之所在，而殿下顷于馆学儒生，诸贤从祀之请，屡陈而不允，近臣经席之启，亦不领可，是实沮一世向善之心也，臣窃闷焉。夫金宏弼肇倡道学，而有继往开来之业；赵光祖继明斯道，而有拯世淑人之功；李彦迪体道纯笃，而有扶颠持危之力。兹三人者，求之中朝，则许衡、薛瑄之外鲜有伦比。而求之东方，则薛聪、崔致远、安裕之徒未有及其见到处者。况如李滉，集东儒之大成，而绍朱子之嫡统，进则引君当道之诚，恳恳乎章疏之间，退则因才设教之意，切切于讲论之际，善者闻言而景慕，恶者望风而自戢。……况此金宏弼四君子，所当从祀之议，朝无异言、士无异论，而尚此迟留者，谓斯人为不贤乎？伏愿殿下，亟奖四贤，列于从祀。①

赵宪表示，自己看到中国孔庙从祀的变化（其中当然是包括薛瑄从祀一事）深有感慨，再联想到近来国内儒生多次请求从祀本国诸贤而不被允准的状况，心中甚是苦闷。然后他一一表彰金宏弼、赵光祖、李彦迪三人之功绩，称其"求之中朝，则许衡、薛瑄之外鲜有伦比"，然后又大力表彰李滉。最后指出，此四人从祀，"朝无异言、士无异论"，希望国王马上批准他们从祀。

虽然赵宪在这里提到的只有"四贤"，而非当时儒林普遍提出的"五贤"，但总的来说，他是借着汇报中国从祀变化的机会，特别是通过告诉国王明朝已经让本朝先儒从祀孔庙这一事实，欲劝服其早日允许朝鲜本国先儒入祀圣庙。遗憾的是，赵宪的请求仍然没

---

① 见赵宪《质正官回还后先上八条疏》，载前引《韩国文集丛刊》，第五十四册，第186—187页。赵宪上疏一事，亦见于《朝鲜王朝实录》，宣修8卷，二年（1574）十一月一日（辛未）条记载，见前引《朝鲜王朝实录》，第二十五册，第451—452页。

有得到应允。赵宪上疏之后,朝鲜国内关于本朝"五贤从祀"的呼声再度高涨①,只可惜此事在宣祖一朝始终未得到解决,直到光海君二年(1610)才最终得以实现②。可见,薛瑄从祀的消息传到朝鲜后,尽管薛瑄从祀朝鲜孔庙一事有议而无果,但却在另外一个层面上推动了朝鲜对本朝先儒从祀讨论的升级,而其结果就是"五贤从祀"的最终确立。

继薛瑄从祀之后,明朝又于1584年增加了王阳明、陈献章、胡居仁三人从祀,此事再次引起朝鲜大规模讨论,而其焦点都在对王阳明、陈献章两位心学者从祀的批评上。此时,薛瑄则又被朝鲜人拿出来作为一个该当从祀的正面典型,用以批判王、陈以及之前的陆九渊的不当从祀。此后,朝鲜礼曹甚至还曾有过这样的建议:增加明弘治以后新增的后苍、王通、欧阳修、胡瑗、薛瑄、胡居仁等人从祀朝鲜孔庙,但拒不增加陆、王、陈三人③,似乎这样可以表明朝鲜捍卫道统和理学的立场,此为后话。

小　　结

许篈1574年的这一次使行,从某种程度上来说可以说是一次学术考察,而其主要的考察对象,就是当时中国和朝鲜儒学界存在的最大差异——阳明心学,特别是阳明心学在中国的发展情况。而考察的结果总的来说令他十分纠结:一方面,他看到阳明学在中国已经有了相当大支持群体,朝廷政要中有阳明门人,学院生员中不乏其拥

---

① 据笔者不完全统计,从1573年到1610年的三十七年间,仅《朝鲜王朝实录》中明确记载的各级士人上疏提请"五贤从祀"的情况达十七次之多。

② 《朝鲜王朝实录》,光海君二年九月五日(丁未)条,"教中外大小臣僚、耆老、军民、闲良人等以从祀金宏弼、郑汝昌、赵光祖、李彦迪、李滉等于文庙,下教书曰:……",见前引《朝鲜王朝实录》,第三十一册,第564页。

③ 《朝鲜王朝实录》,仁祖四年(1626)闰六月二十四日(甲子)条,"礼曹启曰……后苍、杨时、王通、欧阳修、胡瑗、薛瑄、胡居仁,升配宜矣。而陆九渊、王守仁、陈献章,其识见之超越,论议之豪迈,固已高出汉、晋诸儒之上,唯其见太高、守太固,至比朱子之学于洪水、猛兽之害。门路既差,流为异端,似难尊崇圣庙,以误趋向云。"见前引《朝鲜王朝实录》,第三十四册,第119页。

冕;另一方面,他又了解到明朝士人对阳明学的态度存在南、北对立的局面,理学者仍在极力拒斥之。一方面,他发现王阳明从祀孔庙的呼声已经很大,看来已经是迟早的问题;另一方面,理学家薛瑄已经从祀孔庙让他感到安慰,似乎理学还是占有上风。

面对这种情况,许箎能做的并且也是他努力做了的,一是在和中国士人的交流中,极力贬斥阳明学说的伪学和异端性质,以尽到自己维护理学正统的义务,二是尽可能将相关的信息加以详细记录,以待本国士人知晓。

许箎和中国士人的对谈记录,是最能够体现中、朝两国士人就各自儒学观点进行交流的内容。许箎所记与中国士人的四次交谈,可以说为我们呈现出一幅明代中后期中国与朝鲜士人间面对面的思想碰撞和学术交流的生动场景。其中围绕王阳明和阳明心学的论辩,尤其令人印象深刻。通过许箎的记载,我们一方面看到当时明朝士人对王阳明及其学说所持的不同观点和具体评价,另一方面也看到以许箎为代表的朝鲜人捍卫朱子学的坚定立场。

许箎与明朝心学派士人论辩的结果是,谁也没有说服谁,双方依旧各执己见。尽管许箎自我感觉在某些场合他说服了对方,但那只是一种错觉。相反,有的中国士人在面对这个朝鲜来的年轻儒学者的时候,还表现出一种倨傲的态度,发一些调侃的言语,言下之意似乎是:心学乃是我天朝的学术创新,你们朝鲜人尽管和之前一样接受学习就好,又何必死守固见,大加抵斥?可惜的是,许箎似乎没有感受到这层意思。

谈到这一交流事件在当时的影响,张崑将教授曾指出,许箎在中国的"卫朱斥王"之举,中国史书皆不载,而朝鲜儒者将其奉为壮举①

---

① 参见前引张崑将《16世纪末中韩使节关于阳明学的论辩及其意义》,第79页。朝鲜人对许箎评价最具代表性的是西厓柳成龙在给许箎《朝天记》写序时的一句话:"历正学书院,弭节于首善之馆,能孤倡正大之论,以抗群咮,而不震不沮。所谓'自反而缩,虽千万人吾往者'非耶? 尤可尚也已。"柳成龙序文,见许箎《朝天记》,载前引《韩国文集丛刊》,第五十八册,第398页;又收在柳成龙《西厓集》,载前引《韩国文集丛刊》,第五十二册,第328页。

即在中国没什么影响,在朝鲜则引起轰动。事实上,此事在朝鲜引起轰动,还可以进一步分析。首先,许筠因其少年英才,被推为与李珥齐名的学者,其背后其实有东西党争的背景在,而对于自己推出的学术新星,东人派自然从各方面追捧之,对其在中国的"卫朱斥王"之举的大力宣传说白了亦是如此。其次,刨去党派利益的因素,当时朝鲜学界主流的确还是"卫朱斥王",所以许筠的举动在一定程度上具有标杆性的意义,受到追捧也在情理之中。

客观地说,许筠当时不过是个二十出头的年轻人,与之对话的也不过是些中国的年轻学生或者年纪稍长的下层士人,而就许筠在交流中的表现而言,其学术方面可圈可点之处并不多,在辩论中实际上也不占上风,唯一令人印象深刻的,大概只有他激情抗辩的态度,以及极力维护朱子的自我表态。这样一个事件,对中国产生不了影响自不必说,就朝鲜方面而言,除了将许筠作为一个朱子卫士的典型意义之外,似也不当再有过度的学术评价。

但如果换一个角度去看,许筠详细记录下自己与中国学者的对谈内容,实际上也造成了另外一个结果,即把中国下层士人中不乏阳明学的支持者这一现状告诉了朝鲜士人,也把一部分中国下层士人对阳明学的真实看法传递给了朝鲜士人。在此之前,阳明学说主要是通过书籍流通的形式传到朝鲜,而类似这样一些鲜活的观点和明朝阳明学发展的真实情况,朝鲜获得的情报并不多。

而许筠的大量记述,从某种意义上说,已不仅仅是朝鲜朱子学支持者借以批评阳明学的文献素材,也可以成为朝鲜对阳明学感兴趣的学者借以进一步了解阳明学、深化对阳明学理解的更为细节化的资源。有意思的是,许筠有一个成就更甚于他的胞弟许筬(号蛟山,1569—1618),恰恰是朝鲜最早的一批阳明学爱好者之一。尽管这有些讽刺,但或许也并非偶然,许筬本人虽亦有出使中国的经历,有机会亲自接触到阳明学说,但早年阅读兄长的著作,是否引发了其对阳明学的最初兴趣,也未可知。而像这样的一种影响,或许正是这次交流过程在不为人所注意之处产生的意外结果。

至于薛瑄从祀的问题,虽然许篈所做的只是记录了明朝人对薛瑄从祀的讨论文字,但这一举动背后实际是一个跟随文献流传而实现思想资源传播的过程。薛瑄从祀一事,在朝鲜引发一些后续反响,包括薛瑄是否从祀朝鲜孔庙的讨论、激起朝鲜"五贤从祀"议论的升级,以及后来重新被发掘出来批判王阳明等人的从祀等等,这些讨论的背后,许篈所抄录的文献,在很大程度上起到一种征引素材和观点支撑的作用。

不仅如此,薛瑄从祀以及后来的王阳明从祀在朝鲜引起的反响,表面上看是从祀的问题,本质上还是儒学思想差异问题。就当时而言,朝鲜"卫朱斥王"的立场,可以说是达到了一个无以复加的程度,国内以李滉为主导的批判自不必论,朝鲜士人出使时与明朝士人论辩阳明学为伪学,许篈也不是第一人,在此之前已有西厓柳成龙的例子①。而壬辰战争中,明朝派往援助朝鲜的将领宋应昌、袁黄要求朝鲜国王在全国上下讲授阳明学说,遭到朝鲜士人的强烈反对;战后又有明人将领杨镐、万世德等要求朝鲜孔庙从祀加入陆、王二人,亦遭朝鲜上下反对而未果的例子②。

朝鲜为何如此尊崇朱子学说而又极力排斥阳明学说?张崑将教授在其论文中指出,这或许和一种强烈的"文化正统意识"有关,他将这种"文化正统意识"联系到朝鲜的"小中华意识",认为当时朝鲜知识分子有一种一旦"中华""不华"之后,朝鲜就要肩负起"华者"角色的使命感,所以才要极力维护朱子学这一"中华正统"③,这不失为一种高明的见解。

但笔者同时也认为,这个问题大概还可以在朝鲜儒学思想的内部找到答案。在朝鲜的儒学发展史上,道统或者说正统是一个最核心的内容,它是支撑整个朝鲜儒学体系的基石,更是政治合法性的根

---

① 参见前引张崑将《16世纪末中韩使节关于阳明学的论辨及其意义》,第58页。
② 同上,第72—78页。
③ 同上,第79—80页。

本,也延伸到社会其他各个层面,是一种笼罩性的观念。而就儒学本身来说,朱子是正统,阳明是异端,如果允许这个异端动摇了正统,则可能牵一发而动全身,从儒学这一基石开始,维系朝鲜社会的整个架构亦会随之逐级崩塌,后果不堪设想。所以,朝鲜儒者极力排斥阳明学的背后,也是为了尽可能避免正统或者说道统根基被动摇的哪怕一丝风险。

最后,尽管我们从许筠的记载中看到那一时期的中朝儒学交流中尽是针锋相对、咄咄逼人的场面,而非心平气和、互相理解、彼此包容的融融景象,但如果我们将时间段放长一些来看,就会发现朝鲜的固执与偏见也并非一直持续,后来朝鲜毕竟也出现了南彦经(号东冈,1528—1594)、许筠、李睟光(号芝峰,1563—1628)等阳明学的爱好者,最后也出现了宗主阳明学的郑齐斗(号霞谷,1649—1730)和江华学派①。一些看似解决不了的问题,最后都被时间所解决。

儒学从来不是铁板一块②,即便是在共享同一个儒家文化传统的东亚世界,其复杂程度也远远超出想象。然而,这种复杂并非没有脉络可循,在共性与差异同时存在的情况下,只要能够牢牢把握住共性,客观地面对差异,分析其产生的原因,并通过不断的交流达到相互的受容,最终还是能够寻求到儒学作为普适性文化资源的价值。这一结论在东亚视野内是如此,放宽到全球化的视野下大概也同样如此。

---

① 参见[韩]琴章泰著,韩梅译《韩国儒学思想史》,中国社会科学出版社,2011年10月版,第159—171页。

② 周振鹤教授曾于2008年发表《朱子学与阳明学在晚明中国和朝鲜的交错影响》一文,同样也使用了许筠相关的材料进行讨论。他在文中提出"朱子学与阳明学在晚明与朝鲜均非铁板一块"的观点,令笔者颇受启发。该文收在周振鹤著《长水声闻》,复旦大学出版社,2010年,第290—301页,原载于《九州学林》2008年冬季号。

第二章　中华名分：从卢以渐《随槎录》看朝鲜的小中华意识①

引　言

公元1780年(清乾隆四十五年,朝鲜正祖四年)农历五月,朝鲜王朝向清朝派遣了一支进贺兼谢恩使团,其主要目的是进贺乾隆皇帝七十岁寿辰。该使团正使为朴明源、副使郑元始、书状官赵鼎镇。这次活动的基本情况,在《朝鲜王朝实录》中有扼要记载②,在《同文汇考》中收录的官方往来文书中可窥一斑③,虽然使团三使(即正使、副使和书状官)似乎没有单独的燕行录传世④,但要了解这次使行活

---

① 本章节写作过程中得到韩国高等教育财团"国际学者交流"项目的韩国访学资助,同时得到韩国首尔大学奎章阁的资料文献帮助,在此深表感谢。本文初稿曾在中国朝鲜史研究会2012年年会上宣读,得到南开大学孙卫国教授等学者的大量宝贵意见,同样表示感谢。

② 关于这次使行活动,在朝鲜王朝实录中有两条相关记载。一是正祖四年三月二十日条:"朴明源为进贺兼谢恩正使,郑元始为副使,韩光近为书状官,寻病递,以赵鼎镇代之",见前引《朝鲜王朝实录》,第四十五册,第159页。二是正祖四年九月十七日条:"进贺兼谢恩正使朴明源、副使郑元始状启言:臣等一行,八月初一日,到北京,诣礼部呈表、咨文……(略)"该条照录了正副使递交的状启,详细汇报了使团完成任务的情况,见前引《朝鲜王朝实录》,第四十五册,第183页。

③ 有关1780年朝鲜进贺使行的官方往来文书,收录在《同文汇考》第一册,进贺九,"乙亥(正祖三年)贺皇上七旬表及方物付进年贡使咨",见大韩民国文教部国史编纂委员会编《同文汇考》,翰近印刷公社,1978年,第一册,第284—289页。

④ 关于这一点,笔者翻阅了目前出版的各种燕行文献资料,并在韩国各主要图书收藏机构网站进行检索,均未有发现,此处暂且存疑,欢迎知情者提供线索。

动的细节并不缺乏材料,在使团的随行人员中,有两人留下了详细的使行记录,即朴趾源的《热河日记》以及卢以渐的《随槎录》。

朴趾源的《热河日记》,可以说是燕行文献中知名度最高的一部,在当下韩国历史学界,谈到燕行文献仍然言必称《热河日记》,同时它也是较早被系统介绍到中国大陆学界并出版了点校本的燕行文献之一①,可以说,不管是在韩国还是中国大陆,《热河日记》无疑都是研究者关注时间最早、利用频率最高、研究成果最丰的一部燕行文献。

然而,比之《热河日记》的知名度,产生于同一次使行活动的《随槎录》,就显得不那么受重视,原因可能有两种:其一是内容的问题,《热河日记》的广受关注,是由于其中留下大量有关中国情况细致入微的记载,以及其后来被追奉为朝鲜时代"北学"思想圭臬两方面的原因,《随槎录》在内容和价值上无法与之相提并论;其二是技术上的原因,该文献在林基中教授整理出版的《燕行录全集》第四十一册中收录,但因为目录编排上的错误,使得它与《热河日记》产生于同一次使行活动的这一联系被意外掩盖②,或也是导致其没引起太多研究者关注的原因之一。目前所见,韩国学者仅有个别几篇从文本内容和文学价值角度分析《随槎录》的文章③,而国内学者相关研究几乎未见。

---

① 另外一种较早被介绍到中国大陆的朝鲜人中国纪行文献是由葛振家教授点注出版的崔溥的《漂海录》。这两种文献之外,目前值得注意的是,有学者正致力于燕行文献导读类著述的撰写,其实也是一种文献点校的工作。近年所见天津师范大学文学院刘顺利教授所著《王朝间的对话——朝鲜领选使天津往来日记导读》(宁夏人民出版社,2006 年)和《朝鲜文人李海应〈蓟山纪程〉细读》(学苑出版社,2010 年)即为此类作品。

② 林基中先生所编《燕行录全集》的总目录中有"燕行年代顺目录",而这两部文献并没有被放在同一年代目录下。其中 1780 年下有《随槎录》,但无《热河日记》,《热河日记》竟被放在 1751 年下,不仅如此,目录的错误还在于把《随槎录》燕行年代干支纪年标注为"肃宗四六 康熙五九 庚子",整整提前了六十年。参见林基中编《燕行录全集》,第一百卷,总目录,燕行年代顺目录,东国大学校出版社,2001 年出版,第 271—272 页。

③ 韩国学者相关的研究有:南权锡《关于新发现之卢以渐〈随槎录〉书志的研究》,[韩]《图书馆学论集》第 23 辑,1995 年 12 月,第 405—437 页;权延雄《卢以渐的〈随槎录〉:解题和原文标点》,[韩]《庆北史学》,第 22 辑,1999 年 8 月,第 141—239 页;金东锡《有关卢以渐〈随槎录〉的研究——与〈热河日记〉比较的角度》,[韩]《韩国汉文学研究》,(转下页)

笔者在参与一项燕行文献的出版项目时接触到这一文献①,发现了它与《热河日记》的关联,而在通读该文献之后,一方面发现它和其他燕行文献一样为我们提供了较有价值的历史资料,另一方面也深深感到,如将其和《热河日记》放在一起考察,还可以延伸出去探讨一些深层次的话题,比如朝鲜时代的"尊周思明"思想、"北学"思潮和"小中华意识"等。以下就此展开论述。

第一节 《热河日记》姊妹篇:卢以渐及其《随槎录》简介

1. 卢以渐其人

卢以渐(1720—1788),字士鸿,号楸山,本贯万顷②。万顷卢氏一族历史上,曾出现卢应晥、卢应晔、卢应晧三兄弟于"壬辰倭乱"(即1594年丰臣秀吉派兵侵入朝鲜的事件,日本称为"文禄之役")中组织义兵追随名将赵宪英勇抗倭,并最终和赵宪在金山之役中共同赴义的事迹,时称"三义士"③。但其家族辉煌史也仅此而已,整个朝

(接上页)第27辑,2001年,第259—302页;金东锡《朝鲜后期燕行录的美学特质:〈随槎录〉与〈热河日记〉的内容比较》,[韩]《东方汉文学》,第49辑,2011年,第191—221页。

① 2009年至2011年,我参与了复旦大学文史研究院与韩国成均馆大学东亚学术院合作编撰出版《韩国汉文燕行文献选编》的项目,期间接触到这一文献。这部丛书于2011年7月由复旦大学出版社出版,《随槎录》收在该丛书第二十一册。需要指出的是,在这部丛书出版时已经注意到《随槎录》与《热河日记》在时间上的关联性,将两者相邻编排收录,在文献解题中特别指出这一点,并提示了两者进行比较阅读的可能性。参见复旦大学文史研究院与韩国成均馆大学东亚学术院合编《韩国汉文燕行文献选编》,复旦大学出版社,2011年7月出版,第二十一册,第168页。

② 今韩国全罗北道金堤市万顷邑一带。

③ 今韩国忠清北道报恩郡水汗面有纪念赵宪的后栗祠,祠中有一碑文提及卢氏三义士事迹:"万顷卢氏。以高丽平章事万顷君克清为鼻祖,入我朝,讳革,文科牧使。生讳自羽,生讳竹鸣,俱叁奉。生讳一仝,生讳世得,俱奉事,赠议、参判。参判公娶咸安赵氏泽之女,生三男,长曰应晥、次曰应晔、季曰应晧,世所称三义士者也。长公字明远,号守庵,自幼颖悟,长而重,以孝友文学世其家,师事重峰赵文烈先生。当壬辰倭乱,与二弟倡率义旅从先生矢死讨贼,享怀仁后栗祠。"又,今韩国忠清南道公州市牛城面贵山里有万顷卢氏三义士生家址(出生地故居),内设三义祠,并立有三义士殉义碑。

鲜时代,万顷卢氏一族中科举及第者仅有七人,怎么看也算不上是两班望族。卢以渐的父亲卢彦骏是以武科出身仕官,所以他并没有深厚的家学基底,学习道路走得也比较艰难,直到37岁才通过司马试取得进士身份①,这在当时朝鲜来说绝对算是"高龄"进士。在仕途上,卢以渐也没有太大的成就,仅担任过长陵参奉和汉城府西部奉事等比较低微的官职。然而,家族史上的"三义士"事迹,对其思想成长产生了深远影响,特别是当在"壬辰倭乱"中给予朝鲜援手的明朝被清朝取代后,其因追崇先祖而形成了极其鲜明的"尊明排清"的思想,这一点在《随槎录》中多有体现。而根据《万顷卢氏世谱》记载,卢以渐有遗稿二十一卷,算是不少。另据记载,他与当时以诗文闻名的申光河(1729—1793)素有往来,由此推测他在文章、诗文方面当有一定造诣,而这一点从《随槎录》中留存的诗文材料也可得到印证。1780年,卢以渐已经61岁,如此高龄尚被指派前往中国,最主要的原因就是他对中国历史文化有很深的了解,可以在使行途中起到类似顾问的作用,这一点从《随槎录》中他对一些中国历史地理问题的考据性文字中亦可见一斑。②

2.《随槎录》概述

首先,关于文献的版本,目前已出版的《随槎录》有两种,其一是林基中所编《燕行录全集》第四十一册收录,其二为复旦大学文史研究院与韩国成均馆大学东亚学术院合编《韩国汉文燕行文献选编》第二十一册收录,而其原本藏在韩国庆北大学中央图书馆,为笔写本,

---

① 朝鲜时代科举分小科与大科,小科考试又称司马试(朝鲜根据《礼记·王制》将生员进士称为司马),是生员取得进士身份的考试,只有通过小科考试,才有资格参加大科考试。大科分为文科、武科、杂科,通过初试、复试后就算合格,最后参加殿试,然后可以被授予官职。也就是说,司马试是大科的资格考试,而大科考试才是决定能否入仕为官的考试。

② 关于卢以渐其人情况,参见前引《韩国汉文燕行文献选编》中《随槎录》解题,见该书第二十一册,第167页;权延雄《卢以渐的〈随槎录〉:解题和原文标点》,142—143页;金东锡《有关卢以渐〈随槎录〉的研究》,262—264页;韩国系谱研究院编《韩国人族谱》,日新阁,1977年12月出版,第363—364页,"万顷卢氏"条。

不分卷,一册,总共有169页,图书编号为:古811.5ㄴ69ㅅ。①

其次,关于文献的内容。卢以渐的《随槎录》是将该次使行前后约五个月的出使过程按照时间顺序,以日记形式加以记载,这也是最常见的燕行文献记录形式。从中我们看到,使团的行程大致是:五月二十五日从汉城(今首尔)出发,八月初一抵达北京,因乾隆在热河的行宫"避暑山庄"接见宴请各国使节,使团部分人员于八月初五日前往热河(卢以渐未随行),又于八月二十日返抵北京,九月十七日离京返回,十月二十七日返抵汉城。具体来看,该文献前三分之一记载的是从汉城出发到北京城的路途经历,其中包含对路线里程、沿途山川风貌、名胜古迹、风俗民情等的记载。之后便是抵达北京之后的记录,最后是返程记录。因为这次使行一个特殊任务是进贺乾隆七十寿辰,所以也就有了一些以往燕行文献中不多见的内容,如有关使团的热河经历和乾隆庆寿场面的转述。这些内容在不同的研究者那里当都有一定研究价值,后文将选取几条材料举例说明。

3.《随槎录》与《热河日记》之比较

总的来说,这两部文献可以从体例和内容两个层面加以比较。从体例上来看,《随槎录》采用燕行文献最常见的日记体,而众所周知《热河日记》的体例在燕行文献中是属于比较另类的,它并非严格按日记事,而是采用一种主题式的记载,仅在部分主题下以日记事。在历史上,《热河日记》曾一度因为所谓的"文体不纯正"而受到过指责,不过今天我们更关注的是文献内容而不是体例,所以以文献所包含的信息量和资料价值来说,无疑《热河日记》更胜一筹。

从具体内容上看,《随槎录》虽然篇幅有限,但其所记内容还是有其特定的史料价值,大致可以从两个方面来理解。其一,《随槎录》的

---

① 原本所藏处信息,在《韩国汉文燕行文献》选编中提到,而《燕行录全集》未提及。但后者收录的《随槎录》版本,从字迹、版面布局以及纸张底纹细节等方面看,基本上可以断定也是庆北大学中央图书馆的藏本,但是《全集》收录的这个版本,页数却只有165页,较之《选编》少了4页。经查系《全集》本存在缺页问题,所缺为原本第39、124、156、157页,也即《选编》本的第211、296、328、329页。鉴于此,本文的引注,都以《选编》本为准。

记载可以和《热河日记》形成一定的史料互补性。《随槎录》按日期记录了出使的全部过程,即从五月二十五日出发到十月二十七日返抵,而《热河日记》的记载中并没有从汉城到义州、从北京回汉城的行程记录,从这一点上说,《随槎录》能够帮助我们更好地勾勒这次使行的全貌。其二,通过对比两种文献所体现的作者的不同观念,可以启发我们思考一些深层次的问题。《随槎录》处处充斥着卢以渐"尊明排清"的思想,或者说"尊周思明"思想①。而朴趾源《热河日记》更多的是体现一种对新事物的兴趣和对新知识的渴求,代表了他所抱持的向清朝学习先进文化的态度,也即所谓的"北学"思想。"尊周思明"和"北学",看起来是互不相容的两种思想,而它们又恰恰在18世纪末参与同一次使行活动的两个人留下的两部文献中同时展现出来,这到底有着怎样的意味?这也是本文试图讨论的问题。

第二节 《随槎录》所见史料举要

1. 永远恭顺、自然获福:有关六世班禅朝觐乾隆的记载

朝鲜使臣一行到热河进贺期间,在乾隆的授命和清朝礼部的安排下,进见了当时正在热河朝觐的六世班禅额尔德尼,从卢以渐和朴趾源的记载看,朴趾源应该是直接参与了这次觐见,而卢以渐是根据同伴的转述进行记录。六世班禅的这一次朝觐活动被视作清代历史上民族宗教事务的重大事件,相关研究很多,并且有学者已经关注到并利用《热河日记》的材料展开讨论。②《热河日记》中提到班禅的内容,主要集中

---

① 关于朝鲜王朝的"尊周思明"问题,可参考孙卫国教授著《大明旗号与小中华意识——朝鲜王朝尊周思明问题研究(1637—1800)》,商务印书馆,2007年出版。

② 相关研究情况可参见柳森《国内近三十年来关于六世班禅朝觐研究综述》,载《四川民族学院学报》,2010年4月,第1—5页。该综述文章中提到了大量相关的研究专著、论文以及资料汇编。值得注意的是,作者在文中已经指出《热河日记》的记载可以弥补相关史料的缺憾,具有文献比较研究价值。同时还提到两个利用《热河日记》展开研究的个案:廉松心《〈热河日记〉与清代民族政策研究》(《北华大学学报》,2007年第1期),张双志的《18世纪朝鲜学者对清代西藏的观察——读朴趾源〈热河日记〉》(《中国藏学》,2007年第3期)。

在"黄教问答"、"班禅始末"、"扎什伦布"、"行在杂录"等篇章。《随槎录》中对班禅一事的记载篇幅不长,所记内容比之《热河日记》既有相同之处,又有不同之处,尤以不同处所传递出的信息值得注意。

比如,卢以渐的记载中提到乾隆皇帝对班禅礼遇有加:"乾隆送皇子第几王及大臣永贵迎来于今七月,待以师父,载之以黄屋车,处之于别宫,皇子诸王皆叩谢于床下。乾隆与德尼并席而坐,礼貌甚挚",又如指出乾隆厚遇班禅的目的是"要藉其灵以镇蒙古人"①,以及记述由传言得知的班禅神迹:"闻班禅自蕃来时,有大江当前,班禅舍舟而马渡,水决而利涉。尝与乾隆对坐饮茶,忽掷茶器于地,乾隆怪而问之,答曰某州某里方有火灾,绵延数千家,故以此救之,其后果自某州报云,某日某时某里失火,忽有骤雨注而灭之,乾隆以此益敬信云"②等等此类内容,大体在《热河日记》中都有体现。

此外,对于班禅的形象,两人都有记述。卢以渐的记载是:"班禅面貌甚大,眼睛不明,见甚阴沉,着黄僧巾样氇笠帽子而极高,衣黄僧衣而状似长裳,袒一臂而踞坐于榻上,如真佛样。"朴趾源的记载是:"班禅跏趺南向坐,冠黄色氆氇,有鬣,状似靴,高二尺余,披织金禅衣,无袖,袪挂左肩,围裹全躯,衽右腋下露垂右臂,长大如腿股而金色,面色深黄,圆几六七围,无髭须痕,悬胆鼻,眼眉数寸,睛白,瞳子重晕,阴沉窅冥。"③显然,两种记载具有一致性,而以朴趾源记录班

---

① 乾隆对六世班禅的礼遇,是希望借助宗教手段巩固民族统治,这一点当无疑问,而卢以渐同时提到,蒙古当时是乾隆最头疼的问题:"蒙古四十八部最为强大,乾隆畏之,待之甚厚,累与连婚,而患之弥甚。"因而乾隆"闻班禅最为蒙古之仰慕,特为招致,要藉其灵以镇蒙古人",清代蒙古族普遍信仰黄教,班禅是其宗教信仰领袖,其政治取向对蒙古有直接影响,卢以渐的记录反映了当时的实际情况。参见《随槎录》,收在复旦大学文史研究院与韩国成均馆大学东亚学术院合编《韩国汉文燕行文献选编》,复旦大学出版社,2011年7月出版,第二十一册,第266—267页。
② 同上,第267页。在《热河日记》中同样有关于班禅"撒茶灭火、凌波渡河"的记载,且关于"撒茶灭火"的记述更为详细,卢以渐听到语焉不详的"某州某里",在朴趾源听到的版本中,明确说是北京正阳门外琉璃厂,参见朴趾源著、朱瑞平点校《热河日记》,上海书店出版社,1997年,第171—172页。
③ 见前引《热河日记》,第184页。

禅形象更加细致,但卢以渐的记录,无疑也起到了一种印证作用,让我们对班禅的穿戴服饰,以及脸庞较为圆大、眼睛阴沉等面貌特征得以进一步确认。

不仅如此,对于两人都提到班禅眼睛阴沉这一点,尤其值得注意。据记载,六世班禅是于该次朝觐期间在北京圆寂的(十一月初一日),据说是因为感染了天花(十月二十七日发现)①。从感染天花到圆寂,即使是在皇宫御医的照料之下,仅仅只有五天左右的时间,这可能是因为六世班禅身体健康状况本来就很差。而卢以渐和朴趾源不约而同提到的眼睛阴沉或者说眼睛无神的情况,很有可能就是他身体状况差的一种反映。

关于朝鲜使臣进见六世班禅的情况,在正副使汇报状启中没有提及,但见于《同文汇考》所收清朝礼部奏闻②,而在《热河日记》"扎什伦布"一篇中以及《随槎录》中都有记载。若把这三方面的记载对比来看,颇有意思。在礼部奏闻中,称礼部官员"带领朝鲜使臣""拜见"班禅,向班禅"行礼",并称使臣在接受班禅礼物后"当即叩谢"。而在《热河日记》的"行在杂录"中,朴趾源专门摘录了这封奏闻并指出所谓"拜见"、"行礼"和"叩谢"等情节"皆妄也"③,据朴趾源记载,朝鲜使节在往见班禅之前,就坚拒礼部提出的向班禅行叩拜礼的要求,称"拜叩之礼,行之天子之庭。今奈何以敬天子之礼,施之番僧乎?"虽然争议没有结果,但据朴趾源说,他们自始至终没有向班禅行叩拜礼④。再来看卢以渐的记载:

---

① 参见杜江《六世班禅朝觐乾隆事略》,载《西藏研究》,1984 年第 1 期,第 65 页。
② 该奏闻全文如下:"臣等遵旨派员会同理藩院司员等,带领朝鲜使臣正使朴明源、副使郑元始、书状官赵鼎镇等,前诣札什伦布拜见额尔德尼。行礼后,令坐吃茶,询问该国远近并入贡缘由,该使臣答以因皇上七旬大庆进表称贺并恭谢天恩。额尔德尼闻之甚喜,即嘱令永远恭顺,自然获福,仍给以使臣铜佛藏香氆氇等。该使等当即叩谢,所有给与使臣等铜佛对象,开单呈览。为此谨具奏闻。乾隆四十五年八月十二日奏。奉旨知道了钦此。"见前引《同文汇考》,第一册,第 287 页。
③ 见前引《热河日记》,第 189 页。
④ 参见前引《热河日记》,第 185 页。

乾隆使我使臣往见班禅,辞不得以而往见之。班禅问何为以入来,使臣对以故。班禅笑而曰:"永远恭顺,自然获福。"以乾隆命赐使臣氆氇藏香毡子等物,又各付铜佛一个,使臣辞而不受,礼部累加恐喝,事将生梗于国,故不得已受之,付诸译官。①

卢以渐提到使臣"辞不得已而往见",这一点可以印证朴趾源所说与礼部争议的情况,他们之所以要"辞",就是不愿向班禅行叩拜礼。至于接受礼物一节,使臣同样是"辞而不受",最后在礼部"累加恐喝"下"不得已受之"。可见,卢以渐也没有提到叩拜和叩谢,这和朴趾源是一致的,那么出问题的应该就是礼部的奏闻了。

另外一个需要指出的情况是,在卢以渐的记录中提到,班禅对朝鲜使臣说了一句"永远恭顺,自然获福",这和礼部咨文所记一致。但是,在朴趾源的记载里面,却没有这句话,这里就出现了问题。可是,礼部和卢以渐的记录可相佐证,且卢以渐的记载没有理由会配合清朝礼部来虚构这样的情节,所以基本上可以肯定班禅确实说过这句话。那么,是不是朴趾源的记录出了问题?事实上确实如此。从朴趾源自己记载的一个细节我们能够找到答案:他说在进见班禅的时候,有一位叫赵达东的使节因心中不满而小声咒骂班禅,说他是:"万古凶人也,必无善终理"②。于是我们联想到,朴趾源当时大概是因为在和其他人窃窃私语,开了小差而没有听到班禅的"教诲"。试想,如果没有卢以渐的记录作为佐证,在班禅是否说过那样一句话的问题上,仅凭礼部和朴趾源的不同记载来看,恐怕又会争议不下。

六世班禅的这一句"永远恭顺,自然获福"的偈语,在那样一个场合说出来可以说很应景,但这句话对于他所面向的受众所能起到的影响,可能并不如预想那样。我们必须了解,朝鲜王朝一直推行"尊儒排佛"的政策,官员士大夫阶层对佛教尤其排斥,乾隆授命朝鲜使

---

① 见前引《随槎录》,第267页。
② 参见前引《热河日记》,第185页。

臣进见藏传佛教领袖班禅,从一开始就不是一个明智的做法,正如朝鲜使节不得已从班禅那里而领受的礼品小铜佛转手就被交给译官处理掉一样,"永远恭顺,自然获福"这句话,多半也被他们听过之后就抛到了脑后。

2. 白头之交:卢以渐与蒙古族学者博明的交往

在对燕行文献的研究中,朝鲜士人与中国士人之间的交往,一直为研究者所关注。双方交往活动一般通过诗文酬答、礼物交换以及笔谈等形式展开。而其中笔谈的部分,最能够直接体现双方的思想交流。卢以渐在中国期间和士人的交流并不多,整部《随槎录》中也只留下两次笔谈记录,都是他和一位名叫博明的蒙古族学者的对谈。

博明(1718—1788),字希哲,一字晰斋,博尔济吉特氏,蒙古族人,隶满洲镶蓝旗。1752年进士,1755年授翰林院编修,1763年出守广西庆远府,1772年任云南迤西道,同年参与征缅甸的军事行动,1777年降兵部员外郎,1785年参加乾隆所设"千叟宴"并作恭和御制诗一首。著有《西斋偶得》、《西斋杂著二种》、《西斋诗辑遗》和《西斋诗草》。[①]

卢以渐与博明的会面并非偶然,而是因为他从1749年出使的俞彦述的日记中了解到博明的学问后颇为仰慕,于是专门托一位名叫赵明会的主簿介绍博明与自己见面[②]。事实上,不仅俞彦述的日记提到过博明,1766年出使的洪大容也提到过他,按照洪大容的说法,

---

[①] 参见白·特木尔巴根《清代蒙古族作家博明生平事迹考略》,载《民族文学研究》,2000年第1期,第64—67页。在这篇文章中,作者呈现了博明作为一名诗人、文学家和史学家的诸多面相,而值得注意的是,关于博明的蒙古族身份,作者是在经过一番考证后才确认的,因为在绝大多数文献中都只提到他是满洲镶蓝旗人,而作者从清代《八旗文经作者考》中找到一条记载,称博明是"博尔济吉特氏,隶满洲镶蓝旗",才由其姓氏确定其为蒙古族。而关于这个问题,卢以渐在《随槎录》提到:"(博)明即蒙人,其曾祖为清之驸马"(见前引《随槎录》,第261页),不仅明确指出博明的民族属性,还揭示了其隶属满洲镶蓝旗的原因。

[②] 参见前引《随槎录》,第255—256页。卢以渐在日记中写道:"余曾见俞判书彦述为书状时日记,则盛称博明学术文章,心甚嘉之,来此后欲为结识。"卢以渐提到的俞彦述于1749年(乾隆十四年)任书状官出使清朝,其有《松湖集》六卷三册存世,现藏首尔大学奎章阁,图书编号:古3428-78-v.1-3。

朝鲜使节到北京以后做各种买卖主要通过黄、郑两姓商家代理,而博明是其中黄家的女婿,每次使节向担任翻译的中国人(他们通常都直接介入到买卖过程中,与两家商户很熟悉)打听当地有学问的人时,他们首先推荐的当然就是自己最熟悉的博明。① 这就解释了为什么博明与朝鲜使节往来密切的原因。而朴趾源的记载也证实了这一点:"岁价之入燕也,士大夫使员译求书堂额,则必博明之笔也。……盖明乃朝鲜主顾黄氏之婿。故员译知博起居善书"。② 其后,1776 年的进贺兼谢恩正使李澂,当也与博明有过交往③,同年,三节年贡使书状官申思运的随员罗杰,曾向博明请教"硕妃事"④。

而到了 1780 年,卢以渐和朴趾源两人都和博明有过接触和笔谈。卢以渐和博明的两次笔谈分别发生在这一年的八月初十和八月二十二日,地点都是在朝鲜使者下榻馆舍旁的小酒馆里⑤。朴趾源《热河日记》的"山庄杂记"中记载了和博明的一段对话⑥,而据卢以渐记载,他与博明第二次对谈时,朴趾源也参与其中⑦。

卢以渐和博明两人的笔谈,既有卢以渐向博明提出关于中国学

---

① "数十岁以前,使行入燕,凡公私买卖。惟有郑黄两姓当之……黄商豪富,本不及郑商,然子孙犹世守其业,有婿曰博明,蒙古人,善书能文章,每使行访问秀才,译辈必以博明应之。其后登科为翰林编修。是行亦问之,方为南方知府云。"见洪大容《湛轩书》外集卷七·燕记·铺商,收入民族文化推进会《韩国文集丛刊》,景仁文化社,1990 年,第二百四十五册,第 258 页。另,洪大容出使时间是 1766 年,此处"方为南方知府云"的记载,与博明于 1763 年出守广西庆远府相契合。

② 见朴趾源《燕严集》卷七·别集·钟北小选·记·翠眉楼记,收入前引《韩国文集丛刊》,第二百五十二册,第 153 页。

③ "博明书扇纸本。博明蒙古人,自称博王孙,书极精遒,知名中国。今此二扇,皆以泥金书之。李忠穆公澂,奉使入燕时得来者也。余得以藏宝,为稺教豪夺,为可恨也。"见南公辙《金陵集》卷二十三书画跋尾,收入前引《韩国文集丛刊》,第二百七十二册,第 451 页。

④ "近世罗杰入燕京,见博明问硕妃事。"见李德懋《青庄馆全书》卷六十《盎叶记》七《硕妃》,收入前引《韩国文集丛刊》,第二百五十九册,第 69 页。又"余友人罗杰仲兴……岁丙申仲冬,随申书状思运入燕,其时正使,即锦城尉也。"见前引《热河日记》,第 272 页。

⑤ 见前引《随槎录》,第 255—261、268—277 页。

⑥ 见前引《热河日记》,第 249—250 页。

⑦ 参见前引《随槎录》,第 268 页。

术文化的问题然后博明进行回答的内容,也有在个别问题上两人展开深入讨论和交锋的内容,其中涉及中国儒学流变、科举、三教问题、程朱后人的情况等,甚至还有一些具体的地名考据问题,在此不能一一展开,仅举两条材料为例:

> 余曰:曾闻中华道学分而为二,朱、陆并行,今则抑或归一耶?
> 明曰:道学至北宋而大,明朱子承周、程、张四子之后集其大成,自为嫡派,同时象山翁崛起于江右,其学以尊德行为主,遂与朱子异,然所异无甚大也。明阳明王氏一以陆为法,主致良知,致良知本出孟子,非异说也,但其冥心求道,不觉流入禅家矣。其初显与朱异,后复为晚年定论之学,将欲援朱而入陆,则不可也。阳明其忠孝大节、文学武功,震于一时,学人为其所笼,遂入王矣。然道学究以程、朱为正。①

这番对话出现在两人第一次笔谈时,在一番简短的寒暄之后,卢以渐向博明提出的第一个问题就是关于中国儒学的流变及现状。后者用高度概括的语言指出了程朱理学始终一脉相承至今,陆王心学兴起沿革及产生影响的过程,最后表达了中国当时儒学仍以程朱理学为正统的观点。事实上,这段材料所呈现的只是两者关于儒学讨论的开始,其后两人围绕理学与心学展开的对话,占据了两人笔谈的绝大部分,包括对德与性、心与理关系的讨论等。总的来说,卢以渐对自己并不熟悉的心学知识比较感兴趣,希望通过博明的介绍了解更多,而两人以程朱理学为儒学正统的观念始终是一致的。对于关心中韩儒学思想交流的研究者来说,这部分笔谈资料应该具有一定的价值。

此外,卢以渐也向博明提出宗教相关的问题,他提问的一个预设是当时中国存在儒释道三教并行的情况,并希望了解哪一种宗教最

---

① 见前引《随槎录》,第256—257页。

受尊崇?

> 余曰:三代所尚各有损益,盖大朝所尚三教之中,谁为最崇耶?
> 明曰:无三教之名,儒之外有二氏也。
> 余曰:崇儒之教钦仰钦仰。
> 明曰:儒,人理也,二氏自为异说,以行其志,今二氏之后衰矣,不过借其教以养生,古之所谓大养济院,诚是也。自注曰:养济院养贫氏之所。韩子辟佛,同时僧人皆大学问,□行足以与儒敌。韩子若生于今日,见无赖僧人,必不辟佛。①

博明的回答是中国并无所谓三教并行的情况,儒学或者说儒教是凌驾于其他两者之上的存在。不仅如此,博明还认为当时的佛教和道教都在走下坡路,其影响力根本不足以与儒学思想相匹敌,因而也没有必要再对它们采取更多的限制措施。对于清代儒释道三教状况问题,不同研究者有不同认识,但是这一段材料至少向我们展示了当时人的具体想法,有一定参考价值。

事实上,认为儒学是超越于佛道两教之上的存在这样一种观点,在当时中国的士人群体中似乎比较普遍,从其他一些材料也可以得到旁证,比如朴趾源遇到的一位任职讲官的蒙古人破老回回图,就曾表示过这样的看法,他认为把儒看成一种宗教就是自退于九流之列,儒学是一种更高层次的精神存在,是天下之道,不可以与佛教、道教等宗教等同。② 总的来说,博明对三教问题的认知态度,和当时朝鲜士人的普遍观点比较相近,朴趾源就曾经表达过佛教"不待辞避而其

---

① 见前引《随槎录》,第258页。
② 此事详见前引《热河日记》"黄教问答",第172—174页。朴趾源在酒楼偶遇此人,对谈中得知他叫破老回回图,蒙古人,字孚斋,号华亭,现任讲官,后来又了解到,此人还是康熙皇帝的外孙。《热河日记》"倾盖录"中,有其小传:"破老回回图,蒙古人也,字孚斋,号华亭,见任讲官,年四十七,康熙皇帝外孙。身长八尺,长髯郁然,面瘦黄骨立。学问渊博。余遇之酒楼中,为人颇长者,所带僮仆三十余人,衣帽鞍马豪侈,似是兼兵官也,貌亦类将帅。"见前引《热河日记》,第163页。

教自绝"的观点①,和博明如出一辙。

卢以渐和博明两人年龄相仿(博明长卢以渐两岁),志趣相投,学术思想也比较一致;两人相识之后,愈发彼此钦慕。他们的第二次笔谈持续终日,以至于"日暮罢归,深痛怅矣"②。卢以渐和博明当时都已经是六十多岁的老者,我们可以想象一下:两位白头老者在小酒馆中相对而坐,案上谈纸成堆,两人又不时发出阵阵会心长笑,那是何等融洽的场面。在《随槎录》的最后,附有卢以渐所撰写《与博詹事书》,行文中毫不吝惜赞美之辞,称誉这一位在万里他国结识的挚友③。两人之间建立起的跨国友情,足以成为一段佳话。

第三节　万里他国无事往还:"排清"士人卢以渐眼中的中国之行

先来看一条1780年五月二十四日朝鲜使团一行渡鸭绿江的记载:

> 各务差员及本府吏校皆拜辞于船头,吾所守厅通引拜别而语曰:"万里他国无事往还。"闻其言始觉有远行之意,而不无凄黯之怀矣。④

在很多朝鲜士大夫心里,清政权控制下的中国,已经是一个"他国"的概念,往昔将明朝视为"天朝"、"上国"的心态,在面对清朝时几乎荡然无存。以至于进贺乾隆皇帝七十寿辰这样重大的外交任务,

---

① 朴趾源和清朝学者谈到本国的宗教问题时曾说:"至敝邦立国四百年,士族虽愚者,但知诵习孔子。方内名山,虽有前代所创精蓝名刹,而皆已荒颓,所居缁流,皆下贱无赖,维业纸屦,名虽为僧,目不识经,不待辞辟而其教自绝。国中元无道教,故亦无道观,所谓异端之教,不期禁绝,而自不得立于国中。"见前引《热河日记》,第168页。
② 见前引《随槎录》,第277页。
③ 同上,第336—338页。
④ 同上,第183页。

在一个普通朝鲜士人的口中也只是"无事往返"而已。卢以渐当然是认同了同僚的这一看法,所以才会"不无凄黯之怀"。从某种程度上说,这条记载给整部《随槎录》奠定了一个情感基调,卢以渐是怀着一种无事往返的无奈和凄怆之情前往清朝出使的,在整部《随槎录》中,充斥着一种对明朝追思和对清朝排斥的感情。最直接的一点,书中凡提到明朝多以"皇明"称之,而提到清朝,则仅以"清"、"清人"、"彼国"、"彼人"等称之。除此之外,亦有其他一些具体例子。比如,七月初十日,使团行入一处道观。卢以渐记载:

> 使行入道观小憩,道士许姓人者……入栅以后彼人皆剃发而辫发于后……至是始见结髻着冠之人,不觉欢欣亲爱之心,概亦见我辈而有欢厚之意,然其为人则近于多诈矣。然使我生于中国,则逃身于道士之外无他道矣。①

卢以渐无意中发现,在清朝统治下道士可以不用剃头,并且可以保留结髻着冠的装束,不由发出如果自己生在中国,一定会投身于道士之列,以避免剃头之令、保持明时衣冠的感慨。这无疑是卢以渐排斥清朝统治、思念明朝心态的流露。由于剃发问题而引发卢以渐排清心态流露的,还有一个例子,即《随槎录》九月初四日的记载:"过汉吏部侍郎王世英家,小憩于门外,世英方去密云,而其二子年才十四五,而清扬玉面可爱,然剃辫之容、衣巾之状与满人无少异,殊可惜也。"②

此外,卢以渐在北京看到的一部名为《樵史》的书③,其中内容又

---

① 见前引《随槎录》,第205—206页。
② 同上,第290页。
③ 卢以渐看到的《樵史》,确切说是《樵史通俗演义》,它是一部产生于清初讲述明朝亡国历史的野史小说。研究明清小说的学者对该书有大量研究,而其中又以其作者身份的研究最引人关注。关于该书作者,曾有学者考证为陆应阳,后经证实此人只是碰巧写过一部同名的《樵史》,内容完全不同,只是由于历来有将《樵史通俗演义》简称《樵史》的习惯而引致这一误会。目前学界定论仍是该书作者未详,而卢以渐和朴趾源看到的本子同样没有注明作者,卢以渐称其为隐夫子所作,朴趾源也说不知何人所著,没能为我(转下页)

引起了他对明朝的追思,《随槎录》八月初八日记载,卢以渐在这一天向相知之人借得《樵史》一读:

> 所谓《樵史》者,明之亡后有隐夫子作此书。备载其败亡之源,以寓伤悼之意。而名之以樵者,似取樵采遗事,归于爨火之意,概野史之类也。其中所载者多有悲愤之语,而如伐宁远救朝鲜以致府库枵然,始行钞法,民皆为盗,竟至于亡者,尤为悲感矣。①

关于这本《樵史》,在朴趾源的《热河日记》中,也有记载:

> 《樵史》一卷,不知何人所著。记明室乱亡之由,以寓悲愤。其载客氏及杀熊廷弼事,颇多异闻。又咎万历自救朝鲜,府库空虚,人民流离,而在朝之臣罔知所措手。有一妄人,言采矿于时相,遂欣然行之,民益大困,皆化为盗贼,以至于亡。言多悲切,与正使读之,不觉涕零。第缘行忙,未之腾。此系禁书,只此卷本。②

可见,卢以渐和朴趾源、朴明源两兄弟看到《樵史》中提到远救朝鲜被归咎为明朝败亡的诱因之一时,反应是类似的,都感到悲切,乃至涕零。这实际上就是当时朝鲜士人的一种普遍心态,也是其对明朝怀有感情的一种表现。

再举一个看戏的例子。八月二十日乾隆令使臣同往观戏,一次看戏的经历,又勾起了卢以渐对清朝统治者是"异类"、"胡人"的评价。卢以渐记载:"其戏甚多,有仙鹤自空中穿屋极而下来者,又龙驹自地中负

(接上页)们提供更多的线索。关于《樵史》作者问题的相关研究情况,详参杨剑兵《〈樵史通俗演义〉作者考辨》,载《明清小说研究》,2009 年第 2 期,第 284—291 页。

① 见前引《随槎录》,第 253 页。
② 见前引《热河日记》,第 287—288 页。

河图而出者,甚至于华封人之祝造帝尧之像而戏之云",卢以渐认为这些表演"不敬甚矣,如非异类,则岂有此等戏耶"。这是因为卢以渐由戏文内容联想到"昔孔道辅使契丹,优人作文定王戏,道辅叱而退之",于是得出结论:"胡人之作此等戏,是其本习,殊甚骇痛。"①

而在朝鲜使节离京之前的上马宴中,清朝方面接待人员的表现,又让卢以渐对清人的不尊礼仪和行为粗鄙生出反感,见于九月十六日的记载:

> 彼人之来者,竞相攫取,喧聒乱嚷,声震天地。诚一变怪,宴仪何等大礼,而么么下隶如是无礼,纲纪可见,实为骇然。②

最后,再来看一条关于衣冠服饰的材料,这是八月二十九日的记载:

> 拦街小儿见我国衣冠,莫不绝倒,帽带者谓之场戏,我服者谓之高丽房子,指点而笑,盖街上设戏子游者,必着我国帽带故云。③

清代不少燕行文献中,不约而同出现了大量有关衣冠服饰的记载,在清初的文献里,我们看到一些记载提到沿途汉人看到朝鲜使臣身着的衣冠,往往因勾起对穿着相同服饰先人的怀念而落泪。随着时间的推移,前一种情况慢慢少了,出现的是人们因为淡忘了大明衣冠,反将朝鲜人穿着视为戏服引以为笑的情况,即如卢以渐所见。同时,差不多也在这个时候,出现了朝鲜使节在观看中国戏剧表演时勾起对大明衣冠的想象。④实际上,不管是陪着汉人流泪追思,还是对汉人数典忘祖

---

① 见前引《随槎录》,第 267—268 页。
② 同上,第 302 页。
③ 同上,第 288 页。
④ 参见葛兆光《不意于胡京复见汉威仪——清代道光年间朝鲜使者对北京演戏的观察与想象》,北京大学学报(社科版),2010 年第 1 期,第 84—92 页。

的悲叹,或是从戏服中的大明衣冠想象汉民族历史记忆的留存,都表现出朝鲜士人对于明朝的怀念。而这种种心态,卢以渐可谓集大成者。

卢以渐对清朝一边倒的消极观感,是其本身具有极强的"尊明排清"心态所致。事实上,卢以渐在这一点上是出了名的。朴趾源对此就有过明确的记载:"卢君以渐,在国以经行称,素严于春秋尊攘之义。在道逢人,无论满汉,一例称胡;所过山川楼台,以其为腥膻之乡而不视也。"① 卢以渐的心态一点都不难理解,而且恰恰印证了一种观点:明清鼎革之后的朝鲜,自上而下笼罩在"尊周思明"的思想氛围中,尽管清朝对朝鲜德化政策的施行使得状况有所改善,但并没从根本上改变朝鲜对清朝的看法。② 从这个意义上说,这部《随槎录》可以说为我们研究朝鲜王朝思想史提供了极有意思的史料补充。

第四节　尊周思明、北学思想与小中华意识

1. 尊周思明与北学思想

综合各方面情况,我们不难看出,卢以渐无疑是一个深受"尊周思明"思想影响的人物。另一方面,就朴趾源而言,一般都公认他是朝鲜"北学派"的代表人物之一,通过《随槎录》和《热河日记》这两个文献,我们把这两个人物联系到了一起。

朝鲜的"北学"思想,被认为是对传统华夷观的一种突破,当这一思想在18世纪后期兴起之时,一个世纪之前就开始盛行的"尊周思明"思想影响依然深远。姑不论其他方面,至少在对于清朝的态度这一点上,这两种思想之间是存在着一定的分歧的。于是,我们或许就会假设这样一个问题:当"尊周思明"的卢以渐遭遇主张"北学"的朴趾源,是否会产生某些思想冲突?可事实上我们却发现,这两个人关系的实际表现和我们的假设并不匹配。

---

① 参见前引《热河日记》,第327页。
② 参见前引孙卫国著《大明旗号与小中华意识》,第380—417页。

总的来说，他们的关系非常密切，使行途中他们一路同行，除了各种官方场合他们共同出席外，私下交往也比较频繁，经常一同出行、会客，也有过单独会谈的情况①。他们之间不仅未见任何因为思想观念问题而产生的冲突，相反卢以渐对朴趾源其人其学表示出相当的赞许。②这种情况一方面提醒我们任何假设都存在风险，另一方面也促使我们思考，"尊周思明"和"北学"两者的关系究竟如何？

　　另外一个现象也值得我们注意，在朴趾源的《热河日记》里，也并不是没有"尊周思明"思想的流露。比如全篇开头的纪年用到了"后三庚子"这一表述，其背后就是暗中尊奉明朝年号的"崇祯后"纪年方式；③而行文中亦多有"皇明"、"清人"的区别表述；"行在杂录"篇中又有"我今称皇帝所在之处曰行在而录其事，然而不谓之上国者何也？非中华也。我力屈而服。彼则大国也，大国能以力而屈之，非吾所初受命之天子也。"④被公认为"北学派"的代表人物朴趾源，却也写出如此"尊周思明"的文字，这又当如何解释？

　　"尊周思明"的卢以渐和主张"北学"的朴趾源之间并没有观念冲突，同时朴趾源思想中也有"尊周思明"的一面，这两个事实摆在面前，让我们不得不反思，"尊周思明"和"北学"两种思想是否就真的如有些观点所认为的存在矛盾？事实上，如果我们放弃先入为主的观念，从另一个角度去思考，就会发现并非如此。

　　所谓"尊周思明"也好，"尊华攘夷"也罢，这样一种朝鲜时代儒道独行社会背景下的华夷观念，可以被看作是一条在基底流淌的思想

---

① 据《随槎录》记载，九月初二日晚，卢以渐和朴趾源有过一次对谈，他们讨论的内容是"天地之运转"，即地动说。"初三日……夜燕岩来过，论天地之运转，燕岩以个但大与日月转动，地亦转旋，余则守朱子之说苦争其不转，燕说虽无昏而颇有独得之妙，故作《西馆问答序》而与之。"见前引《随槎录》，第290页。

② 参见上条注释，另，卢氏在《西馆问答序》中这样描述朴趾源："公长身、大面、眉秀、髯疏，有古人之风仪，性嗜酒，微醺弹西洋琴，使人歌而听之，豪谭雄辩，惊动左右，神采凛然，有捕龙搏虎豹气象。"见前引《随槎录》，第340页。

③ 见前引《热河日记》，第1页。

④ 同上，第187页。

潜流,它造成了朝鲜时代士人的一种普遍文化心态,经年累月积淀之下,已经内化为一种情感层面的东西。再来看"北学",它实际上是朝鲜王朝后期一部分先进知识分子从现实需求角度出发,主张向物质文化先进的清朝学习以利于本国发展的思想,它更多的是一种从理性层面出发提出的要求。这两种感性和理性层面的思想,并不是截然对立的,而是可以并存的,它们之间从来不是非此即彼的关系,更多的是表现为此消彼长的状态。

"尊周思明"的思想,发展到极端曾经带来朝鲜一部分士人的"北伐"意识,而"北伐"意识才是"北学思想"直接针对性的对象。其背后的逻辑大体是,当过度保守的观念影响到朝鲜对清关系并阻滞"北学"的通道,"北学"者们会进行必要的批斥。可见,"北学思想"并不针对"尊周思明"本身,而只是针对其衍生出来的一些极端思潮。

事实上,"北学思想"也不可能全盘否定"尊周思明"思想及其背后的华夷观念,因为它们涉及一个最根本的问题,那就是朝鲜王朝独立国族意识的构建,这是身为朝鲜人谁都不会去触动的底线。笔者认为,朝鲜王朝的"尊周思明"和"尊华攘夷",其根本目的不在于对明朝的感念和尊奉,而是通过外在表现来彰显自己中华文化正统继任者的身份,继而借以建立本民族内部的文化认同和对外形象。此前学界所讨论的"小中华意识"①或者"朝鲜中华主义意识"②等等,实际

---

① "小中华意识"一词被孙卫国教授用到其所著述书名中,而据其书中注释,"小中华"的出处是吴庆元《小华外史》中的一句话:"小中华者,中国称朝鲜为小中华,以其礼乐文明亚于中国也。"他也提到,朝鲜许多史书中皆自称小中华。所以,小中华最初应该是明朝时中国人对朝鲜的称呼,而后来也成为朝鲜人的自称。见前引孙卫国著《大明旗号与小中华意识》,第34页。

② 关于"朝鲜中华主义"的论述,参见王元周《论"朝鲜中华主义"的实与虚》,载《史学集刊》,2009年第3期。大体而言,这一由韩国学者郑玉子教授提出的概念(见氏著《朝鲜后期中华思想研究》,一志社,1998年版),较之"小中华意识"有更鲜明的民族主义色彩,但其亦有助于我们从研究对象自身立场出发理解历史问题。国内学者杨雨蕾在研究18世纪朝鲜北学思想时,就曾将北学思想与华夷观的关系置于"朝鲜中华主义"的框架下讨论,颇有见地。参见杨雨蕾《18世纪朝鲜北学思想探源》,载《浙江大学学报》(人文社会科学版),2007年7月,第85—93页。

上都和这一问题相关。

2. 小中华意识与朝鲜的国族认同

谈到朝鲜王朝的"小中华意识",可以说自古有之,而这一问题在明清鼎革之后表现得尤为突出,也被最多研究者所讨论。我认为,对于明清之际朝鲜王朝的"小中华意识",首先应该从时间维度对明、清两个时期做明确的划分,而两者存在根本区别的原因就在于前者那里还存在一个"大中华"的参照系,到后者那里则已经没有。

当讨论明代的情况时,我们需要关注的尚有两个问题,首先是朝鲜王朝的文化附属性,其次是其自我的文化优越感。而当讨论清代朝鲜王朝的"小中华意识"时,事实上就只剩下唯一的一个问题,那就是它的文化自我优越感。我们看到,18世纪末19世纪初的朝鲜儒者尹愭曾明确表达过在没有了大中华之后,朝鲜不应再称"小中华",而应无愧于中华之称号的想法①。

事实上,当没有了"大中华"的笼罩,"小中华意识"也就没有了附属性,完全可以成为一种独立的自我表达。基于这一点,笔者倾向于认为,清季朝鲜王朝的"小中华意识",不应再被理解为其对清朝为代表的大中华文化的尊崇和依附,而是转变为其借以形塑自身独立国格的一种思想资源。尽管这种形塑没有使朝鲜王朝完全独立于清朝之外,政治上它还是清朝的藩国,思想上也在倡导"北学",也就是向北边的清朝学习。但我们似乎不应否认其在思想上逐步开始向一个具有独立意识的民族国家转变这一点。因此笔者也倾向于认为,朝鲜半岛的民族国家化过程,不应该简单地被认为是到了近代以后特别是经过了"殖民地近代化"之后才突然完成的。从某种意义上说,"小中华意识"本身,就是其民族意识的滥觞。

---

① 朝鲜儒者尹愭(1741—1826)曾云:"然则昔日东方之称以小中华者,以其有大中华也。而今其大者,非复旧时疆域矣,地维沦陷,山川变易,曾无一片读春秋之地。而吾东方三百六十州之疆域,盖无非中华之衣冠谣俗,则优优乎大哉,奚可以小云乎哉。"见氏著《无名子集》文稿册八《东方疆域》,收在前引《韩国文集丛刊》第二百五十六册,第334—335页。

小　结

　　朝鲜王朝的小中华意识这样一个议题，自其产生开始就和中国传统文化东传朝鲜有关，其背后也确实在很大程度上反映出中国文化对于朝鲜半岛的影响，但是，当我们站在中国的立场上去考量这个问题时，片面去强调影响力的一面，却并不是一种值得倡导的态度，也不是一种正确对待中国传统文化的态度。相反地，如果注意到朝鲜王朝小中华意识内在有一种转变的过程，再反过来看这一转变背后的原因及其与中国历史之间的关系，进而反思明清易代给中国带来的文化、思想的变化，这才是我们客观对待自身历史应有的态度。

　　中国研究者对待研究朝鲜半岛的历史问题，应该注意避免带有一种从自身本位出发的优越感，即认为朝鲜始终对中国有一种依附性。明代的情况或许还可以做这样的理解，但对于之后的情况，如果还一味认为朝鲜没有脱离对中华文化或者中国的依附，就无疑陷入一种过于本位主义的立场，同时也是无视一个民族或国家的独立意识和自主意识的不科学的立场。只有在研究中尽量避免陷入这样的立场，我们才有可能真正触摸到历史的真实。

　　历史研究需要一种换位思考，所谓换位就是改变自己的固有立场，特别是民族、国家的立场。进入他者的角色去思考问题，带来的将不仅仅只有对他者的"同情之理解"，同时也可以让自己跳出固有立场的框限，从外部反观自身，进而更全面地了解自己。而后者，可能是更重要的意义所在。

第三章 文化比赛：在朝鲜和日本之间寻找"中国"

引　言

　　将东亚作为研究的大背景，产生一个学术视角的转换，即从传统的关注东亚的一个个单一国家的历史，转向国与国之间互动的研究。传统的中韩关系史、中日关系史研究，比较接近这一研究视角，也是以往中国学者投入精力较多的方面。但是，真正在研究中做到有东亚的整体意识，对中国学者来说，还有一块研究的空白需要填补，那就是以往被中国学者忽略的韩日关系的研究。学术研究或多或少会受到一种自我主体意识的框限，中国学者不那么关心与自己国家无甚关联的韩日关系，也是可以理解的。

　　但是，在全球化的大背景下，面对日益国际化的学术界，中国学界如果依然缺失对于韩日关系这一块内容的研究，不仅无法跟上东亚史研究的趋势，也必将在进入全球史的对话时力不从心。不仅如此，更具现实意义的是，在一般认为与中国无关的韩日关系史料中，事实上也可以发现大量对研究中国有直接帮助的资料。因此，我们有理由认为，中国学者也应该开始重视韩日关系及其所提供的相关文献资料。

　　所有历史研究的前提都是史料，有关韩日关系的史料浩如烟海，但其中有一部分史料，是对中国学者来说比较容易上手，也最能体现对中国研究的价值的，那就是朝鲜时代赴日通信使的相关文献。最近，葛兆光教授发表了一篇讨论朝鲜通信使文献价值的论文①，用了"文化间的比赛"为标题，形象地表达出这样一个意思，即从历史上朝日两国交往中展现出的文化因素背后，我们可以看到和讨论大量与中国历史文化有关的问题。本章节内容亦将围绕通信使文献对中国历史研究的价值这样一个话题展开讨论，故借用了"文化比赛"这一表述。

第一节　朝鲜时代赴日通信使概说、文献及问题

1. 通信使概说

历史上朝鲜半岛与日本列岛的关系，可谓源远流长，尤其是李氏朝鲜王朝建立的15世纪之后，有关两者往来情况的文献记载开始成系统地出现。从朝鲜王朝实录的记载来看，李朝朝鲜成立之初，就和日本有着密切的关系，双方往来甚为频繁，此后逐渐发展成一种规范化的国家间外交使节往来活动，这些活动在朝鲜方面一般称为"通信使"，也有些时候称"回答使"、"刷还使"、"回礼使"、"修信使"、"体察使"等，但主要以"通信使"为主。

笼统地说，通信使是朝鲜王朝向日本派遣的外交使节团，其先例在高丽王朝辛禑元年（1375）即有，到了朝鲜王朝的成宗朝（1469—1494），规定了使节团的组成人员及携带物品的一般标准，并自孝宗朝（1649—1659）后开始确立下来。综合各类文献记载，我们可以将整个朝鲜王朝时期主要的赴日使行情况做一个汇总，共约77次（见附表一）②。其中，在日本江户时期的庆长十二年（1607）到文化八

---

① 葛兆光《文化间的比赛：朝鲜赴日通信使文献的意义》，载《中华文史论丛》，2014年第2期，第1—62页。
② 韩国学者姜周镇曾对李朝朝鲜赴日使行情况进行统计，共统计出79次使行活动，参见姜周镇《〈海行总载〉解题》，收在［韩］民族文化促进会《国译海行总载》，民族文化文库刊行会，1974—1981年出版，第一册，第3—28页。笔者在姜教授研究的基础上，重新检索朝鲜王朝实录进行统计并核对，对该统计结果进行了修订。

年(1811)间的使行往来共 12 次,这 12 次使行,历来被日韩学者视作日韩交流史上的重要事件,以至于现在日韩学界一谈及通信使,主要就是指的这 12 次使行活动,它们也可以说是狭义上的"通信使"的范畴,但我们可以看到,这只是整个朝日外交往来中的极小一部分。

朝鲜王朝派遣通信使的原因各有不同,在日本室町时代,主要为禁止倭寇入朝之商谈以及祝贺日本将军世袭,而在江户时期的 12 次中,前五次原因较为复杂,其中有战后修好、俘虏刷还等原因,后七次则主要是为了祝贺日本将军袭位。这样的使节团,多则近 500 人,少则 200 多人。使节团主要组成人员包括:三使(正使、副使、从事官)、堂上译官、上上官、上判事、学士、上官、次官、中官、下官、医员、马才,以及其他一些随从人员。

一般通信使所行路线为:经朝鲜王城汉城出发——经陆路或水路——釜山——对马岛——相之岛(蓝岛)——下关——上关——濑户内海东——鞆浦、牛窗、室津、兵库——大阪——经京都——过大垣、名古屋、静冈——箱根——下江户。朝鲜通信使乘船从本国出发,最后从日本返回,一次至少需要五个月,有时长达七八个月。

当时日本各界对于通信使的来访给予高度关注,他们设有专门接待的驿站宾馆,从饮食、住宿等各方面做了大量准备,欢迎远道而来的外国客人。朝鲜使臣到达江户后,日本方面会专门选择吉日,在日本诸大名列坐时行聘礼、献礼物,而日本将军则向朝鲜三使予以慰劳。在诸藩客馆及江户本誓寺、本愿寺等地,大批日本文人墨客、学者、医师涌向那里,与朝鲜人员会面,交换各类信息、讨论学问(主要是朱子学)、诗文应酬等,进行多方面的文化交流和互动。

2. 通信使文献状况

目前有关通信使文献的留存和出版情况大致如此:通信使相关的文献资料,以古籍善本的形式,保存在韩国、日本以及美国的一些图书收藏机构中,其中尤以韩国的奎章阁和国立中央图书馆保存最多,据统计约有 72 种之多(见附表二)。出版方面,最早在 1914 年,在日占时期的朝鲜,曾有朝鲜古书刊行会出版的《海行总载》四卷本①。这部《海行总载》的出版,是建立在1748年的通信使正使洪启禧(1703—1771)的整理基础之上的。据1764年通信使正使赵曮《海槎日记》的记载,是洪启禧最早对朝鲜通信使的日本纪行文献进行汇集,并命名为《海行总载》,其后又有徐命膺(1716—1787)加以誊录,改名为《息波录》,并送给了赵曮②。1974—1981年,由韩国民族文化促进会主持,将古书刊行会出版的《海行总载》翻译成韩语,出版了十二册的国译本,并将原文附于书后,其中共收录了32种通信使文献(见附表三)③。而在日本,有辛基秀、仲尾宏以《大系朝鲜通信使》为书名出版的一套八卷本丛书(1994年出版),收录了29种通信使文献(其中有11种为《海行总载》未收),并收录了大量图像资料和研究论文等④。除此之外,首尔大学图书馆曾出版过一套五卷本的《通信使誊录》⑤,其性质为有关通信使活动的官署文书汇编。

3. 研究中存在的问题

在通信使的研究方面,日、韩学者已经做出了大量出色的研究,因为它毕竟是日韩关系史上的一个重要的面向⑥。但是,综观日韩

---

① 朝鲜古书刊行会编《海行总载》(1—4册),朝鲜古书刊行会,1914年出版。

② "前后信使,毋论使臣员役,多有日记者。洪尚书启禧,广加搜集,名以《海行总载》。徐副学命膺翻誊之,题以《息波录》,合为六十一编,以为行中考阅之资。及其递任也,尽送于余。"见赵曮《海槎日记》,收在前引《国译海行总载》,民族文化文库刊行会,1974—1981年出版,第七册,附录第6页。

③ [韩]民族文化促进会编《国译海行总载》,(1—12册),民族文化文库刊行会,1974—1981年出版。

④ 辛基秀、仲尾宏编《(善邻友好的记录)大系朝鲜通信使》(1—8册),[日]明石书店,1994年出版。

⑤ 首尔大学图书馆《奎章阁资料丛书·通信使誊录》,하우기획출판(出版社),1991年出版。

⑥ 日韩学者集中讨论通信使文献的主要著述有:(1) 李进熙著《李朝的通信使——江户时代的日本与朝鲜》,讲谈社,1976年出版;(2) 辛基秀著《江户时代的朝鲜通信使》,每日新闻社,1979年出版;(3) 上田正昭编《朝鲜通信使——关注善邻和友好》,明石书店,1995年出版;(4) 李元植著《朝鲜通信使研究》,思文阁,1997年出版;(5) 高正晴子著《朝鲜通信使的响应》,明石书店,2001年出版;(6) 郑章植著《使行录所见朝鲜通信使的日本观——江户时代日朝关系》,明石书店,2006年出版;(7) 夫马进著、伍跃译《朝鲜(转下页)

学者的研究，似乎存在一个问题，那就是过于集中在对江户时期 12 次使行活动的研究，讨论的核心也都是"善邻友好"的问题。这或许与学术史有一定关系，在日韩学者看来，江户时期的这 12 次使行活动，最能够体现两国间友好交往的历史，而两国学者对通信使问题的关注和研究，大约都起始于 20 世纪 60 年代日韩建交以后，因而是在希望寻找双方友好的历史传统的背景下展开的。如果我们去看 20 世纪 70 年代韩国学者的论文，会很明显有这样一种感觉。包括《海行总载》国译本的出版，大概也是在这样一个背景之下。而日本方面更是如此，前面提到的《大系朝鲜通信使》丛书，是 1994 年的出版物，而该丛书还是延续和强调着江户时期通信使的研究传统，收录的绝大多数都是江户时代的通信使文献，而它的副标题就是"善邻友好的记录"。

　　事实上，江户时期通信使并不是整个朝鲜王朝时期赴日使行活动或者说双方官方往来的整体面貌的反映，只有关注到其他更多的朝鲜人赴日文献，才能揭示出朝鲜王朝和日本外交关系冲突和友好并存的真实而复杂的面貌。当然，近年来，随着研究的深入，笔者关注到韩国学者对于通信使历史的研究角度已经有了很大的拓展，相关研究更是层出不穷，就笔者检索的情况来看，韩国学者有关通信使的研究专著有不下 20 种，而相关的学术论文则多达 150 余篇。其研究角度极为丰富，不仅有关于外交和政治的讨论，更有大量从学术、文学、艺术、礼仪、经济、人物等角度展开的研究，其研究取向不再仅仅局限于善邻友好的方面，研究的对象也从对通信使活动的整体性考察向具体的个案研究深化。②

(接上页)燕行使和朝鲜通信使——使节视野中的中国日本》，上海古籍出版社，2010 年版。相关论文则有：姜周镇《〈海行总载〉解题》，收在前引民族文化促进会编《国译海行总载》，第一册，第 3—28 页。苏日英《〈海行总载〉的作品论》，《慕山学报》，1998 年第 10 期，第 381—402 页。

　　② 其中较具代表性的研究专著有：李惠成(이혜정)著《朝鲜通信使的文学》，梨花女大出版部，1996 年出版；宋una哲(손승철)著《朝鲜通信使与日本的沟通〈友情与背叛的五百年〉》，东亚西亚出版社，2006 年出版；曹奎立(조규익)等编《朝鲜通信使使行录研究丛书》(1—13)，学古房，2008 年出版。研究论文有：韩泰文《通过通信使往来展开的韩（转下页）

在通信使文献的出版方面,则存在着出版不全的问题,前面已经提到,目前已出版的通信使文献,合《海行总载》和《大系朝鲜通信使》两种丛书,一共是 43 种,而收藏在各图书馆的通信使文献的数量,据笔者保守统计约有 72 种,也就是说还有不少的文献处在未被充分关注和利用的状态。

第二节　通信使文献中有关中国材料举例

和目前的研究取向与出版状况相联系的,是一个通信使文献史料价值尚未被充分开发的问题。所谓的价值开发,一方面是想说日韩学者如果能够跳出仅从善邻友好的层面展开研究的局限,而把这个问题放到日韩交流历史的复杂性的认识下去研究,当可以有更多新的发现。另一方面,也是本文希望重点提出的问题,那就是作为中

(接上页)日文化交流》,载《韩民族语文学》第 45 卷,韩民族语文学会,2004 年,第 421—448 页;权五凤(권오봉)《日本江户幕府通过朝鲜使行对韩国儒学的接受》,载《安东汉文学论集》第 2 卷,安东汉文学会,1991 年,第 789—813 页;金泰准(김태준)《冲击和调和:18 世纪韩日文化交流的面貌——以江关笔谈为中心—》,载《东方文化比较研究丛书》第 2 卷,韩国东方文化比较研究会,1992 年,第 735—767 页;甘宪华(감선화)《朝鲜通信使的绘画交流:以 17、18 世纪为中心》,载《东北亚文化研究》第一辑,东北亚文学会,2001 年,第 83—115 页;孙承喆《朝鲜时代对日本天皇观之类型方面的考察》,载《史学研究》第 50 期,韩国史学会,1995 年,第 217—249 页;河宇凤《元重举的日本认识》,载《李基白先生古稀纪念论文集》,1994 年,第 1228—1264 页;李元植《由通信使记录看对日本的认识》,载《国史馆论丛》第 76 辑,1997 年,第 292—312 页;张荣哲(장용걸)《对朝鲜通信使仪礼性的考察》,载《教育理论与实践》第 9 辑,庆南大学校教育问题研究所,1999 年,第 233—249 页;河宇凤《朝鲜时代的通信使外交和仪礼问题》,载《朝鲜时代史学报》第 58 卷,2011 年,第 65—95 页;具智贤《17 世纪通信使笔谈中出现的韩日间书籍交流的情况》,载《韩国汉文学研究》第 47 期,2011 年,第 527—551 页;李敬元(이경원)《朝鲜通信使随行乐队的音乐活动考》,载《韩国音乐学论集》第 2 卷,韩国音乐史学会,1994 年,第 325—369 页;李正恩(이정은)《朝鲜通信使随行画员研究》,庆星大学博士学位论文,2009 年;金德真(김덕진)《1763 年通信使的使行费用的规模和意义》,载《历史学研究(原《全南史学》)》第 25 卷,湖南史学会(原全南史学会),2005 年,第 105—144 页;金尚朝(김상조)《青泉申维翰的日本认识和对雨森芳洲的理解》,载《瀛洲语文》第 23 卷,瀛洲语文学会,2012 年,第 311—337 页;鲁成焕《朝鲜通信使与日本的端午节》,载《日本文化学报》第 33 卷,韩国日本文化学会,2007 年,第 259—279 页。

国的历史研究者,更应关注的是在这些有关日韩交流的历史文献中,同样可以找到对研究中国有帮助的材料。首先,如果我们站在借助域外文献研究中国的角度,不难发现在这部分文献中存在大量与中国相关的资料;其次,从传统中华文化长期潜移默化地影响着朝鲜和日本的角度看,在两国交流中体现出的大量中华或者说中国因素,同样也值得重视和研究。

历史上东亚三国间的交流和互动程度,可以说远远超出我们的想象。尽管从政治和外交的层面看,在通信使文献所涉及的年代即15世纪初一直延续到19世纪末,中国与朝鲜、朝鲜与日本之间有着固定的官方往来,而中国与日本之间几乎没有建立官方的关系,但这并不代表中日之间联系的断绝,经由朝鲜的媒介作用,以及依托直接或间接的商贸往来或民间交往,中国的人员、物品等始终不间断地进入日本。而中国的文化,在这个过程中也不断对日本产生着影响。而从15到19世纪前往日本的朝鲜通信使的记录中,我们就可以发现大量与中国相关的内容,从人到物到文化的因素,皆有体现。以下试举几例:

1. 朝鲜人庆暹所见的宋徽宗书画

1607年出使日本的朝鲜人庆暹的《海槎录》中,提到其在对马岛主家中看到宋徽宗的两幅画作,分别为白鹰图和南极老人图。其中的白鹰图,现在还存有实物,我们会发现,朝鲜人的记载描绘和今天所能看到的实物几乎一般无二。

> (对马)岛主请临其第,午时联轿而往。……壁间有一古簇画白鹰,画上有赞,赞曰:御笔淋漓,写快鹰儿,金睛作眼,玉雪为衣,刚翮似剑,利爪如锥,何当解索,万里高飞,恭承宠命,仅作赞辞,宣化殿学士蔡攸赞云。是宋徽宗所写也。
> ……
> 壁上画簇,乃南极老人缩坐之形也。画上有赞曰:东华帝君,南极老人,寿我皇祚,八万千春,政和甲午,书于宝箓宫云。

末端有御书二字,字下着押,押上有玺迹。而岁久模糊,未辨其画,以其年号考之,乃宋徽宗所写也。①

2. 有关唐人村的记载

同样,在庆暹的《海槎录》中,还有一则关于小田原城的唐人村的记载。这样一个事例很能反映当时中日之间尽管没有正式的外交关系,但人员往来的情况确有发生。

(小田原城)有一唐人服冠唐冠而来见曰:我名叶七官,系是福建人,嘉靖年间,同船五十余人,漂到此处,三十余人则年前还归本土,只有我们十余人,仍住此去五里许地,有妻生子,契活已定,今难迁动。倭人名其所住之处曰唐人村云云。礼数甚恭,言辞逊顺,冠服不改,形体尚全,少无变夏之态,是则可尚。②

3. 长崎的中国书籍

1718年出使日本的朝鲜人申维瀚在其《海游录》提到长崎有大量中国书籍的情况。关于中日之间的书籍贸易的问题,学者已经有过不少研究,而我们可以发现,从朝日关系的史料中同样可以发现一些证据。

国中书籍,自我国而往者以百数,自南京海贾而来者以千数。古今异书百家文集,刊行于阛阓者,视我国不啻十倍。……余意南京海贾,每以书籍来贩于长崎岛。故顺治以后,江南才子之诗集,多在日本。③

---

① 见庆暹《海槎录》,收在前引民族文化促进会编《国译海行总载》,第二册,附录第37页。
② 同上,附录第45页。
③ 见申维瀚《海游录》,收在前引民族文化促进会编《国译海行总载》,第二册,附录第10—11页。

4. 中国沿海海贼问题

1711年出使日本的朝鲜人任守干在其《东槎日记》中,提到日本人新井白石向其介绍当时中国沿海一带的海贼的情况。其中提到的郑尽心、陈明隆,在中国历史上都确有其人,是康熙年间骚扰渤海乃至闽浙一带的大海盗。而有意思的是,当时的朝鲜人和日本人均把他们认为是"郑锦(郑经)余孽",即将其与台湾郑氏集团联系起来,颇有意思。

> 商船去岁以来,颇愆来期。后闻闽部海上贼船出没,商舶多被劫。今春,福建军门追捕贼魁,海路已开。唐山诸港,商舶来如常年耳。臣等又问曰:海贼是何等贼?何能剿灭耶云。玙(新井白石)出其怀中小册见之,乃曰贼魁即郑尽心、陈明隆、李老柳等,为南京总兵所获云。臣等问曰:郑尽心无乃郑锦余孽否?玙曰:诚然诚然。①

第三节 个案研究一:申维瀚《海游录》浅探

申维瀚的《海游录》是朝鲜通信使文献中最知名的文本之一。该文献有很多不同的版本留存,包括:文集本(《韩国文集丛刊》中申维瀚《青泉集》收录的《海槎东游录》和《海游见闻录》)②、《海行总载》本(如韩国国立中央图书馆藏《海行总载》③所收三卷抄本《海游录》)和单行本(日本《大系朝鲜通信使》收录的日本天理大学附属天理图书馆本复制第190号《海游录》④)。

---

① 见任守干《东槎日记》,收在前引民族文化促进会编《国译海行总载》,第九册,附录第86页。
② 见前引《韩国文集丛刊》,第二百册,第422—532页。
③ 藏书号:한고조 90-2。
④ 见前引《大系朝鲜通信使》,第五册,第135—175页。

1. 申维瀚其人

申维瀚(1681—1752),字周伯,号青泉,晚年号伽倻樵叟,本贯宁海,是朝鲜半岛历史上著名的诗文家。宁海申氏一族自高丽时代起就是名门望族,以诗书传家。申维瀚自幼熟习诗文经史,擅长诗赋创作,其诗文作品受当世名流追捧,坊间亦流传甚广,后世朝鲜人将其与崔致远、李仁老、朴誾等人并举,赞为朝鲜历史上数百年一出的诗文家①。

申维瀚二十五岁考中进士,三十三岁被擢为状元,但因自身出仕意愿不强及得罪权贵等原因,其仕途并不顺畅。1719 年,三十九岁的申维瀚以当世公认的诗才被选为赴日通信使制述官,在日期间不仅以诗才震服日人,更以拒不跪拜对马岛主之举彰显朝鲜文士气节。归国后,他被授予承文院副正字之职,并历任成均馆典籍、奉常寺判官等职,但因不容于朝廷勋贵,不久就被派往京外,历任县监、郡守等职十余年。在地方任职期间,他颇有赈灾、兴学、平寇等政绩。申维瀚于五十三岁时丁忧回乡,之后一度无心出仕,其间朝廷多次任命京内外官职他均未赴任,甚至拒绝了燕行使书状官一职的授命,直至五十九岁才重新出仕。此后十几年,在历任官职的同时,他将主要精力放在讲学和著书上。1752 年,他留下平生未得北游中国的慨叹离世,时年七十二岁。

申维瀚一生著述颇丰,除大量诗文作品通过后世整理的《青泉集》存世外,他还曾创作了如《笙邂录》《拱辰录》《经学略说》《易理粗解》《文章衮钺》等专著,而《海游录》也是其生平重要作品之一。关于申维瀚的生平事迹,有其后人及门生所撰年谱、行状及墓志等材料可资考证,均收在《青泉集》中②。

---

① 崔兴壁《书挹翠轩诗抄卷首》言:"罗、丽迄我朝,多文章大家数。崔文昌公尝隐遯焉,其后五百年有李翰林仁老,又二百年有挹翠轩,又三百年有申青泉维瀚。"见前引《韩国文集丛刊》,续编第 95 册,第 592 页。

② 此处申维瀚生平情况,据申维瀚的年谱、行状、世家、遗事、言行实录、墓志铭等资料进行概要整理,这些资料均收在申维瀚《青泉集》附录中,见前引《韩国文集丛刊》,第二百册,第 539—562 页。

2.《海游录》解读

1718年,日本新关白德川吉宗继位,朝鲜王朝援例派出通信使致贺,以洪致中为通信正使,黄璿为副使,李明彦为从事官,使臣一行自1719年农历四月十一日出发,九月二十七日抵江户,次年正月二十四日回京复命。申维瀚在该次使行活动中担任制述官,而《海游录》即记载了其此次往来日本的情况。整部文献在内容上大致分为两个部分,第一部分以日系事,全程记述使行的经过;第二部是一篇两万余字的附录,题为《闻见杂录》,分类记述了作者所了解的有关日本的知识。

从申维瀚的记述来看,这一次通信使活动本身可谓波澜不惊,用他的话说是"无一人疾病之忧,无一日风波之厄,自古所未有"(第532页)①,不仅如此,这一次外交活动中,连以往频繁出现的外交礼仪冲突、国书行文纠纷等也几乎没有发生,双方皆大欢喜地完成了一次善邻友好的外交。后人对这一次使行的印象,原本很可能因为其经过的平淡而变得模糊,然而,恰恰是因为记述者个人的原因,令该次使行在作为历史事件之外,被赋予了更多的文化内涵。

(1)制述官由来

申维瀚在使行活动中担任制述官,他在《海游录》开篇介绍了通信使行中制述官一职的来历,并指出其职责为"管一行文事"、"接应彼人言语,宣耀我国文华"。

> 是役也,三使臣各有军官书记医员,而别置制述官一员。盖自宣庙朝通信时,国家有致祭日光山之典,故有文臣讲祝官一员,奉香祝祭仪,与从事官同舟。午五山天辂,尝膺选而往,与彼中解文者挥洒诗笔,声华甚畅,为蛮俗之所钦仰。其后百余年间,信使之行,必择于朝士之能词翰者,名为讲祝官,兼制述,俾

---

① 本节引自申维瀚《海游录》的原文,均见前引《韩国文集丛刊》第二百册,故不再一一进行脚注,而以"(页码)"的形式直接在文中标出。

管一行文事。至壬戌使行,始罢日光山赐祭,故不曰讲祝而曰制述官。倭人文字之癖,挽近益盛,艳慕成风,呼以学士大人,乞诗求文,填街塞门,所以接应彼人言语,宣耀我国文华者,必责于制述官,是其事繁而责大。(第422页)

以诗才闻名国中的申维瀚,将当选制述官视为一次重要的施展才华的机会,出行前,他专程登门求教昆仑学士崔昌大,获得了后者的宝贵建议及鼓励,在日本期间,他恪守制述官职责,力求最佳表现,整部《海游录》记述了这个过程,同时为我们留下大量宝贵的文献资料。

(2) 与日本文士的往来

和日本文士进行交流是制述官的本职,因此,申维瀚在该次使行过程中接触了大量不同层次的日本士人,并留下了相关记载。其中有关申维瀚与雨森芳洲交流的材料最为丰富,内容涉及朝日两国的历史文化、学术学人乃至彼此观感等等,不少学者就这部分材料开展过深入的研究。申维瀚还与所谓"世掌日本文学"的林氏家族的林信笃及信充、信智父子三人有过交往,不过他对林氏的评价较低,认为其文笔"拙朴不成样",其地位只是得益于世袭而已①。

当然,除了毫不客气地指出一些日本士人的名过于实外,申维瀚也肯定了一些日本学者的真才实学,比如松浦仪、三宅缉明、三宅茂忠兄弟、鸟山硕辅等。更有意思的是,在申维瀚的笔下,一些日本少年学子给他留下的印象要胜于那些功成名就的学者,他在提到十八岁的明石景凤、十七岁河口皡、十四岁的水足安方这些天才少年时,毫不吝惜赞词,只不过,在他称赞日本少年学士的背后,隐含的却不是对日本文学未来的寄望,而是借以表达这些天才终归难免在日本

---

① "太学头林信笃率其两子信充、信智即来请见。……其祖曰道春,父曰恕,世掌日本文学,凡为国用词翰,皆出于其家。为门徒而被荐食禄者数十人。然观其文笔,拙朴不成样。日本官爵皆世袭,虽有高才邃学,不得望信笃于床下,可笑。"见前引《韩国文集丛刊》,第二百册,第478页。

的政教之下"明珠化为燕石"的惜叹①。面对日本士人,朝鲜人对自身学术文化水平根深蒂固的优越感表露无余。

(3) 诗文创作

使行途中,申维瀚创作了大量诗文,其中有的是自身有感而作,有的是与一行同僚的应和之作,还有的则是为了履行制述官职责应日本人的要求而作。申维瀚将这些诗歌按照写作的时序记在《海游录》中,这使得《海游录》成为一个颇有特色的记叙与诗文夹杂,分量几乎各占一半的有趣文献,故除史料价值之外,其文学价值也一直备受推崇,而学界专门针对《海游录》中申维瀚诗歌的研究也不少。

使行经停大阪时,申维瀚有感于这个城市的繁华,创作了《浪华女儿曲》和《男娼词》等诗篇②,通过描写大阪青楼妓院的生活,来凸显这一城市的富奢淫靡之风。而申维瀚对富士山、琵琶湖等日本风景名胜也多有细致的观察,创作了《富士山赋》(第472—473页),还写下《富士山》、《琵琶湖》两篇诗文(第499页):

《富士山》

金河道中蛮语聒,
雪片芙蓉天半出。
十洲仙峤莫争名,
看取孤高并云日。

《琵琶湖》

江州名胜最先谙,
十月湖光映笋蓝。

---

① "国中文才,多在童稚。大阪之水足童子,年十四,北山童子,年十五,倭京之明石景凤,年十八,江都之河口崞,年十七。无论所述述已富,皆貌如玉雪,视瞻端正,言动安详,似礼法中人。盖其气禀之清明,得之江山,而卒不免于政教之镕铸,可使明珠化为燕石耳。"见前引《韩国文集丛刊》,第二百册,第525页。

② 《浪花女儿曲》和《男娼词》,见前引《韩国文集丛刊》,第二百册,第462—464页。

> 两岸楼台明活画，
> 朗吟疑过洞庭南。

谈到诗歌交流时，另外一个值得关注的问题是申维瀚对日本人诗文创作水平的评价，在和日本文人的诗文酬唱中，申维瀚虽然也肯定个别人的诗才，比如雨森芳洲、木实闻和朝文渊等，但申维瀚对日本人诗文水平的总体评价仍是"拙朴可笑"、"多不成语"、"尤不足观"、"粗疏遁塞，语无伦序"。这是因为朝鲜人对于诗歌好坏的评价标准只在于它是否符合传统中国文学风格，正如申维瀚之所以称赞新井白石的诗，是因为其诗"婉朗有中华人风调"（第441页）。

（4）礼仪争端

礼仪之争是通信使活动中经常被提及的话题，该次使行中，在申维瀚身上就发生了一次与礼仪有关的争端。使行至对马岛中，对马岛主为求诗书而邀请制述官至府中。按照旧例，双方见面时，制述官应向岛主行拜礼，岛主则坐而答揖礼。但是，申维瀚对此旧例提出质疑，他认为，对马岛主是藩臣，而朝鲜"国法，京官之以事在外者，勿论尊卑，与藩臣合坐交敬"，因此他坚拒向岛主行拜礼，只愿接受行揖礼。双方激烈争执，结果岛主没有和申维瀚见面，后来岛主举行家宴时，也因为这个原因没有和申维瀚见面。①

事实上，制述官见岛主的礼仪，原先没有重要到需要被作为外交礼仪固定下来的程度，但自此之后便成了一个问题，从之后的通信使行记录可以看到，对这个问题的解决办法不外乎两种，要么就是岛主避免和制述官见面，要么就是干脆取消行拜礼，总之制述官不用再向岛主跪拜。而申维瀚此举，也被誉为彰显朝鲜士人气节的典型②。

---

① 事见前引《韩国文集丛刊》，第二百册，第435—437页。

② 申维瀚墓志铭中有言："节义则赴使日本斥岛主私礼，却彼国例币，以死自誓，始立后来不易之节。"见前引《韩国文集丛刊》，第二百册，第562页。

(5) 大阪书籍盛况

申维瀚对使行途中的经历和见闻的记载十分详尽,他留下大量关于日本城市、乡村、山川、寺院建筑等的细致描写,都是十分珍贵的历史资料。以大阪为例,他重点记载大阪书籍贸易的兴盛。他称"大阪书籍之盛,实为天下壮观",并以大阪的朝鲜书籍为例,指出大阪书商对朝鲜书籍十分熟悉,《退溪集》是日本人最推崇的朝鲜文集等。此外,他对一些"多载两国隐情"的朝鲜书籍,如金鹤峰《海槎录》、柳西厓《惩毖录》、姜睡隐《看羊录》等都在大阪有了出版发行表示十分震惊。

> 大阪书籍之盛,实为天下壮观。我国诸贤文集中,倭人之所尊尚者,无如《退溪集》,即家诵而户讲之。诸生辈笔谈问目,必以《退溪集》中语为第一义。有问陶山书院地属何郡,又曰先生后孙今为几人作何官,又问先生常时所嗜好,其言甚多不可尽记。大阪文士有一人列书我国从祀诸贤,自崔文昌、薛弘儒以至沙溪文元公,其序次一不参差。其外禹祭酒之忠贞、李牧隐之文章及占毕斋先生事历历称道。彼其所闻于我国之事何其详也,余甚怪之。……而自与我邦关市以来,厚结关译,博求诸书,又因信使往来,文学之途渐广,而得之于酬唱答问之间者渐广故也。最可痛者金鹤峰《海槎录》、柳西厓《惩毖录》、姜睡隐《看羊录》等书,多载两国隐情,而今皆梓行于大阪,是何异于觇贼而告贼者乎? 国纲不严,馆译之私货如此,使人寒心。(第491页)

(6)《闻见杂录》的价值

作为《海游录》附录写作的《闻见杂录》,具有很高的史料价值。这篇文献是申维瀚在阅读了前人有关日本著述的基础上,结合自身亲身实践所了解的有关情况而写成的,可以看作是对当时朝鲜人所了解日本知识的一次系统梳理。《闻见杂录》从内容上有明显的分门别类,依次记述了日本的地理、历法、节气、物产、饮食、服饰、建筑、职官、兵制、田制、婚丧、技艺、音乐、书画、诗文、文字、学人、学术、佛法、医学、淫俗等多方面的内容。其写作手法为先介绍一般性认知,再以自身见闻补充。

朝鲜人对日本的认知,最早的系统性梳理始自申叔舟的《海东诸国记》,其后每次通信使往来,几乎都有参照申氏记载并予以补正的情况,不少通信使文献中都留下此类文字,而申维瀚的《闻见杂录》是目前所见篇幅最长的作品。其中有关日本诗文、文字、学术、学人等方面的内容,多属申维瀚的原创性论述,尤其值得关注。

在韩、日两国学界,申维翰的《海游录》都被认为是最重要的通信使文献之一,相关研究也最为丰富。1974年日本"东洋文库"出版了姜在彦教授的《海游录:朝鲜通信使の日本纪行》①,该书对海游录做了详细的日文译注和解读,可算是早期最重要的基础性研究。其后,韩、日两国学界都陆续有大量研究成果问世。然而,中国学界对于该文献的介绍性和研究性成果几乎都为空白。

第四节 个案研究二:洪景海《随槎日录》浅探

相对于申维瀚的《海游录》,洪景海的《随槎日录》是一部知名度较低的通信使文献,在朝鲜时代所编通信使文献集《海行总载》中甚至没有收录该文献,而林基中在编《燕行录全集》时,却阴差阳错地将其作为燕行文献收录②,在日本所编的《大系朝鲜通信使》丛书中收录了该文献。该文献的原本藏在韩国首尔大学奎章阁图书馆,为两卷手抄本,藏书号:奎古4710-5。总的来说,这部文献是一部以记事翔实见长的文献,其中有不少有价值的史料,以下试做解读。

1. 洪景海其人

洪景海(1725—1759),字叔行,朝鲜王朝英祖时期文臣。本贯南

---

① 姜在彦日文译注本《海游录:朝鲜通信使の日本纪行》,[日]平凡社,1974年。
② 收在林基中编《燕行录全集》,[韩]东国大学校出版部,2001年,第五十九册。

阳(今韩国京畿道华城)。洪景海之父洪启禧是历仕肃宗、英祖两朝的重臣,洪氏一门五兄弟洪猕海、洪趾海、洪景海、洪述海、洪缵海相继出仕,活跃于英祖朝的政坛。洪景海1751年文科及第后被授予说书(世子侍讲院正七品官职)一职,1753年因在文学方面的出众表现被破格提拔为修撰(正六品),修撰任内曾上书请允宋世烈、宋浚吉二人从祀,1755年被破格拔擢为文学(正五品)。1756年,他因卷入李彦衡、金相度党人事件被革职,且连累其父遭贬,不过很快官复原职,其后多次担任御史之职巡视地方。1758年,洪景海与其父并遭弹劾被贬,次年卒于金城县令任上。洪氏五兄弟在英祖朝的宦海起伏,与其父洪启禧的政治地位密切相关,洪启禧离世之后,其余的洪氏兄弟很快都在党争中不得善终,而洪启禧因为卷入思悼世子事件太深,虽然勉强保住生前之名,死后却在正祖朝遭政敌秋后算账,直至被追夺官爵。①

2.《随槎日录》解读

1747年,日本新关白德川家重受禅于其父吉宗继位,朝鲜援例派出通信使致贺,以洪启禧为正使,南泰耆为副使,曹命采为从事官,使臣一行自当年农历十一月二十八日出发,次年五月二十一日抵江户,闰七月三十日回京复命。该次使行,洪景海以子弟军官的身份随其父出行,他以日系事记录下从发行直至回抵釜山的经过,故题为《随槎日录》。关于这次使行活动的记录,另有从事官曹命采所作《奉使日本时闻见录》②存世,可互为参阅。洪景海在使行过程中行止紧随其父,而洪启禧亦有嘱其记录自身言行之意,故其大量记述反映的是正使视角的观察,而目前所见通信使文献中,属正使所作的并不多见。

(1)副船失火

该次使行中,有两件直接关乎使行本身的事值得一提。其一是

---

① 此处洪景海生平情况,根据《朝鲜王朝实录》所载其人相关记录概要整理而来。
② 收在[韩]民族文化推进会编《国译海行总载》,民族文化文库刊行会,1974—1981年,第十册,附录第1—61页。

副使所乘船只在前往日本途中停泊对马岛鳄浦之时失火,致二死数十伤,所载礼单物品皆烧毁。历来通信使行或有船只遭风浪覆没之事,但船只烧毁仅此一次。

> 副骑船失火。点考下卒昌原乐工徐云昌、蔚山使令金就京终至烧死,惨愕无以,焦烂欲死者至于十余人。礼单之入烬者人参七十二斤、白木绵二十四、芙蓉香三百一十枚。诸人之章服衣冠卜物尽为烬灰。状闻烧火形止付飞船,又作书于岛主,使之转告江户。(第284—285页)①

事后,正使洪启禧因治下不严致使国家财物受损以及私自决定接受马岛人补偿赠物,遭到国内政敌的攻击。

> 通信使洪启禧、副使南泰耆、书状官曹命采还。……及至马岛,三使登陆,礼币、盘缠皆在船中,副船失火尽为烧烬,死者三人焉。事闻,左议政赵显命建议参币、饩资更为备送,国储为之荡然,或曰:舟中之火乃故纵而欺瞒朝廷云。②

(2)国书争议

其二是与日本回答书有关的两项争议。一是日本回答国书中德川家重名字上的印章为"源表正",而前次国书中关白名字上的印章只有一"源"字,朝鲜使臣认为此与前例不符,提出质疑,日本人回答这是因为日本关白印章随代而改,并举出历年国书为证,解决了这个问题。

> 见回答书……家重字上印图署"源表正"。……己亥回书则

---

① 本节引自洪景海《随槎日录》的原文,均见前引《燕行录全集》第五十九册,故不再一一进行脚注,而以"(页码)"的形式直接在文中标出。
② 见前引《朝鲜王朝实录》,第四十三册,第304页。

只着一"源"字图署,而今曰"源表正",此与前例有异。……林信言以图署头来坐外厅,首译以图署事问之,答曰:我国则与贵国不同,印章随代改之,乙未书契曰"源忠德",壬戌书契曰"源忠直",辛卯"文明四方",己亥曰"源",此非可争之事。(第498—502 页)

二是若君(关白之子)别幅(回礼单)中没有书写若君姓名而只有印章"源宽裕",朝鲜使臣认为"于礼于理,俱极不当"(第502 页),并以拒收若君礼物表示不满,虽然日本人亦拿出证据证明若君不书姓名乃是旧例,使臣还是在和日本方面经过三次争议之后,才勉强收下礼物。

(3) 使行过程的细节描写

《随槎日录》最为鲜明的特点,在于作者对事物的记述极为详尽,这一方面大概是因为二十岁出头的洪景海对一切事物都充满了新鲜感和好奇心,另一方面也可能得益于他作为随员并无职责在身,故有充分的闲暇进行记录和写作。因此,《随槎日录》中就有了不少其他通信使文献中难得一见的细节性描述,比如从洪景海的记述中我们可以知道,原来通信使船上的每个房间都挂有匾额,上书"某某阁"、"某某斋"、"某某堂"等,他记下了正使船上所有的匾额内容,而他将自己的房间命名为"不可不知窝"。

往船上。使船将揭板屋匾额。上房正使曰"如山斋"。奉国书曰"护书阁"左二房,李得寿伴人名色处焉。制述官典籍朴敬行曰"穆如阁"左三房。金夏鼎别陪行、礼单直名色、金尚龟别破阵曰"管窥堂"左四房。崔寿仁押物通事、掌务官曰"勾事斋"左五房。书记别检李凤焕曰"芙蓉斋"右一房。余曰"不可不知窝"右二房,与良医赵宗寿同处也。白同知尚辉子弟军官、礼房曰"辨淄堂"右三房。李郎厅吉儒、工房、李都事栢龄、日供官曰"同心斋"右四房。赵昌城兵房曰"完璧斋"右五房。金竹山柱岳、检船官曰"趾槎阁"右六房。首译

朴尚淳曰"有功斋"右七房。(第275—276页)

又比如,对于朝鲜通信使上陆之后的行进队列,洪景海记载的细致和精确程度,为通信使文献中所独见(参见第397—401页),这部分记载可与留存下来的"通信使行列图"图像资料进行参照研究,具有一定的价值。同时,洪景海也提到,在日本围观人群中总能发现有人在绘制并记录着通信使的行列,这解释了为什么目前日本有大量通信使行列图存世的原因。

洪景海还详细记录了使臣所受日供的清单,不厌其烦的记下各层级使官所受物品的名目和数量(参见第309—313页),而对日本各地官员接待使臣的宴饮菜式、馈赠物品以及关白给使臣的赏金数目等,他也都有详细记录。此外,他记录下来的还有日本船只的形制及装饰、日方提供马匹的质量、数量和分配使用情况、包括关白和对马岛主等在内的各色日本人的形象及着装细节等。这些资料都具有一定的史料价值。

(4) 笔谈资料

《随槎日录》中有大量笔谈资料。洪景海记录下的第一次笔谈的对象是号称雨森芳洲弟子的纪国瑞,该次笔谈大略涉及了一些日本学人及学术的情况,如新井白石和林信笃分属两派以及新井一派的学术脉络等(参见第300—302页)。同时,他们还谈到了日本人对朝鲜此前两任制述官李礥和申维瀚的学问评价,日本人认为申维瀚的水平略胜一筹:

> 章曰:辛、己两使时学士所述公必稔者,且必有上下其论于芳洲即雨森东者,李东郭、申青泉甲乙何如云?瑞曰:东郭则诗材赡富著述敏捷,青泉则文势神奇立言慎严。章曰:自通信以后,萍水酬唱之集必不泯灭,贵国公论以何岁使行时文字为胜?瑞曰:辛卯为胜云。章曰:辛卯学士即是李东郭即李礥,则与青泉甲乙之论何如,我国多以青泉胜东郭,此论何如?瑞曰:青泉

如程不识为军也。章曰：程不识岂如李将军也。瑞曰：李广其人则可，程不识信千古轨范也。（第302—303页）

而《随槎日录》中最为重要的笔谈资料，当属洪景海等人在江户时与一位名叫越绨的日本人的笔谈。朝鲜使臣在江户一共逗留了二十二天，期间，洪景海、书记李凤焕（字圣章）以及另一个朝鲜士人（字子文，姓名不详）共和越绨共见面九次，留下了篇幅极长的笔谈记录，涉及大量有趣的内容，比如其中有大量对朝鲜和日本衣冠服饰的讨论，而越绨对朝鲜衣冠的中华制度表达出的极度艳羡令人印象深刻。

　　绨以三律相赠求和，又请得篆字八分数三纸，盖因圣章诸人而闻之也。余即和给，且写两体。绨起而拜曰：诗如何景明，篆如周伯琦，可谓千古至宝，仆可以世世珍藏也。诗中有"衣冠艳服中华制"之句，绨曰：此句甚好，写得仆之心曲多荷。（第461页）

　　绨曰：足下之冠甚雅，愿闻其名。余曰：所谓程子冠，即两程夫子所着之冠，考诸遗像可以征之。绨曰：真君子之冠也。又曰：西京冠冕一遵唐制，昨见金紫峰金天秀之自号所着帽带与西京无异矣，贵国若与西京通聘，则何羡贵国衣冠乎，今吾所着则可愧。（第456页）

　　余着华阳巾，绨曰：足下今日所着之冠，其名云何？余曰：华阳巾。绨曰：见于何文？余曰：见于《竹楼记》。绨曰：其制奇古，或可使行中人摸出此冠及程子冠以惠耶？足下有欲着之意耶？绨曰：真是越人之章甫，而欲时时见之如见足下雅仪。余诺之。圣章以其冠加诸绨之头。绨曰：虽暂着亦好，多有悲欢之意。盖艳慕之深，恫其俗之陋也，远可矜念。绨曰：行中持来深衣乎？余曰：然。绨曰：愿暂见。余遂使小童持来，着而坐。绨曰：以海外之贱吏，得见中华圣人之衣服，始遂平生之愿。乃曰西京上世亦有此服云。吾斯之未信也。（第465—

466页）

  缉又称风折巾曰"如舟帽",余曰：何不曰风折巾？缉曰：风折巾古无其文,而其形似舟故,对上国人不得不以此称之。皆自笑之意也。缉曰：三使台金冠佩玉象笏黑靴,皆君子服也,仆则以得见此盛仪,为一生之奇幸耳。（第 488—489 页）

越缉还向洪景海等人介绍了很多有关日本历史文化和现实政治的内容,包括天皇与关白的关系始末、关白与地方大名的复杂关系以及日本的兵制等。同时,双方就各自国家的学术情况也做了一些交流。此外,洪景海等还从越缉口中得知了一些有关阿兰陀（荷兰）、琉球的情报：

  余问阿兰陀之说,答曰：距日本一万三千里,每春来江户,而地远故使其一种小国遑加多罗代纼,携上士四人,下士四人到日本。买妾在西崎,日夜饮酒在妓楼。自其国王以下皆市井人,甚射利。贾舶所通,绵绵锦缎,土物甚多,冠服如日本,其人甚小,面凡色白,无须,耳着环如妇人,能通日本语,其国土甚好,一年再种稻,每岁有献物于日本,而无可用,大君每给米以送,日本有吉凶必送人,而不过三使人。旧大君时,阿兰陀献万国图,且献浑天仪机小车,甚奇,以丝引之,举白石以测天。旧大君甚好此法,去岁作讲历馆。
  又问琉球之说,答曰：中山王称以小琉球,而即大琉球之宗室,入朝萨摩州,昔年大君下令琉球,欲观中国制度,琉球以中朝冠服、市町、宫室之制一册献之。其土产无用,故每请中州之物以献日本矣。（第 491—492 页）

通过笔谈交流,洪景海等人将越缉引为知音,称"吾辈应接日本文士亦已多矣,可与语者惟越缉一人"（第 459 页）。与此同时,他们对越缉的身份也产生了些许好奇,此人见闻广博、通识古今,但言语却显荒拙,且凡是日本学人,相交之时必以姓名字号相通,而此人只说自己姓越名缁,非但不通字号,姓名也略显奇特。最后,当洪景海等人离开江户之时,越缁没有如约前来送行,留下些许遗憾。

(5)品评风景名胜

洪景海在行经日本名胜富士山时,对朝鲜人中流传的富士山顶积雪终年不化的传闻展开了一番有趣考证,最后他在亲眼看见富士山顶积雪消融的景象后指出,富士山顶虽多数时间积雪,但在盛夏极热之时积雪还是会消融,朝鲜人之所以认识有误,是因为此前没有通信使在盛夏季节来到日本(参见第514—515页)。

洪景海对待日本山水名胜的态度十分有趣,他在表达自己对日本山水由衷喜爱的同时,往往会冒出几句揶揄之词,比如"灵山在于蛮夷之乡,得见吾辈反多羞愧之意,故令云霭半遮其面矣"(第425—426页)、"惜乎蛮儿辈无山水之眼,无一楼一亭之着在此中"(第516页)等。这绝不是因为洪景海没有"乐山乐水"的文人情怀,看到这样的文字,我们不得不感慨,朝鲜人在面对日本时的那种文化优越感,竟已如此深种在一个刚二十岁出头的少年士子心中。

(6)有关对马岛人的记载

《随槎日录》中洪景海关于随行对马岛人行事表现的记述,也是值得注意的方面。就洪景海的观察,我们可以发现,当时对马岛人在所谓护行朝鲜通信使前往江户的过程中多有弊行,比如克扣朝鲜使臣日供、对使臣的指令阳奉阴违、在朝鲜人和日本人的往来中居间索贿等。总的来说,对马岛人对朝鲜使臣的尊重以及仕事的勤谨,都已大不如前。

事实上,比较阅读前后通信使行记录,就会发现这一变化趋势十分明显。早期的通信使行,于对马岛来说是维生根本,而随着日本方面对朝日邦交的日益重视,起到中介作用的对马岛在日本国内的政治地位亦随之得到巩固,在生存危机消除之后,他们看重的便只有利益,于是各种唯利是图的表现也愈发明显。朝日通信外交中的对马岛本身可以成为一个课题,纵向考察各时期的通信使文献,当可做出很有意思的研究。

从目前学界研究的情况看,即使是韩、日两国学者,对洪景海《随槎日录》的研究也尚不多见,这可能是因为《随槎日录》为通信使文献的属性还并未被多数研究者所知晓,总的来说,该文献的史料价值还有待进一步开发。

第五节　批评与回应:朝、日文化比赛的一个侧面

在通信使行的时代,当朝鲜士人面对日本的时候,有一种十分明显的文化优越心理,这种心理来自朝鲜人对自己继承中华文化传统的自豪感,他们将日本看做是化外之地、蛮夷之邦,始终用一种俯视的眼光观看日本。这是一个十分有趣的历史文化现象。

葛兆光教授用"文化间的比赛"来形容那个时代朝、日之间的交流。文化的比赛,多数时候表现为一种暗地里的较劲,通信使毕竟是一种外交活动,尽管两者外交过程中也曾出现一些诸如礼仪、国书方面的争议,但总体还是在友好和平的气氛下进行交往。但是在一些作为私人著述写作出来的通信使文献中,朝、日之间文化竞争的张力就表现地非常明显,作者可以在自己写作过程中不加掩饰地表达自己对日本的看法,有时候甚至是极为苛刻的批评。

将这些朝鲜人对日本的批评性文字放在一起考察,或许能够让我们对朝日交流中"文化比赛"或者说"文化竞争"的意味有一个更直观的把握,以下试从五个方面加以考察。

1. 朝鲜人对日本人形象的批评

在朝鲜人的眼中,日本人的形象总体来说是比较负面的,不管是身形相貌、服饰穿着,还是行动举止,都被朝鲜人所诟病。我们先来看几句通信使文献中出现的关于日本人形象的批评文字:

> 宫庭会坐贵近崇班,无一容貌举止似人者。(申维瀚《海

游录》)①

形容衣服极诡异,不问可知其为蛮夷也,其头发尽剃至于耳上,一撮净梳作髻于脑后,以蜡油涂之,以纸绳括之,屈曲向上,长三寸余。(洪景海《随槎日录》)②

所谓近侍崇班高禄厚廪者,其行止容貌无一似人者,其国事可知。(洪景海《随槎日录》)③

群臣自执政以下皆跣足赤脚而行,其无礼如此。(洪景海《随槎日录》)④

红衣人称以各州太守者,频频来见,或请见我人之扇,或手抚我人之服,而皆不似人形矣。(洪景海《随槎日录》)⑤

蛮夷之俗本不知礼,衣服之制、进退升降之节,不成模样,只瞪瞪相视者,腰间一剑而已。(李景稷《扶桑录》)⑥

次曰染浦,是渠之所谓乌帽也,其状或似帽形,或似炭函之形,或似丁字形,奇奇怪怪,不忍见也。(李景稷《扶桑录》)⑦

从上面的文字我们大致能够感受到,在当时朝鲜人的眼里,日本人的形象总的来说是比较野蛮的、丑陋的、不讲究礼仪的。其中,我们不止一次看到"不似人形"这样一种评价,应该说这是一种很严厉的批评,那么朝鲜人说的"不似人形",到底是什么意思呢?我们来看这样一句话:

然若不剃发跣足,则似有貌样,以今所见,则其所谓曰君曰

---

① 见前引《韩国文集丛刊》,第二百册,第480页。
② 见前引《燕行录全集》,第五十九册,第273页。
③ 同上,第484页。
④ 同上。
⑤ 同上,第481页。
⑥ 见前引《国译海行总载》,第三册,附录第11页。
⑦ 同上。

臣者,极可笑也。(洪景海《随槎日录》)①

(1) 剃发

朝鲜人说日本人"不似人形",就相貌而言,最主要的原因是在于日本人剃发之后的发型(即头发尽剃至于耳上,一撮净梳作髻于脑后,以蜡油涂之,以纸绳括之,屈曲向上)。而这背后其实是朝鲜人"身体发肤受之父母"的儒家观念在起作用,日本人的剃发习俗,在朝鲜人看来是不能接受的。如果不剃发,那还能算得上有个人的样子,反之就是"不似人形",洪景海的这一逻辑,大概代表了多数朝鲜人的观点。

当时前往日本的朝鲜人,几乎都对日本人剃发这一现象表示惊讶和不理解,有人还专门关注这样一个问题:日本究竟有没有不剃发的人?后来他们发现,除了女性以外,日本男性中也有不剃发的情况,主要有这么三类人:儿童、医生和京都的天皇近臣。

> 盖倭儿多有清丽可爱者,而及其剃发,无足可观,盖伤于色火而然,还可哀也。(洪景海《随槎日录》)②
> 所称业医者,独不剃发,而及其术高,然后始乃尽削之。问其何义,则以为国俗,逐日梳头,膏沐作髻,而病家相邀,恐为梳髻迟延,故尽削而取其简云。(曹命采《奉使日本时闻见录》)③
> 西京诸臣皆不剃发,有冠有带,而不尚兵术,皆崇文词,时修朝仪。(曹命采《奉使日本时闻见录》)④

日本儿童虽不剃发,但也仅限于成年之前,成年以后还是会剃,而剃了发就不可爱了,无足可观了,这就是朝鲜人的想法,可见他们

---

① 见前引《燕行录全集》,第五十九册,第486页。
② 同上,第378页。
③ 见前引《国译海行总载》,第十册,附录第59页。
④ 同上,附录第55页。

对于剃发一事的执念。从不少通信使文献中我们都看到,朝鲜人对日本的儿童表现出格外的喜爱,在这背后,儿童因"不剃发"而"似人形",可能是原因之一。

医生不必剃发,但是等到医术高超以后,也会剃发,原因是如遇病人急邀看诊,梳头盘髻太花时间,容易耽误病情,为了方便出诊而剃去头发,这是出于实用的考虑,而且其剃法是"尽剃",而不是在脑后保留一小撮。

西京(京都)大臣不剃发,而且"有冠有带",和天皇一起,象征性地保持着传统的服饰文化。据洪景海《随槎日录》中日人越绪所言,在京都,"大朝会则禁削发人不得入宫"①,为西京大臣不剃发的说法提供了佐证。

事实上,朝鲜人在意的日本剃发习俗,并非是一种"留发不留头"的强制性的规定,他最初只是武士因战斗中头发带来不便而采取的解决办法,其后在武士阶层主导的日本社会成为流行发式而已。当然,朝鲜人并不关心其背后的原因,他们只是从儒家的传统观念出发,对其表现出反感。于是,也就有了这样的有趣一幕,当洪景海看到日本人给朝鲜使臣准备的马都清一色剃去了颈背的鬃毛,就来了这么一句调侃:

> 既断渠发又断马鬣,马若有知,必恨生于蛮夷之国也。(洪景海《奉使日本时闻见录》)②

(2)冠服

朝鲜人对日本人形象的批评,不仅仅是纠结于剃发的问题,在衣冠服饰的问题上也表现地尤为明显。这和朝鲜人一直以来对自己"一遵中华之制"的服饰传统有着深深的自豪感有直接的关系,尤其

---

① 见前引《燕行录全集》,第五十九册,第456页。
② 同上,第403页。

是在明清易代之后，这一点更加突出。1711年的通信使正使赵泰亿在和新井白石的笔谈中，曾有这么一句对朝鲜的服饰的自夸："天下皆左袵，而独我国不改华制。清国以我为礼义之邦，亦不敢加之以非礼。普天之下，我独为东周。"（任守干《东槎日记》）①意思是当清朝中国在满族统治下而改变了原来的服饰传统后，朝鲜是唯一保留了中华传统服饰的国家。于是，当他们看到日本不同于自己的服饰时，自然就要以一种高傲的中华传统守护者的身份去加以批评。

除了如前所见朝鲜人直接用"衣服之制不成模样"、"奇奇怪怪不忍见"这样的话来批评日本的服饰外，在他们的记载中，还经常出现一些借日本人之口表现其对自身服饰的惭愧和对朝鲜服饰表示艳羡的情况。之前提到的洪景海等人与日人越缉的笔谈中，就有这样的情况。此处再举一例：

> 有本州文士管景黯者，与制述笔谈。制述问曰："书生带剑，何不相称？"管曰："夷俗也。"又问曰："见此冠制何如？"管曰："夷人安知冠制？"又问曰："头不寒乎？"管曰："虽不寒，但恨无礼。"（曹命采《奉使日本时闻见录》）②

从前述越缉的"今吾所着则可愧"和"得见中华圣人之衣服，始遂平生之愿"，到这里管景黯的"但恨无礼"，都是关于日本人自认本国衣冠服饰不如朝鲜有文化的例证。而后一个管景黯的例子，又不由得让我们想到清代以后朝鲜人前往中国时刻意向中国人提问"见我高冠广袖羡之乎"③的情形。

但是，羡慕朝鲜衣冠并对日本服饰感到自愧不如，这并不代表所有日本人的看法，特别是一些上层知识分子的看法。比如新井白石

---

① 见前引《国译海行总载》，第九册，附录第77页。
② 见前引《国译海行总载》，第十册，附录第26页。
③ 见姜浩溥《桑蓬录》，收在前引《韩国汉文燕行文献选编》，第十四册，第141页。

在和 1711 年的通信使赵泰亿、任守干、李邦彦三人笔谈时,就针对日本的衣冠服饰问题进行了不甘示弱的自我辩护:

> 白石(新井白石)曰:"副使、从事所戴,似本邦所谓锦绣冠。"又曰:"本邦有周冕遗制,天皇即位之日冠之,仆及观之,诚千古之大幸。亲见周冕之制,汉唐以来诸儒所说,只是仿佛。"又曰:"仆初拜之日所戴,即周韦弁。今日所着,即周皮弁也。深衣之制,本邦自有唐山诸贤漫费数说耳。本邦盖有三代礼器者多多。"南岗(李邦彦)曰:"深衣之制,司马公以后,自在定论,贵邦岂有他本耶?"白石曰:"本邦三千年以前之物有之,大抵士君子常服。"南岗曰:"俺等冠服之制,国王以为如何?"白石曰:"以为雅制。"(任守干《东槎日记》)①

显然,新井白石很清楚朝鲜人在衣冠服饰上的自傲态度,但是他对此并不服气,为此他针锋地提出日本有"周冕遗制",有三代的"深衣之制",还有《周礼》所记的"韦弁"、"皮弁"的实物,似乎是在表达这样的意思:朝鲜的服饰不过就是宋明时期中华服饰的样子,充其量就是"雅制"而已,而日本才保留了更久远的中国传统服饰制度。然而,朝鲜人认为,中国上古三代的服饰制度,即使在中国历史记载中也只是传说,并无实据,所以他们并没有太过理会日本人的这种说法。不过,通过这个例子,我们却能够感受到一种明显的"比赛"的意味,谁继承的中华文化更传统,是两者衡量文化高下的共同标准。

2. 朝鲜人对日本风俗的批评

一个国家的风俗,往往是一个国家的历史文化传统最直接的反映,因此,朝鲜人对日本风俗方面的情况也十分关注。但是,当朝鲜人用自己关于人伦、礼仪的标准去衡量日本的风俗时,就发现大量令

---

① 见前引《国译海行总载》,第九册,附录第 79 页。

他们十分反感的现象。先来看几句总体性的批评：

> 盖日本为国,专尚勇武,不知人伦。(庆暹《海槎录》)①
>
> (日本之人)视其至亲,无异路人,伦气斁绝,直一禽兽之场也。……其俗勇死为荣,怯死为耻,睚眦必报,语言生猙,以杀人为能事,以不绁为长技。无严长上,推刃骨肉,凶悍惨毒之性,真一豺狼蛇虺之类也。(李景稷《扶桑录》)②
>
> 人同禽兽,骨肉无别,土虽信美,其于蛮夷何哉?(曹命采《奉使日本时闻见录》)③

朝鲜人对日本人的民族性中的勇武尚义、不惧生死的性格很是敬佩,但他们同时也关注到另一个方面,那就是因勇武尚义、不惧生死而带来的日本人的人伦淡漠和残忍嗜杀的一面。人伦淡漠,人便于禽兽无异;残忍嗜杀,则显出蛮夷本性。这是朝鲜人在和日本人接触中长期存在的一种观感。

1624年出使的姜弘重所记的一条有关萨摩人的传闻,很能体现出日本人在勇武尚义和人伦之间做出的选择,而姜弘重的评价,基本上也代表了朝鲜人的普遍观点：

> 马岛倭等言萨摩之人皆以信为主,人或有见其妻妾之美而相思者,则不惜一夜之借,以慰其心,以此人皆尚义,争致死力云。此不过一禽兽之行,而传以为美谈,其无礼义廉耻可知,还可笑也。(姜弘重《东槎录》)④

朝鲜人对日本风俗的批评性意见,还在以下三个方面集中体现

---

① 见前引《国译海行总载》,第二册,附录第53页。
② 见前引《国译海行总载》,第三册,附录第22页。
③ 见前引《国译海行总载》,第十册,附录第60页。
④ 见前引《国译海行总载》,第三册,附录第42页。

出来:

(1) 葬俗

在儒家传统观念中,丧葬礼仪是和孝道联系在一起的重大问题,在朝鲜人看来,日本是没有丧葬之礼的,或者说是很不重视的,"其国无丧葬之礼。君父之丧,亦无举哀之节,言语饮食,一如平人,只尽削其脑后一撮发,以表其有丧。"(李景稷《扶桑录》)①

朝鲜人有不少关于日本葬俗的记载,比如:

> 人死则过三日,举而置之于薪火上,待其烧尽,纳灰于小樻,葬于佛寺,立小牌而表之。(庆暹《海槎录》)②

> 敛尸入棺,坐而加趺,皆为火葬,撮其烧灰,埋于僧舍之傍净处,筑石为坎,子孙过者,以水浇之,以当祭奠。(李景稷《扶桑录》)③

> 寺后有小碣立立,村人皆窆葬于此处,无坟形,只有碑,真所谓蛮夷之俗也。(洪景海《随槎日录》)④

> 倭人之法,死者不用棺椁,灰葬而坐置于木桶中,翌日埋之于寺刹之近地。所谓"神牌",藏于寺刹,祭时则仍行于寺刹云,可谓无识之甚矣。(赵曮《海槎日记》)⑤

> 其俗之葬埋皆于寺刹之后,无封筑,或老或病垂死者,入坐于木桶中,掘土埋之,立小石碑于其上而表之云。(柳相弼《东槎录》)⑥

上述记载显示,朝鲜人认为日本人葬俗中存在的问题主要有两

---

① 见前引《国译海行总载》,第三册,附录第22页。
② 见前引《国译海行总载》,第二册,附录第53页。
③ 见前引《国译海行总载》,第三册,附录第22页。
④ 见前引《燕行录全集》,第五十九册,第282—283页。
⑤ 见前引《国译海行总载》,第七册,附录第7页。
⑥ 见前引《国译海行总载》,第十册,附录第71页。

个,一是日本人用火葬而非土葬,二是丧葬的仪式过于简单。对于自己发现的这两个问题,朝鲜人给出了评价:日本是"蛮夷之俗"①,日本人"无识之甚"。而所谓"蛮夷",自是相对于中华而言,所谓"无识",当然是指日本人对儒家仪礼的无知。

(2) 婚俗

朝鲜人认为日本有"婚姻不避同姓"、娶"寡居兄嫂弟妻"的风俗,于是便站在儒家礼教的立场上,批评其为"禽性兽行","丑不忍闻"。比如:

> 婚姻不避同姓,四寸男妹,亦相嫁娶,往往有淫秽之行,丑不忍闻。(李景稷《扶桑录》)②

> 至于嫁娶,不避同姓,四寸男妹,为夫为妻。其弟之妻则其兄不取,而兄没无后,则弟取兄妻,以奉其祀。此乃国俗也。禽性兽行,丑不忍闻,而习俗已成,恬不为怪。(姜弘重《东槎录》)③

> 婚姻不避同姓,从父兄弟妹相与嫁娶。兄嫂弟妻寡居,则亦为率畜。(申维瀚《海游录》)④

(3) 男女共浴之俗

日本古代受儒家礼教思想影响不深,因此男女之别的界限相对也没有那么明显,可是,在严守礼教的朝鲜人看来,一些男女之间互不避嫌的现象,就难以接受,比如:

---

① 认为火葬是蛮夷之俗的看法,并不只出现在朝鲜人对日本的评价中,在朝鲜人对清代中国的评价中也曾出现类似情况。李宜显《庚子燕行杂识》中有"清人皆火葬,汉人则否,而近来颇有火葬者,盖染胡俗而然也"之语。见前引《韩国文集丛刊》,第一百八十一册,第498页。
② 见前引《国译海行总载》,第三册,附录第22页。
③ 同上,附录第46页。
④ 见前引《韩国文集丛刊》,第二百册,第527页。

倭人之男女僧俗无别，男倭放溺于女倭之前而女亦不为回避……蛮夷之俗何足道也。(洪景海《随槎日录》)①

当其沐浴之时，赤身而立于大桶中，而村女不知为避，晏然在旁，可谓蛮夷之俗也。(洪景海《随槎日录》)②

男女互不避嫌带来的社会风俗中，让朝鲜人最无法接受的一点是男女共浴。对此，很多朝鲜人都曾经提及，比如：

俗尚沐浴，虽隆冬不废。每于市街头设为浴室，以收其直。男女混处，露体相押，而不相羞愧。与客戏狎，无所不至。(黄慎《日本往还日记》)③

俗尚沐浴，虽隆冬不废。每于市街设为沐室，收其直。男女混浴，露体相狎，亦不为愧。(任守干《东槎日记》)④

(4) 淫俗

有些朝鲜人将男女共浴直接归为一种淫秽行为，比如申维瀚就说："淫秽之行，便同禽兽，家家必设浴室，男女同裸而浴"⑤。不过，真要提到日本的淫俗(性风俗)，男女共浴绝对只能算是小巫见大巫。朝鲜人记录了大量这方面的情况，比如：

父子并淫一娼，亦无非之者，真禽兽也。(黄慎《日本往还日记》)⑥

闾阎之间，养汉设店，淫风大成。(李景稷《扶桑录》)⑦

---

① 见前引《燕行录全集》，第五十九册，第 407 页。
② 同上，第 520 页。
③ 见前引《国译海行总载》，第八册，附录第 57—58 页。
④ 见前引《国译海行总载》，第九册，附录第 92 页。
⑤ 见前引《韩国文集丛刊》，第二百册，第 527 页。
⑥ 见前引《国译海行总载》，第八册，附录第 57—58 页。
⑦ 见前引《国译海行总载》，第三册，附录第 22 页。

> 男女无别,淫秽成风,至亲之间,亦相私焉,养汉之店,处处有之。所谓有识之家,亦无防闲之节,多有淫乱之行。(姜弘重《东槎录》)①
>
> 白昼相狎,夜必设灯而行淫,各齐挑兴之具,以尽欢情。人人贮画轴于怀中,各写云情雨态,百媚千娇。又有春药数种,助其荒惑云。(申维瀚《海游录》)②

不过,上述情况还算是正常的,毕竟还都是发生在男女之间的性行为,在朝鲜人记录中,还可以看到当时日本存在男娼的现象,而且是一种在上层社会十分流行的现象,这一点无疑进一步强化了朝鲜人对日本"淫风大成"的印象。

> 或饰男娼以娱客,平居亦以男色自侍,嬖之甚于姬妾。(黄慎《日本往还日记》)③
>
> 国俗且重男色,嬖之甚于姬妾,故以此争妒,至于相杀者甚多云。(任守干《东槎日记》)④
>
> 日本男娼之艳倍于女色,其嬖而惑者又倍于女色。……其俗以窃人之妻妾为易事,而男娼有主者,则不敢与之言笑。(申维瀚《海游录》)⑤

申维瀚和日本文士雨森芳洲之间关于男娼问题的一番谈笑对话,或许能让我们对这一问题有更形象的认识。

> 雨森东所作文稿中,有叙贵人繁华之物,曰"左蒨裙而右娈

---

① 见前引《国译海行总载》,第三册,附录第 46 页。
② 见前引《韩国文集丛刊》,第二百册,第 527 页。
③ 见前引《国译海行总载》,第八册,附录第 57—58 页。
④ 见前引《国译海行总载》,第九册,附录第 92 页。
⑤ 见前引《韩国文集丛刊》,第二百册,第 527—528 页。

妚"。余(申维瀚)指之曰:此云娈妚,乃所谓男娼乎?曰:然。余曰:贵国之俗,可谓怪矣,男女之欲,本出于天地生生之理,四海所同,而犹以淫惑为戒,世间岂有独阳无阴,而可以相感相悦者乎?东笑曰:学士亦未知其乐耳。如东之辈所言尚然,国俗之迷惑可知也。(申维瀚《海游录》)①

朝鲜人的风俗习惯受到中国儒家礼教的深刻影响,他们把日本的风俗和自己国家的风俗进行比较,并且拿儒家礼教作为评判的标尺,最后得出的结论就是日本的风俗是一种"蛮夷之俗",如姜弘重所说:"大概蛮俗贸贸,礼节扫如,凡其事为,无一可观。"②而朝鲜人认为,之所以会这样是因为日本缺乏"圣王之政教"③,归根到底就是说日本的文化落后。

正因为有如此认识,朝鲜人在和日本人的交往中经常会有一种教化者的心态出现,也就不足为奇。他们甚至还会想象,因为受到朝鲜文化传播的影响,日本的有识之士曾试图进行一些移风易俗的努力,只是最后都没有成功:

贞干(木顺庵)不剃发不火葬,欲从华制,见放而死。源玙(新井白石)遵其师说,又欲变国俗,亦废死。(赵曮《海槎日记》)④

3. 朝鲜人对日本文学、学术的批评

朝鲜人从日本人身上找到的最大的文化自信是在文学和学术

---

① 见前引《韩国文集丛刊》,第二百册,第528页。
② 见前引《国译海行总载》,第三册,附录第46页。
③ 早在1420年出使的宋希璟的《日本行录》中就有"若得明王施政教,贪残尽变即良民"的诗句,见前引《国译海行总载》,第八册,附录第32页。而申维瀚《海游录》亦有言:"所以制礼渐民而不格于禽兽者,圣王之政教在也。不如是,中国也有郑卫,抑何论炎荒之外卉服之乡,蛟肠鸟语,聚麀而同浴者哉"。见前引《韩国文集丛刊》第二百册,第462页。
④ 见前引《国译海行总载》,第七册,附录第50页。

方面。

(1) 诗文评价

文学方面主要体现在诗歌的写作上,朝鲜人用汉文写作诗歌的水平远在日本人之上,这不仅是朝鲜人的看法,日本人自己也不得不承认这一事实。朝鲜人到日本去,最头疼的一件事情就是每天要应付大量前来求取诗作的日本人,有时候甚至一整天都在磨墨写诗。

同时,在朝鲜人的记载中还经常会出现这样的情节:朝鲜人听说哪里有一些日本诗文大家,就迫不及待地前去与之会面唱和,而结果几乎无一例外地发现这些人写的诗都"拙朴可笑"、"多不成语"、"无一可观"。总之在写诗作文这件事情上,朝鲜人在日本绝对是以"独孤求败"的形象出现的。而在朝鲜人的文字记载中,也毫不掩饰其认为日本文学水平低下的评语。这一点在诗文水平超凡的申维瀚身上体现得尤为明显,在他的《海游录》中,多有对日本人诗文的品评之语:

> 客喜而笑,即以诗唱酬。递发而递答,诗皆拙朴可笑。[1]
> 湛长老送禅仪、周镜两僧来候,是在马州时已得其诗,及见之,又端净可爱,馈以酒果,使为诗,诗多不成语。[2]
> (林信智)其诗自谓俊俊,而多不成语,笔法似仿洪武体,而拙弱可笑。其兄信充,所赠诗亦多,而尤不足观。[3]

不仅品评,申维瀚还试图分析日本人写不好诗文的原因,最后归结到"政教有以拘之"和日本"声律全乖,韵语之难"两大原因:

> 使之为歌行律语,则平仄多乖,趣味全丧,为我国三尺童子

---

[1] 见前引《韩国文集丛刊》,第二百册,第 444 页。
[2] 同上。
[3] 同上,第 521 页。

所闻而笑者。使之为序记杂文,则又盲蛇走芦田,法度与词气无一可观。是岂人才有定限而然哉,其土风与政教有以拘之也。(申维瀚《海游录》)①

日本为文者皆以八大家文抄,读习专尚,故见其长书写情,则或有理赡而辞畅者,诗则人人自谓欲学唐音,而无一句画虎于古人。夫以海外兜离之乡,声律全乖,韵语之难,百倍于叙述之文故也。(申维瀚《海游录》)②

申维瀚还记载下雨森芳洲自述日本人诗文水平低下的一番话:

雨森东谓余曰:日本人学为文者,与贵国悬殊,用力甚勤而成就极难。公今自此至江都,沿路所接引许多诗文,必皆拙朴可笑之言,而彼其千辛万苦,艰得而仅有之词也,须勿唾弃,优容而奖诩之,幸甚。(申维瀚《海游录》)③

最有趣的是,申维瀚还据自己所见揣测了这样一种可能性:日本人抄袭清朝顺治以后江南才子诗集中的诗句来与朝鲜人进行诗文交流,以期博得朝鲜人对其诗文水平的认可:

日本与余对坐酬唱者,率多粗疏遁塞,语无伦序,或见其橐中私稿,时有一句一联之最佳者,视席上所赋,全是天壤。余意南京海贾,每以书籍来贩于长崎岛,故顺治以后江南才子之诗集,多在日本,而为我人所未见者,则彼或暗偷狐白,而取媚于秦姬者欤。④

---

① 见前引《韩国文集丛刊》,第二百册,第520页。
② 同上。
③ 同上。
④ 同上。

(2) 学术批评

在文学之外,朝鲜人对日本的学术也是不怎么看得上眼。事实上,日本也有大量学者研究儒家的学问,所以有关儒学特别是朱子学的讨论,也是朝鲜人和日本人交流中十分重要的一个方面。从通信使文献中我们能够看到朝鲜文人与一批当时日本最著名的知识分子的学术讨论,而经过讨论之后,朝鲜人对日本学术的评价往往都比较低,以至于发出"日本性理之学,无一可闻"之类的评价:

> 日本性理之学,无一可闻。盖其政教与民风,非兵则佛。郡国无庠序俎豆,又无君亲丧礼。其民虽天禀良知,何从而得闻道也。(申维瀚《海游录》)①

> 在京时得见日本人伊藤维桢所撰《童子问》,其书全以诋诬程朱、诗张异见为主,自谓孔孟以后独得圣学心法,……绝海蛮儿,坐于愚昧,侮毁前贤至此,良足良怜。(洪景海《随槎日录》)②

> 日本学术则谓之长夜可也,文章则谓之瞽蒙可也。(赵曮《海槎日记》)③

> 此后此辈果能因文而学道,渐入于学问境界,则虽是岛夷,可以进于中国,岂可以卉服而终弃之哉?但千年染污之俗,非大力量大眼目,则猝难变革,恐不可以区区诗语,把作先示之兆也。(赵曮《海槎日记》)④

> 其俗旧尚先神而后佛,先佛而后儒者,神佛如此,儒复何论?(金绮秀《日东记游》)⑤

---

① 见前引《韩国文集丛刊》,第二百册,第 525—526 页。
② 见前引《燕行录全集》,第五十九册,第 377—378 页。
③ 见前引《国译海行总载》,第七册,附录第 50 页。
④ 同上。
⑤ 见前引《国译海行总载》,第十册,附录第 154 页。

朝鲜与日本对于儒学的发展，其实很难简单地评定孰优孰劣。朝鲜的儒学，长期只以程朱为正宗，排他性极强，即使后来在中国流行开的阳明学，朝鲜人也几乎避之不谈。而日本的学术相对呈现一种百花齐放的状态，不惟有治程朱之学的学者，儒学脉络中阳明学，乃至儒学以外的佛学等，都有学者治之。然而，朝鲜人是只拿着程朱这唯一的一杆标尺去衡量的，相对于朝鲜，日本治程朱学的自然稍欠功力，而日本其他方面的学术情况，则是直接被朝鲜人不加分析、毫无理由地忽视，这才出现了朝鲜认为日本无学术的评价，应该说，这样的评价是比较片面的。

文学和学术方面的较量，实际上是朝鲜和日本之间在汉文水平和对儒家学问（主要是程朱理学）的掌握程度这两方面展开的比赛，这个比赛中朝鲜人确实远远地把日本人甩在了身后，这事实上也反映出两方面的客观情况：一是在当时的日本学界，汉字和汉文的应用程度和能力都远不及朝鲜；二是当时的日本仍是一个世袭的社会，学术或者说知识水平的高低无法成为影响一个人社会地位的决定因素，所以其发展相对滞缓①。

4. 朝鲜人对日本饮食的批评

朝鲜人对日本的饮食文化也相当地不认可。当时朝鲜人到日本去，一般都是外交使节的身份，每到一处都是由都当地的地方官宴请吃饭，吃的都是日本最好的食物，但就是这些最高规格的接待，在朝鲜人看来也几乎是一无是处。

总体来说，朝鲜人认为日本的饮食的缺点是量太少、品种太过单一、制作非常粗糙，"饮食之制，饭不过数合，味不过数品，极其草

---

① 申维瀚的一番话或许颇能说明这一点，他在《海游录》中说，日本"所谓儒者，学为诗文而无科举仕进之路，故苟得声誉，而为各州记室，则能食累百石廪米以终其身，不得则求人于兵家，又托于医。余于驿路站馆，有投文而求见者，或曰某地医官，或曰某城武臣，其文字往往可称，盖以文士而为医为兵，以求禄食者也。"见前引《韩国文集丛刊》，第二百册，第514页。

草"①。而对日本人接待宴席上的饭菜,他们的评价不是"不可下咽"、"薄劣陋粗,无可下箸",就是说这些东西"决非近口之物"。

> 每饭不过数合米。菜羹一杯。鱼鲙酱菁三品而已。一器所盛甚少。……将官外皆用赤米为饭,形如瞿麦,殆不可下咽。(金世濂《海槎录》)②

> 沿路太守之所呈杉重,以我国人视之则薄劣陋粗无可下箸,而市间所卖者则亦不及于此,决非近口之物。(洪景海《随槎日录》)③

> 受宴亦与他处宴无异,盘床之金银动光,剪花之锦彩缬眼,而无一下箸之物。(洪景海《随槎日录》)④

> 次进宴馔十余床,而奇奇怪怪,无一下箸者。(赵曮《海槎日记》)⑤

> 参茶一巡而罢,始进宴享,……所谓宴需、馔品、花床,比坂城宴享差胜,而虽过数十器,诚无下箸之处矣。(赵曮《海槎日记》)⑥

日本人招待朝鲜人吃饭,几乎每顿都是吃生的和冷的食物,朝鲜人吃到烧熟的东西的次数屈指可数,这一点着实让他们难以忍受。不过,他们最不能理解的是,日本宴席所谓上最高级的一道食物,竟然是把一种水鸟连着羽毛一起煮熟后风干,接着在羽毛上涂上金粉和银粉,最后拗成飞翔的造型,放到桌上作为一道名菜:

---

① 见前引《韩国文集丛刊》,第二百册,第506页。
② 见前引《韩国文集丛刊》,第九十五册,第334页。
③ 见前引《燕行录全集》,第五十九册,第434页。
④ 同上,第481页。
⑤ 见前引《国译海行总载》,第七册,附录第23页。
⑥ 同上,附录第30页。

取水鸟存其毛羽,张其两翼以干之,铺金于背,盛馔于其上,亦甚盛宴之例也。(李景稷《扶桑录》)①

凡于盛宴肴核之上,皆着金银,必取水鸟,存其羽毛,张其两翼,铺金于背,置馔其上。且取生雁、野鹤,以为之馔。如不得此两物,则以为欠礼。(姜弘重《东槎录》)②

水鸟全其羽毛而干之,海螺不去其壳而烹之,点涂金银,以为宴享之华羞。(申维瀚《海游录》)③

这样茹毛饮血式的奇怪菜肴,也难怪朝鲜人不知道要怎么下筷。

5. 朝鲜人对日本风景名胜的品评

如果说日本的有什么东西是没有受到过朝鲜人的批评的话,唯一的大概就是日本的风景名胜。所谓"仁者乐山,智者乐水",对名山大川的喜好,几乎是所有文人雅士的共同特点,朝鲜文人也不例外。对日本的富士山、琵琶湖等一些山川湖泊的景色,他们毫不吝惜笔墨,极尽优美的词句来描绘和吟咏它们,并且他们还把日本的很多美景和中国的风景名胜如西湖、洞庭湖、岳阳楼等相提并论,给予极高的评价。

路出琵琶湖上,此乃倭国之第一胜处云者。……膳所太守之居,临在湖边。……兼有滕阁、西湖之胜焉。(曹命采《奉使日本时闻见录》)④

馆临大湖,即箱根湖也,周围四十余里,翠涛如海,实是瑰观,谁意千仞岭上得此洞庭湖光景。(洪景海《随槎日录》)⑤

屋临二百里琵琶湖,景致甚佳,所谓竹生岛着在湖中,如洞

---

① 见前引《国译海行总载》,第三册,第 22 页。
② 同上,附录第 46 页。
③ 见前引《韩国文集丛刊》,第二百册,第 507 页。
④ 见前引《国译海行总载》,第十册,附录第 26 页。
⑤ 见前引《燕行录全集》,第五十九册,第 427 页。

庭之有君山,湖水浩淼,洲渚苍莽,无数帆樯来往于落照之中,鹭鸥飞飞,云烟淡淡,真可谓仙境也。(洪景海《随槎日录》)①

过琵琶湖,望见膳素城。……虽洞庭之岳阳,何以过此!一路所见,如骏河州之富士山、箱根湖,清见寺之蟠梅,近江州之琵琶湖,佐和山之雄镇湖面,真天下壮观也!(姜弘重《东槎录》)②

有意思的是,在赞美完这些日本的壮美风景之后,朝鲜人往往还不忘记要借着写景来挖苦日本几句,比如在写到富士山被云雾遮挡的景色时,就有这么一句:"灵山在于蛮夷之乡,得见吾辈反多羞愧之意,故令云霭半遮其面矣"(洪景海《随槎日录》)③,意思是说富士山因为羞愧于自己生在日本这样的蛮夷之地,不好意思让朝鲜人看到,所以让云雾遮住自己。看到琵琶湖和膳所城相映成趣,在赞其可比洞庭岳阳的同时,又要说一句"惜乎在蛮邦鄙野之地,不使文人才士,品题于其间也"(姜弘重《东槎录》)④。又如看到山中一处绝佳景色,冒出这么一句:"惜乎蛮儿辈无山水之眼,无一楼一亭之着在此中也"(洪景海《随槎日录》)⑤,意思是说日本人没有文化,不懂得欣赏山水美景,在景色那么优美的地方,竟然都没有人想到去建造亭台楼阁,以享受这样的美景。当申维瀚看到琵琶湖美景后,也不由感慨:"何物蛮儿,管此好江山",意思是这么美丽的风景,却在日本这样的蛮夷之人的管辖之下,实在是可惜。这种种酸溜溜的感慨,赤裸裸地体现出朝鲜人对日本文化的蔑视。

朝鲜人对日本各方面的评价,实际上体现出当时的朝鲜人有一种强烈的文化优越感,因为他们觉得自己国家的东西都比日本的好,才会有这样那样的批评。这种文化优越感,源自朝鲜长期以来以"小

---

① 见前引《燕行录全集》,第五十九册,第 424 页。
② 见前引《国译海行总载》,第三册,附录第 40 页。
③ 见前引《燕行录全集》,第五十九册,第 425—426 页。
④ 见前引《国译海行总载》,第三册,附录第 34 页。
⑤ 见前引《燕行录全集》,第五十九册,第 516 页。

中华"自居的心态。历史上朝鲜一直有这样的认识,那就是除了中国以外,他是保存中华文化传统最好的国家。特别是到了清代以后,当中国被满族所统治后,朝鲜进一步认为中国的中华文化传统已经就此中断,自己则已成为当之无愧的中华文化传统的继承者和保存者。所以,当朝鲜人在面对日本这样一个长期远离中华文化中心但又十分仰慕中华文化的国家时,自然要表现出文化强者的姿态,同时希望以文明教化者的身份出现,这也就不足为奇了。

6. 日本方面的回应

那么,对于朝鲜人对日本文化的种种负面评价,甚至是露骨的批评,日本人是否知道呢?他们又是怎么回应的呢?

尽管朝鲜人对日本的严厉批评,基本上都出现在他们写的游记中,但是这些批评性文字,其实日本人都是知道的。

历次朝鲜通信使撰著的书籍,很快就在朝鲜被刻印出版了,而当时在朝鲜和日本之间,有着十分顺畅的商贸往来,在商贸过程中,日本人又十分重视购买朝鲜的书籍,所以这些记录着对日本的批评的书籍,很快也被带到日本,因为其内容和日本有关,故而常常被大量翻刻和出版。因此,日本人知晓朝鲜人对自己的种种评价,自然不在话下。申维瀚在曾在《海游录》中提到自己在大阪看到大量朝鲜书籍,而其中:

> 最可痛者金鹤峰《海槎录》、柳西厓《惩毖录》、姜睡隐《看羊录》等书,多载两国隐情,而今皆梓行于大阪,是何异于觇贼而告贼者乎?国纲不严,馆译之私货如此,使人寒心。①

申维瀚担心的事情之一,大概就是这些书籍中朝鲜人对日人的评价性文字会引起日本人的不满。而事实证明,他的担心并非没有道理。雨森芳洲曾直接就朝鲜人文集中对日本的言语批评问题向申

---

① 见前引《韩国文集丛刊》,第二百册,第491页。

维瀚发难,表现得颇为不满:

> 雨森东尝于江户客馆从容谓余(申维瀚)曰:吾有所怀,欲乘间言之。日本与贵国,隔海为邻,信义相孚,敝邦人民皆知朝鲜国王与寡君敬礼通书,故公私文簿间,必致崇极。而窃观贵国人所撰文集中语及敝邦者,必称倭贼蛮酋,丑蔑狼藉,有不忍言者。我文昭王末年,偶见朝鲜文集,每谓群臣曰:岂料朝鲜侮我至此,憾恨终身。今日诸公可知此意否? 辞色甚不平,怒肠渐露。①

对此,申维瀚只能委婉地回答说,这是因为一些朝鲜文人对壬辰倭乱的血海深仇难以忘怀,以致在文集中常常有所流露所致,而自遣使修睦以来,重提宿怨的人已经越来越少了。

> 余曰:此自易知顾贵国不谅耳,君所见我国文集,未知何人所著,然此皆壬辰乱后刊行之文也,平秀吉为我国通天之仇,宗社之耻辱,生灵之血肉,实万世所无之变,为我国臣民,谁不欲脔而食之,所以上自荐绅,下至厮隶,奴之贼之,语无顾藉,发于文章者,固当如此。至于今日,圣朝仁爱生民,关市通货,且知日东山河已无秀吉之遗类,故遣使修睦,国书相望,大小民庶,咸仰德意,岂敢复提宿怨见诸辞气。而顷到大阪,目击平家旧墟,毛发犹凛凛矣。②

申维瀚的解释其实是很牵强的,事实上在他出使的当时以及其后很长一段时间,朝鲜文人对日本各种批评还是充斥于文集之中,这背后绝不仅仅是壬辰倭乱的问题,根本上来说还是朝鲜人的文化优

---

① 见前引《韩国文集丛刊》,第二百册,第529页。
② 同上。

越感在作祟。因此,申维瀚的解释,也没能完全说服精明的雨森芳洲。雨森芳洲进一步说道:"是则然矣,但今诸从者,有呼敝邦人,必曰倭人,亦非所望。"而申维瀚只能说倭人的称呼并没有鄙视之意:"贵国之有倭名已久,君何所憾。"雨森芳洲又反驳:"唐史既云倭改国号为日本,今后则愿饬下辈,呼我以日本人可矣。"申维瀚只好转换话题,回问雨森芳洲:"贵国人呼我曰唐人,题我人笔帖曰唐人笔迹,亦何意?"雨森芳洲答道:"国令则使称客人,或称朝鲜人,而日本大小民俗,自古谓贵国文物与中华同,故指以唐人,是慕之也。"至此,就这一敏感主题的对话才算告一段落。①

总的来说,日本人对朝鲜人对待自己的心态其实是清楚的,而且也有愤愤不平之感。正如1747年出使的曹命采所说:"彼辈知我国之以蛮夷待渠,常有自叹之意。"(曹命采《奉使日本时闻见录》)②而日本人中井竹山的《草茅危言》(1764)中也有这么一句话,"朝鲜既不能以武力胜我,遂欲以文事凌驾于我"③。

那么,在知道这些批评之后,日本人的反应如何呢?

总的来说,在朝鲜和日本的文化比赛中,虽然朝鲜人的文化优越感十分明显,但日本却也从来不曾感觉自己的文化有丝毫不如朝鲜的地方。当在和朝鲜人讨论到文化相关的问题的时候,他们总是毫不示弱。每次接待朝鲜使臣,日本方面都会派出本国最好的一批学者与朝鲜人交谈,某种程度上也显示出其希望展现本国文化实力的愿望。

对于朝鲜人的批评,日本人的反应大概有这样一些:一方面,他们会在某些场合向朝鲜人提出抗议,质问朝鲜人为什么在书里那么不留情面地批评日本,结果被质问的朝鲜人也感觉很不好意思,就如前述雨森芳洲和申维瀚的例子。另外一方面,当看到这些批评之后,日本人也会去做一些针对性的弥补工作,比如要求本国人在朝鲜人

---

① 参见前引《韩国文集丛刊》,第二百册,第529页。
② 见前引《国译海行总载》,第十册,附录第41页。
③ 转引自前引葛兆光《文化间的比赛》,载《中华文史论丛》,2014年第2期,第1页。

来日本时约束不良习气、注意言行礼仪,在以往被朝鲜人挑毛病的方面,一定要尽可能注意掩饰等。

除此之外,日本方面最主要的一个努力方向,就是希望通过展示自己国家的经济和军事实力来让朝鲜人改变对自己的看法,这一点也明显地体现在朝鲜通信使的著述中。从接送朝鲜使节用的船、坐的轿子,到住宿的客房、接待的酒宴,再到一路上看到的城市中的建筑、市井中的商店、农村中的村舍,使行所经所见,一次比一次奢侈华丽。越往后来,日本的穷奢极欲,越让朝鲜人深深感到自己国家的国力难以和日本相提并论,如此,原本的文化优越感也开始逐渐打起了折扣。

日本的这样一种比赛的思路,其实很能够体现其国家和民族的性格,对日本来说,在那样一个历史时期,因为在传统文化方面没有明显的优势,就转而着力发展经济、军事,以奠定属于自身的优势实力。但是这也带来一些问题,在片面强调发展有形国立的同时,传统文化就变成了不那么重要,或者不必要去守护的东西,甚至为了经济的发展和国力的强盛,可以轻易地抛弃传统文化。

反过来看,日本之所以敢于暂时放弃对传统和文化的坚守,某种程度上可能是因为它相信,在任何时候都可以把传统和文化重新找回来。或者说,在日本的理解中,传统和文化不是一个有生命的自我生长的东西,而是一件可以随时被制造出来的无生命的产品。事实上,当今世界上,包括日本在内的很多国家,在实现了经济发展的目的之后,都在回过头来从事这样一项、制造传统、制造文化的工作。然而,传统和文化真的是可以被制造的吗?被制造出来的传统和文化,还是原来的那个传统和文化吗?这些问题,值得我们去深思。

在对待传统和文化的态度问题上,历史上的朝鲜和日本恰恰代表了保守和激进的两个极端,而当他们在历史的场域中相遇、碰撞,令我们看到了一幅文化比赛的图景,同时这也是两种文化态度的孰是孰非的较量。可是,这个较量的结果是什么,实在难以下最终定论,过去种种所代表的只能是阶段性的结果,只要历史的进程还在继续,我们就只能继续观察。而在观察这两个他者的同时,也不妨反过来看看我们自己的传统和文化,以及我们对待它的态度,究竟处于怎样一种状态?

小　结

除了一些直接有关中国的记载之外,我们还可以从另外一个角度来理解为什么通信使文献对理解中国的历史文化有帮助。葛兆光教授曾经在一些场合不止一次地提到中国是一个"不在场的在场者"的观点,最近又通过专文发表①。按照他的观点,历史上朝鲜半岛和日本都受到中华文化的深远影响,大量中华文化的因素甚至内化成两国自身的文化传统,当朝鲜和日本产生接触时,随之发生的是两国文化的碰撞和交流,甚至可以说形成了一种"文化的比赛"的场面,双方都希望展示自身文化的优越性。但是,评判谁的文化更优秀,需要有一个标尺,这个标准是什么?对当时的朝鲜和日本人来说,这个标尺就是中华,即谁在继承和发扬中华文化上做得更好。中华,或者说中国,在这个过程中扮演了一个缺位的裁判的角色,可以说是一个"不在场的在场者"。因此,从朝日交流中"文化的比赛"这一过程,我们可以反过来看到大量传统中华文化的因素,这也是我们研究通信使文献可以得到的更重要收获。

这样一些中华文化的因素包括诸多方面的内容,我们可以举一些例子。比如:

(1) 礼仪的问题。双方交往中使行人员接待的礼仪规格、朝鲜使节面见日本将军的外交礼仪等,朝日双方都认可应该严格按照儒家仪礼的相应规范进行,但双方在交往过程中往往发生"礼仪之争",原因是朝鲜人认为日本人经常不能严格按规范操作。

(2) 服饰的问题。朝鲜人和日本人经常就服饰的问题展开讨论,他们各自都认为自己的服饰是中华服饰,所不同的是朝鲜人的是"大明衣冠",而日本人则认为自己的服饰传统可以追溯到"周冕遗制",

---

① 见前引葛兆光《文化间的比赛》一文。

至少也是"一遵唐制",似乎比朝鲜更加中华。

（3）诗文的问题。朝日知识分子间的诗文唱和,几乎贯穿整个使行过程的始终,诗文唱和的背后,其实就是一个汉文文学水平的比赛。而朝鲜人抱怨最多的是一路上无数的日本人向其求取诗文和书法作品,使其疲于应付、苦不堪言,而抱怨的同时也难掩一种文化的优越感。

（4）学术的问题。有关儒学特别是朱子学的讨论,也是朝鲜通信使和日本士人交流中十分重要的一个方面。通信使文献中出现过朝鲜人与日本最著名的一批知识分子的学术讨论,如林罗山及其后人、新井白石、雨森芳洲等,而朝鲜人对日本朱子学的评价却往往比较低,有诸如"日本性理之学,无一可闻,其政教与民风,非兵则佛"①之类的评价。

以上提到的几个问题,无疑都是与中华文化有关的,从中我们可以分析中华文化在东亚地区的传播和影响等问题,而这无疑都是与中国研究相关的内容。类似上述一些方面的问题,都可以展开进一步的研究。

对中国这样一个"不在场的在场者"特殊身份的理解,应当能够促使我们历史认知视角的某种转换,即对以往想当然地认为与中国无关的历史资料进行重新评价。朝鲜王朝时期的通信使文献,是朝鲜派往日本的使行人员的记录,直观地看,它似乎只是反映朝日关系的历史资料,与中国无关或者关系不大,但如果我们以"不在场的在场者"的角度去看,就会发现其中实际上包含了大量与中国相关的内容。但从目前的研究现状来说,纵观中国学界,有关通信使的研究仍是屈指可数②,这不得不说是一个很大的遗憾。

---

① 见申维瀚《海游录》,收在前引民族文化促进会编《国译海行总载》,第二册,附录第 13 页。

② 如张伯伟《汉文学史上的 1764》,载《文学遗产》,2008 年 1 月,第 114—131 页;李永春《简论朝鲜通信使》,载《当代韩国》,2009 年春季号,第 73—79 页;徐毅《朝鲜通信使在中日文化交流中的作用》,载《南通大学学报》,2011 年 9 月,第 63—70 页;刘嘉元《17—19 世纪朝鲜通信使的汉字书写》,天津师范大学 2012 年硕士论文。

当然,"不在场的在场者"的观点,某种程度上具有很大的争议性。让笔者印象深刻的是,当在和一些韩国学者交流时提到中国是"不在场的在场者"这一表述,立刻遭到激烈的质问,他们认为这里面有一种过度夸大中国影响的危险性。韩国学者的反应其实也在情理之中,至于到底是我们有国家自大主义的立场,还是他们有民族主义的立场,姑且不去争论。退一步讲,"不在场的场者"的提法,主要的听众还是中国的历史研究者,而其目的也只有一个,那就是提醒大家注意,不要忽略了一些我们原本想当然地认为与己无关,但事实上却对认识自身具有重要参考价值的历史资料。

附　朝鲜王朝遣使日本大事记①

朝　鲜	日　本
1392年,李成桂即位,李氏朝鲜王朝立国。	
1394年,遣回礼使金巨原、僧梵明赴日,领回被虏朝鲜人五百六十九名。同年,遣回礼使裴厚、李子瑛赴日,为贼劫掠。	1394年,室町幕府足利义持袭将军位。
1395年,遣回礼使崔龙苏赴日,领回被虏朝鲜人五百七十余名。	
1397年,遣对马岛通信使朴仁贵、回礼使朴惇之赴对马岛。	
1398年,定宗李芳果即位。	
1399年,遣通信官朴惇之、报聘官崔云嗣赴日。	

---

① 本大事记据朝鲜王朝实录资料为基础,参以日本历史大事编成。

1400年,太宗李芳远即位。

1402年,遣修好使朴惇之赴日。

1404年,遣通信使郭敬、报聘官吕义孙仪赴日。

1406年,遣报聘官尹铭、回礼官李艺赴日。

1407年,遣对马岛通信使李台贵赴对马岛。

| 1408年,遣日本通信官朴和、回礼官金恕、崔在田,报聘官金浃、护送官李春发等赴日。同年遣平道全赴对马岛陈慰。 | 1408年,前幕府将军足利义满去世。 |

1409年,遣平道全赴对马岛报聘。

1410年,遣报聘使梁需、回礼使朴和赴日,吊丧兼报聘,使臣为海贼劫掠。

1411年,遣通信使梁需、和好使平道全赴日。

1413年,遣通信官朴贲、回礼官朴础赴日。

1418年,世宗李祹即位。同年,遣李艺赴对马岛致祭。

| 1419年,朝鲜进攻日本对马岛,史称"乙亥东征"。 | 1419年,朝鲜进攻对马岛,"应永外寇"发生。 |

1420年,遣回礼使宋希璟(号老松堂)赴日。

1422年,遣回礼使朴熙中、副使李艺、书状官吴敬之等赴日。

	1423年,足利义量袭位。
1424年,遣回礼使朴安臣、副使李艺、从事官孔达、崔古音、朴忱等赴日。	
1426年,遣石见州、对马岛赐物管押使李艺赴日。	
1428年,遣通信使朴瑞生、副使李艺、书状官金克柔等赴日,贺足利义教袭位。	1428年,足利义教袭位。
1430年,遣回聘使李艺、金久冏赴日。	
1438年,遣李艺为对马岛敬差官。	
1439年,遣通信使高得宗、副使尹仁甫、书状官金礼蒙等赴日。	
	1442年,足利义胜袭位。
1443年,遣通信使卞孝文、副使尹仁甫、书状官申叔舟等赴日,贺足利义胜袭位。同年,遣对马岛体察使李艺、副使牟恂赴对马岛;遣康劝善为一歧州招抚官。	
1447年,遣曹汇为对马岛敬差官。	
1448年,遣皮尚宜赴一岐岛刷还漂风人。	
	1449年,足利义政袭位。
1450年,文宗李珦即位。	
1452年,端宗李弘暐即位。同年,遣李坚义、皮尚宜为对马岛致奠官。	

1454年,遣元孝然、皮尚宜为对马岛差敬官。	
1455年,世祖李瑈即位。	
1459年,遣通信使宋处俭、副使李从实、书状官李觐等赴日。	
1461年,遣李继孙为对马岛差敬官。	
	1467年,"应仁之乱"发生,日本进入战国时代。
1468年,睿宗李晄即位。遣金好仁为对马岛差敬官。	
1469年,成宗李娎即位。	
	1473年,足利义尚袭位。
1470年,遣田养民为对马岛宣慰官。	
1475年,以裴孟厚为日本通信正使、李命崇为副使、蔡寿为书状官吏。	
1476年,遣金自贞为对马岛宣慰使。	
1479年,遣通信使李亨元、副使李季仝、书状官金䜣赴日。	
1487年,遣郑诚谨为对马岛宣慰使。	
	1490年,足利义材袭位。
1494年,燕山君李㦕即位。同年,以权柱为对马岛敬差官。	1494年,足利义澄袭位。
1496年,遣使金碑、张珽赴对马岛致奠。	

1506年,中宗李怿即位。	
	1508年,足利义稙袭位。
1509年,以尹殷辅为对马岛敬差官。	
1510年,以李轼、康仲珍为对马岛敬差官。	
	1521年,足利义晴袭位。
1544年,仁宗李峼即位。	
1545年,明宗李峘即位。	
	1546年,足利义辉袭位。
1567年,宣宗李昖即位。	
	1568年,足利义荣袭位。织田信长进入京都,拥立足利义昭袭位。
	1573年,织田信长放逐足利义昭,室町幕府灭亡。
	1582年,"本能寺之变"发生,织田信长自尽。
1590年,遣通信使黄允吉、副使金诚一、书状官许筬等赴日,贺丰臣秀吉统一日本。	1590年,丰臣秀吉完成日本统一。
1592年,壬辰倭乱爆发,朝日开战。	1592年,壬辰倭乱爆发,朝日开战。
1596年,遣通信使黄慎、副使朴弘长,因壬辰战争议和事,随同明朝使臣赴日本。	
	1598年,丰臣秀吉去世,日本撤军,壬辰战争结束。

	1603年,德川家康任征夷大将军,在江户建立幕府,德川幕府时代开始。
	1605年,德川秀忠袭将军位。
1606年,遣回答兼刷还使吕祐吉、副使庆暹、从事官丁好宽等赴日,恢复两国邦交,刷还被虏人。	
1608年,光海君李珲即位。	
	1615年,德川家康于"大阪夏之阵"打败丰臣秀赖,丰臣氏灭亡,日本战国时代结束。
1617年,遣回答兼刷还使吴允谦、副使朴梓、从事官李景稷等赴日,贺德川家康平定大阪统一日本,刷还被虏人。	
1623年,仁祖李倧即位。	1623年,德川家光袭位。
1624年,遣回答兼刷还使使郑岦、副使姜弘重、从事官辛启荣等赴日,贺德川家光袭位,刷还被虏人。	
1636年,遣通信使任絖、副使金世濂、从事官黄㦿等赴日,贺日本泰平,参谒日光山德川家康陵寝。	
1643年,遣通信使尹顺之、赵絅、从事官申濡等赴日,贺德川家纲诞生。	
1649年,孝宗李淏即位。	
	1651年,德川家纲袭位。
1655年,遣通信使赵珩、副使俞瑒、从事官南龙翼等赴日,贺德川家纲袭位。	

1659年,显宗李棩即位。	
1674年,肃宗李焞即位。	
	1680年,德川纲吉袭位。
1682年,遣通信使尹趾完、副使李彦纲、从事官朴庆后等赴日,贺德川纲吉袭位。	
	1709年,德川家宣袭位。
1711年,遣通信使赵泰亿、副使任守干、从事官李邦彦等赴日,贺德川家宣袭位。	
	1713年,德川家继袭位。
	1716年,德川吉宗袭位。
1719年,遣通信使洪致中、副使黄璿、从事官李明彦赴日,贺德川吉宗袭位。	
1720年,景宗李昀即位。	
1724年,英宗李昑即位。	
	1745年,德川家重袭位。
1747年,遣通信使洪启喜、副使南泰耆、从事官曹命采赴日,贺德川家重袭位。	
	1760年,德川家治袭位。
1763年,遣通信使赵曮、副使李仁培、从事官金相翊赴日,贺德川家治袭位。	

1776年，正宗李算即位。	
	1787年，德川家齐袭位。
1800年，纯宗李玜即位。	
1811年，遣通信使金履乔、副使李勉求、制述官李显相赴日，贺德川家齐袭位，至对马岛与日方使节交聘而返。	
1834年，宪宗李奂即位。	
	1837年，德川家庆袭位。
1849年，哲宗李昪即位。	
	1853年，德川家定袭位。
	1858年，德川家茂袭位。
1863年，高宗李熙即位。	
	1866年，德川庆喜袭位。
	1867年，明治天皇即位。
	1868年，爆发戊辰战争，幕府军队向天皇军队开城投降，德川幕府终结。
1876年，遣修信使金绮秀赴日，商讨《江华条约》签订后的相关事项。	1876年，日本军舰武力侵扰朝鲜的"云扬号事件"发生后，朝鲜与日本签订《江华岛条约》，朝鲜被迫向日本开放通商。
1881年，遣赵准永、朴定阳、严世永、姜文馨、赵秉稷、闵种默、李宪	

永①、沈相学、洪英植、鱼允中、李元会、金镛元等十二人,以"东莱府暗行御史"之名,秘密赴日本考察政治、经济、社会情况,该次使行又称"绅士游览团"。

1882年,遣修信使朴泳孝、副使金晚植、从事官徐光範赴日。

1884年,遣办理通商事务全权钦差大臣徐相雨、副大臣穆麟德(德国人)、从事官朴戴阳赴日,商讨通商事宜。

1897年,大韩帝国建立。

附表一　朝鲜王朝时期赴日使行情况一览表

编号	年代	使行名目	参与人员
1	1392	通信使	觉鎚(僧)
2	1394	回礼使	金巨原、梵明(僧)
3	1394	回礼使	裴厚、李子瑛
4	1395	回礼使	崔龙苏
5	1395	回礼使	金积善
6	1397	对马岛通信使	朴仁贵
7	1397	对马岛回礼使	朴惇之
8	1399	通信官	朴惇之
9	1399	报聘	崔云嗣
10	1402	修好使	朴惇之
11	1404	通信使	郭敬仪

① 此人名中之"宪"字当为"铣",因字库无此字,故以"宪"代之,后文同。

续　表

编号	年代	使行名目	参与人员
12	1404	报聘	吕义孙
13	1406	报聘	尹铭
14	1406	回礼官	李艺
15	1407	对马岛通信使	李台贵
16	1408	日本通信官	朴和
17	1408	回礼官	金恕
18	1408	护送官	李春发
19	1408	回礼官	崔在田
20	1408	报聘	金浃
21	1408	对马岛陈慰	平道全
22	1409	对马岛报聘	平道全
23	1410	报聘、吊丧	梁需
24	1410	回礼使	朴和
25	1410	对马岛回礼使	李艺
26	1410	对马岛修信	平道全
27	1411	通信使	梁需
28	1411	和好	平道全
29	1413	通信官	朴贲
30	1413	通信官、回礼官	朴础
31	1418	对马岛致祭	李艺
32	1420	报聘	宋希璟
33	1422	回礼使	朴熙中、李艺、吴敬之、尹仁甫
34	1424	回礼使	朴安臣、李艺
35	1426	石见州、对马岛赐物管押使	李艺

续表

编号	年代	使行名目	参与人员
36	1428	通信使	朴瑞生、李艺、金克柔、尹仁甫
37	1430	回聘	李艺、金久冏
38	1438	对马岛敬差官	李艺
39	1439	通信使	高得宗、尹仁甫、金礼蒙
40	1443	通信使	卞孝文、尹仁甫、申叔舟
41	1443	对马岛体察使	李艺、牟恂
42	1443	一岐州招抚官	康劝善
43	1447	对马岛敬差官	曹汇
44	1448	一岐岛刷还漂风人	皮尚宜
45	1452	对马岛致奠官	李坚义、皮尚宜
46	1454	对马岛敬差官	元孝然、皮尚宜
47	1459	通信使	宋处俭、李从实、李觐
48	1461	对马岛宣慰	皮尚宜
49	1461	对马岛敬差官	李继孙
50	1468	对马岛敬差官	金好仁
51	1470	对马岛宣慰官	田养民
52	1475	通信使	裴孟厚、李命崇、蔡寿
53	1476	对马岛宣慰使	金自贞
54	1479	通信使	李亨元、李季仝、金䜣
55	1487	对马岛宣慰使	郑诚谨
56	1494	对马岛敬差官	权柱
57	1496	对马岛致奠官致慰官	金碑、张珽
58	1509	对马岛敬差官	尹殷辅

续 表

编号	年代	使行名目	参与人员
59	1510	对马岛敬差官	李軾、康仲珍
60	1590	通信使	黄允吉、金诚一、许筬
61	1596	通信使	黄慎、朴弘长
62	1606	回答使	吕佑吉、庆暹、丁好宽
63	1617	回答使	吴允谦、朴榟、李景稷
64	1624	回答使	郑岦、姜弘重、辛启荣
65	1636	通信使	任絖、金世濂、黄㦿
66	1643	通信使	尹顺之、赵絅、申濡
67	1655	通信使	赵珩、俞瑒、南龙翼
68	1682	通信使	尹趾完、李彦纲、朴庆后、洪禹载、金指南
69	1711	通信使	赵泰亿、任守干、李邦彦
70	1719	通信使	洪致中、黄璿、李明彦、申维翰
71	1747	通信使	洪启禧、南泰耆、曹命采、洪景海
72	1763	通信使	赵曮、李仁培、金相翊、南玉、金仁谦、元重举、成大中
73	1811	通信使	金履乔、李勉求、李显相
74	1876	修信使	金绮秀
75	1881	东莱府暗行御史	赵准永、朴定阳、严世永、姜文馨、赵秉稷、闵种默、李宪永、沈相学、洪英植、鱼允中、李元会、金镛元
76	1882	修信使	朴泳孝、金晚植、徐光范
77	1884	办理通商事务全权钦差大臣	徐相雨、穆麟德、朴戴阳

附表二　通信使文献馆藏信息（＊为未出版过）

编号	文献篇目名	作　者	年　代	信息藏所
1	海东诸国记	申叔舟	1471	奎章阁
2	海槎录	金诚一	1590	奎章阁
3	日本往还日记	黄　慎	1596	奎章阁
4	海上录	郑希得	1597	奎章阁
5	东槎日记	朴　梓	1617	奎章阁
6	海槎录、槎上录	金世濂	1636	奎章阁
7	东槎录	赵　絅	1643	奎章阁
8	海槎录	申　濡	1643	奎章阁
9	东槎录	任守干	1711	奎章阁
10	海游录上、下	申维翰	1719	奎章阁
11	奉使日本时闻见录	曹命采	1747	奎章阁
12	随槎日录	洪景海	1747	奎章阁
13	朝鲜通信使交欢诗书＊	众　人	1747	奎章阁
14	日东壮游歌（韩字）	金仁谦	1763	奎章阁
15	日本文部省视察记＊	赵准永	1881	奎章阁
16	日本闻见事件＊	赵准永	1881	奎章阁
17	十一行中同行录＊	赵准永	1881	奎章阁
18	日本闻见事件＊	闵种默	1881	奎章阁
19	日本外务省视察记＊	闵种默	1881	奎章阁
20	日本各国条约＊	闵种默	1881	奎章阁
21	日本闻见事件＊	李宪永	1881	奎章阁
22	东游录＊	李宪永	1881	奎章阁
23	日本闻见事件＊	严世永	1881	奎章阁

续 表

编号	文献篇目名	作 者	年 代	信息藏所
24	日本司法省视察记*	严世永	1881	奎章阁
25	[日本]闻见事件*	姜文馨	1881	奎章阁
26	日本国工务省视察记*	姜文馨	1881	奎章阁
27	日东录*	姜晋馨	1881	奎章阁
28	日本国闻见条件*	朴定阳	1881	奎章阁
29	日本内务省视察记*	朴定阳	1881	奎章阁
30	日本农商务省亲察记*	朴定阳	1881	奎章阁
31	日本内务省及农商务省视察书启*	朴定阳	1881	奎章阁
32	日本大藏省亲察记*	鱼允中	1881	奎章阁
33	日本陆军总制*	洪英植	1881	奎章阁
34	日本陆军操典*	洪英植	1881	奎章阁
35	东京日记*	宋宪斌	1881	奎章阁
36	奉使日本作诗	郑梦周	1377	韩国国立中央图书馆
37	日本行录	宋希璟	1420	韩国国立中央图书馆
38	看羊录	姜沆	1599	韩国国立中央图书馆
39	海槎录	庆暹	1606	韩国国立中央图书馆
40	东槎上日录	吴允谦	1617	韩国国立中央图书馆
41	扶桑录	李景稷	1617	韩国国立中央图书馆
42	东槎录	姜弘重	1624	韩国国立中央图书馆
43	丙子日本日记	任絖	1636	韩国国立中央图书馆
44	东槎录	黄㦿	1636	韩国国立中央图书馆
45	癸未东槎日记	未详	1643	韩国国立中央图书馆
46	扶桑录	南龙翼	1655	韩国国立中央图书馆
47	闻见别录	南龙翼	1655	韩国国立中央图书馆

续 表

编号	文献篇目名	作者	年代	信息藏所
48	东槎日录	金指南	1681	韩国国立中央图书馆
49	东槎录	洪禹载	1681	韩国国立中央图书馆
50	海游录	申维翰	1719	韩国国立中央图书馆
51	海槎日记	赵曮	1763	韩国国立中央图书馆
52	日槎集略	李宪永	1881	韩国国立中央图书馆
53	使和记略	朴泳孝	1882	韩国国立中央图书馆
54	东槎漫录	朴戴阳	1884	韩国国立中央图书馆
55	漂舟录	李志恒	未详	韩国国立中央图书馆
56	扶桑录	金瀹	1719	韩国国立中央图书馆
57	东槎日记*	吴大龄	1763	韩国国立中央图书馆
58	癸未随槎录*	未详	1763	韩国国立中央图书馆
59	岛游录*	金善臣	1811	韩国国立中央图书馆
60	锦溪日记	鲁认	1599	高丽大学图书馆
61	日本录	成大中	1763	高丽大学图书馆
62	乘槎录	元重举	1763	高丽大学图书馆
63	槎录*	闵惠洙	1763	高丽大学图书馆
64	东槎录	柳相弼	1811	高丽大学图书馆
65	日观记*	南玉	1763	国史编纂委员会图书馆
66	东槎录	金显门	1711	京都大学图书馆
67	海槎日录	洪致中	1719	京都大学图书馆
68	扶桑纪行*	郑后侨	1719	京都大学图书馆
69	日本日记*	未详	1747	京都大学图书馆
70	日本纪行*	李东老	1655	天理大学图书馆
71	和国志*	元重举	1763	日本御茶の水图书馆
72	扶桑日记	赵珩	1655	美国哈佛燕京图书馆

附表三 《海行总载》国译本收录文献目录

编 号	文献篇目名	作 者	年 代
1	奉使日本作诗	郑梦周	1377
2	海东诸国记	申叔舟	1471
3	海槎录	金诚一	1590
4	海游录上、下	申维翰	1719
5	看羊录	姜沆	1599
6	海槎录	庆暹	1606
7	东槎上日录	吴允谦	1617
8	扶桑录	李景稷	1617
9	东槎录	姜弘重	1624
10	丙子日本日记	任絖	1636
11	漂舟录	李志恒	未详
12	海槎录、槎上录	金世濂	1636
13	东槎录	黄㦿	1636
14	东槎录	赵䌹	1643
15	海槎录	申濡	1643
16	癸未东槎日记	未详	1643
17	扶桑录	南龙翼	1655
18	闻见别录	南龙翼	1655
19	东槎录	洪禹载	1682
20	东槎日录	金指南	1682
21	海槎日记	赵曭	1763
22	日本行录	宋希璟	1420
23	日本往还日记	黄慎	1596

续表

编 号	文献篇目名	作 者	年 代
24	海上录	郑希得	1597
25	锦溪日记	鲁认	1599
26	东槎日记	任守干	1711
27	奉使日本时闻见录	曹命采	1747
28	东槎录	柳相弼	1811
29	日东记游	金绮秀	1876
30	日槎集略	李宪永	1881
31	使和记略	朴泳孝	1882
32	东槎漫录	朴戴阳	1884

第四章 远邻安南：17世纪滞日朝鲜人赵完璧的安南之行

引 言

朝鲜半岛和安南，一个地处亚洲大陆的东北，一个地处大陆西南，相隔遥远。历史上朝鲜半岛和越南（安南）之间，几乎没有什么国家间的外交往来，但是，这并不意味着两者之间在历史上就没有交集。历史上朝鲜半岛与安南之间的交集，亦有两条路径，一是陆路，二是海路。

陆路方面，朝鲜使臣与安南使臣都往中国朝贡，双方人员经常能够在中国会面，而在会面过程中，达到彼此交流的目的。比如，1458年的朝鲜使臣徐居正与安南使臣梁鹄、15世纪下半叶的朝鲜使臣曹伸与安南使臣黎时举、1481年的朝鲜使臣洪贵达与安南使臣阮文质及阮伟、1496年的朝鲜使臣申从濩与安南使臣武佐、1598年的朝鲜使臣李睟光和安南使臣冯克宽、1760年的朝鲜使臣洪启禧与安南使臣黎贵惇、1789年的朝鲜使臣徐浩修与安南使臣潘辉益等，都曾在中国会面并有过交流，他们之间不仅进行诗文的唱和，还彼此交换各自国家的信息，这一点从朝鲜和安南使臣的使行文献中可以找到不少例证。

海路方面，朝鲜和安南之间因漂流民问题也常有交集产生，比如安南的商人曾经漂流到朝鲜的济州岛，而济州岛的岛民也同样有过漂流到安南的经历，因漂流民的往来及其叙述而达到的对彼此情形的掌握,也是历史上朝鲜半岛与安南之间彼此了解的途径之一。基于海路的另一种交流途径是与航海贸易活动有关的,当然,我们几乎看不到有关朝鲜半岛与安南间直接航海贸易的资料,即使这种活动事实上存在于民间,但是很难留下资料。然而,本章节将要讲述的这个历史事件,就是一个以航海贸易为纽带实现朝鲜与安南沟通的例子,只是这一事件的经过相对比较曲折。

事情的经过大致如此:1597 年,一个叫赵完璧的朝鲜士人在丁酉倭乱中被俘往日本,其后跟随日本商船三次航海前往安南,目睹了当时安南的各种情况。1607 年,赵完璧跟随朝鲜通信使返回国内,并向其身边人讲述了自己的经历和见闻。这些经历见闻被李睟光等朝鲜学者记录下来,并随其文集流传后世,其中涉及安南的大量信息和情报,成为当时及以后朝鲜人对安南认知的重要资源。

第一节 赵完璧事件的历史文献、流传背景及相关研究

今天所能看到有关赵完璧安南之行的文献,主要来自 17 世纪朝鲜文人文集的记载。有韩国学者推测赵完璧本人也曾写过自传体的《赵完璧传》来记录自己的安南经历,但该文献现已失传。因此,同时代朝鲜文人转述性的记载,实际上就成为后人研究这一事件最原始的资料。

这些资料包括:李睟光(1563—1628)的《赵完璧传》①、郑士信(1558—1619)的《赵完璧传》②和李埈(1560—1635)的《记赵完璧

---

① 李睟光著《赵完璧传》,收入氏著《芝峰集》,卷二十三,"杂著"。见前引《韩国文集丛刊》,第六十四册,第 252—254 页。
② 郑士信(1558—1619),字子孚,号梅窗、神谷。朝鲜清州人士。1582 年文科及第,历任礼曹正郎、弘文馆修撰、掌宪院判决事等职,1610 年任贺冬至使出使明朝。其生平参见氏著《梅窗集》,卷五"附录·行状",见前引《韩国文集丛刊》,续编第十册,第 464—466 页。郑士信《赵完璧传》,收入氏著《梅窗集》,卷四,"传"。见前引《韩国文集丛刊》,续编第十册,第 462—463 页。

见闻》①。据这三位作者的记载,他们均是对自己听闻的赵完璧事件进行转述。其中,李晬和郑士信都明确提到自己是从一个名叫金允安②的人那里听闻此事,而金允安的消息来源则是赵完璧本人③。至于李晬光,虽然在其《赵完璧传》中没有提到自己如何得知此事,但从他和李晬、郑士信二人过从甚密④这一点推测,应当是从二人处听闻。这三种文献篇幅不一,以李晬光所写最长,为 1613 字,郑士信次之,为 1125 字,李晬所写最短,仅 537 字。就其内容而言,虽有部分重复,但亦各有侧重,且颇有能互参互补之处。因此,如要全面了解赵完璧事件的经过,最好将此三种文献比照阅读。

事实上,赵完璧事件之所以经由这三人之手被转述和留传下来,有一个不得不提的关键原因,那就是李晬光这个人物,这并非因其所写《赵完璧传》的篇幅最长,而是因为赵完璧安南见闻中有一件事与其相关。赵完璧在安南时发现,当地的读书人中竟然十分流行李晬光的诗词,而这些诗词是李晬光 1597 年出使明朝期间与安南使臣冯克宽⑤的酬唱之作,经由冯克宽之手传到了安南。这

---

① 李晬(1560—1635),字叔平,号苍石、西溪,谥号文简。朝鲜兴阳人士。柳成龙门人。1591 年文科及第,历任工曹参议、承政院右承旨、吏曹参判、弘文馆提学等职,1604 年任奏请使书状官出使明朝。其生平参见蔡济恭著《樊岩集》,卷三十九,"行状·苍石先生李公行状",见前引《韩国文集丛刊》,第二百三十六册,第 199—213 页。李晬《记赵完璧见闻》,收入氏著《苍石集》,卷十二,"杂著"。见前引《韩国文集丛刊》,第六十四册,第 446 页。
② 金允安(1562—1620),字而静,号东篱,朝鲜顺天人士。柳成龙门人,1612 年文科及第,历任司宰监直长、大丘府史等职,其生平参见氏著《东篱集》,卷五,"附录·行状",见前引《韩国文集丛刊》,续编第十二册,第 85—87 页。
③ 李晬记载:"金君而静,闻此事于赵生,语余甚详,异而识之,下一转语,以备史氏之采取",见李晬《记赵完璧见闻》,前引《韩国文集丛刊》,第六十四册,第 446 页;而郑士信亦记载:"此事金直长允安而静云",见郑士信《赵完璧传》,前引《韩国文集丛刊》,续编第十册,第 463 页。
④ 李晬、郑士信都曾为李晬光的文集写过跋,如李晬光《芝峰集》卷八所收"安南国使臣唱和问答录"下,就有李晬和郑士信二人的题跋,见前引《韩国文集丛刊》,第六十六册,第 91 页。又,前已提及李晬为李晬光撰写行状一事。由此可见李晬光、李晬、郑士信三人关系密切。
⑤ 冯克宽(1528—1613),字弘夫,号毅斋,别号敬斋,安南后黎朝山西石室县冯舍乡人。1580 年进士及第,历任都给事中、鸿胪寺卿、工部右侍郎。1597 年,出使明 (转下页)

一消息由赵完璧带回朝鲜，立刻成为儒林一大轶闻。不难想象，比之赵完璧所述对当时朝鲜人来说略显遥远的安南情况，这一与当世朝鲜人物相关的新闻事件，在社会上一定流传更快、影响更广。金允安之所以向李埈、郑士信二人转述赵完璧之事，大概也是因为这个原因。

先来了解一下李睟光的生平情况。李睟光（1563—1628），字润卿，号芝峰，谥号文简。朝鲜全州人士。其为朝鲜太宗李芳远之子敬宁君李裩五世孙，系出国姓。1585年文科及第，授承文院副正字，历任成均馆典籍、礼曹佐郎、吏曹正郎、弘文馆校理、兵曹参议、成均馆大司成等职。1608年光海君执政后，多次拒不出仕，且以直言上书光海君弊政闻名。仁祖反正（1623年）后，又历任弘文馆提学、吏曹参判、司宪府大司宪、工曹判书等，时称"中兴章疏，无出其右者"，官终吏曹判书，追赠大匡辅国崇禄大夫、议政府领议政。其为官四十四年，历朝鲜宣祖、光海君、仁祖三朝，身经壬辰倭乱、光海乱政、仁祖反正、丁卯虏乱等重大历史事件。他一生三次出使明朝：1590年任圣节使书状官、1597年任进慰使、1610年任冠服奏请使副使，使行期间与安南、琉球、暹罗使臣多有交游。李睟光以诗文著称，有文集《芝峰集》三十一卷存世，而所著诗文远播安南，亦为一时美谈。其所著《芝峰类说》，是朝鲜历史上最重要的类书作品之一。①

自从赵完璧述及李睟光诗文流行安南一事后，"芝峰诗播远国"

（接上页）朝。其后历任户部、工部尚书，爵梅郡公。著有《使华手泽诗集》《言志诗集》、《冯太傅诗》等。其生平参见复旦大学文史研究院与成均馆大学东亚学术院合编《越南汉文燕行文献集成（越南所藏编）》，第一册，复旦大学出版社，2010年，第57页，解题。

① 关于李睟光生平情况，可参见：（1）[韩] 国史编纂委员会编《朝鲜王朝实录》，第三十四册，探求堂，1968年，第312页；（2）张维所作李睟光行状，收在李睟光《芝峰集》，附录卷一，见前引《韩国文集丛刊》，第六十六册，第318—323页，亦收在张维著《鸡谷集》，卷十五，"行状五首"，见前引《韩国文集丛刊》，第九十二册，第248—253页；（3）李埈所作李睟光行状，收在氏著《苍石集》，卷十八，"行状"，见《韩国文集丛刊》，第六十四册，第574—580页；（4）李敏求（李睟光第二子）所作李睟光行状，收在氏著《东州集》，卷六，"行状"，见前引《韩国文集丛刊》，第九十四册，第350—359页。

一直被朝鲜人所津津乐道①,而李睟光自己在回忆这件事情时也颇为感慨②,且但凡是记录李睟光生平的文献,几乎无一例外都会记录该事迹③。不难想象,赵完璧事件在当时的流传,很大程度上是仰赖于李睟光的这一事迹的,假使赵完璧安南见闻中没有关于李睟光的情节,其安南经历为后世所知的可能性大概会大打折扣,因为他毕竟只是一个人微言轻的下层士人,其言论著述很难引起人们的关注,正如传说为其亲撰的《赵完璧传》最终会失传一样。

然而,当赵完璧事件到了李睟光及其友人笔下,情况就变得不同了。他们都是当时朝鲜顶尖的知识分子,且三人都有过出使中国的经历,对国际知识有一定的了解,特别是李睟光还和安南使臣有过直接接触,因此他们能够敏感地意识到赵完璧事件所传递出的更有价值的信息,即当时绝大多数朝鲜人所不知晓的安南信息。如果说郑士信和李埈二人撰写赵完璧传记,还略带有一些吹捧友人的味道,那么李睟光《赵完璧传》的重心,可以说已经完全转移到了有关安南情况的记述上,这也是为什么李睟光的《赵完璧传》最为研究者重视的原因。

可见,一方面赵完璧事件因李睟光的事迹而不断被传播,另一方面也因为有了李睟光的《赵完璧传》,使得该事件进入了经籍文献的记载,不断为后人引述转载④,进而流传至今。

---

① 比如朝鲜后期著名学者李德懋就曾在其所著《清脾录》中以"芝峰诗播远国"为题,专门记录这一事件,同时也提到了赵完璧其人。见李德懋著《青庄馆全书》卷三十五,前引《韩国文集丛刊》,第二百五十八册,第 60—62 页。

② 李睟光《芝峰集》,卷十六,"续朝天录"载:"丁酉赴京时,遇安南使臣冯毅斋克宽,留诗为别。顷年本国人赵完璧者陷倭中,随商倭往安南。其国人颇多诵鄙诗而问之者。后完璧回本国,传说如此。夫安南去我国累万里,历世莫通,况海路之险远乎,事亦奇矣。"见前引《韩国文集丛刊》,第六十六册,第 157 页。

③ 可参此前提及的李睟光行状和诗文集序跋。

④ 后人引述或转载赵完璧事件例子有:(1)安鼎福(1712—1791)的《木川县志》(1817)中抄录李睟光的《赵完璧传》,仅个别文字有出入。见安鼎福著《木川县志》,首尔:国立中央图书馆,藏书号:古 2738-4。日本学者岩生成一在 1954 年以该文献为基础撰写了《安南国渡航朝鲜人赵完璧伝について》一文,载《朝鲜学报》第六卷,日本:朝(转下页)

赵完璧事件的流传经过，体现出历史事件被记录和留存的一种常态，即事件的亲历者往往并不是记录的书写者和保存者。在很多情况下，历史事件是通过转述方式被保留下来的，这样一个过程往往又依赖于某种机缘巧合，而所谓机缘巧合都是小概率事件，所以最后能够被保留下来历史的往往只是九牛一毛，但也正因如此而尤显珍贵。

针对赵完璧事件展开的研究，在韩国和日本都有不少，多数韩日学者是从赵完璧事件所折射的朝、日、越三国关系史的角度展开讨论，比如韩国学者金泰俊在其《壬辰倭乱与朝鲜文化的东渐》一书中，就将赵完璧事件置于朝日关系史的范畴讨论①；日本学者片仓穰的《朝鮮とベトナム日本とアジア：ひと・もの・情報の接觸・交流と對外觀》一书中提及赵完璧事件，重点也放在讨论古代朝鲜、日本与安南的三方关系②；日本学者岩生成一的文章《安南國渡航朝鮮人趙完璧伝について》③则通过介绍赵完璧事件，将讨论重点集中于其中所展现的日本与安南关系。此外，有韩国学者从古代朝鲜人的越南认识的角度进行论述，如孙灿植的《从〈赵完璧传〉看芝峰李睟光的越南认识》④一文。还有韩国学者专门就《赵完璧传》的文本和文学

（接上页）鲜学会，1954 年 8 月，第 1—12 页。（2）李志恒（生卒年不详）的《漂舟录》（1756）中对赵完璧事件进行了概括性转述，并注明"出芝峰类说异闻"。见李志恒著《漂舟录》，收在［韩］民族文化推进会编《国译海行总载》，第三册，民族文化文库刊行会，1974—1981 年，附录第 69 页。（3）李圭景（1788—1856）的《五洲衍文长笺散稿》中在介绍木棉、地桑、孔雀等事物属性时，引用了李睟光《赵完璧传》所记安南见闻。见［韩］古典刊行会编，李圭景著《五洲衍文长笺散稿》（上、下编），东国文化社，1959 年，上编第 496 页、第 432 页，下编第 550 页。

① 见金泰俊著《壬辰倭乱与朝鲜文化的东渐》，韩国研究院，1977 年。该书第六章中提到赵完璧事件。

② 见片仓穰著《朝鮮とベトナム日本とアジア：ひと・もの・情報の接觸・交流と對外觀》，东京：福村出版，2008 年。该书第二章为"《赵完璧传》研究"。

③ 岩生成一《安南國渡航朝鮮人趙完璧伝について》，载《朝鮮学報》，第六卷，日本：朝鲜学会，1954 年 8 月，第 1—12 页。

④ ［韩］孙灿植《从〈赵完璧传〉看芝峰李睟光的越南认识》，载《古小说研究》，第 21 辑，韩国：古小说学会，2006 年，第 215—247 页。

性展开分析,如权赫来的《〈赵完璧传〉的文本和文学性意味研究》①及赵家元的《李晬光〈赵完璧传〉的书写性特征》②。相较之下,目前几乎没有看到中国方面有研究者提到这一事件。

第二节　从日本到越南:赵完璧的安南渡航经历

1. 赵完璧其人

先来看看目前我们所能掌握的有关赵完璧此人的生平情况,根据前述各种版本赵完璧传的记载,加之后来学者的考证,我们对赵完璧生平情况的了解,大致可以达到如下程度。

赵完璧,朝鲜时代中期晋州(今韩国庆尚南道晋州市)人士。据记载,其"弱冠值丁酉倭变(1597 年)"③,因古人 20 余岁皆可称弱冠,故推测其生年约在 1567 年至 1577 年间,卒年则不详。赵完璧在 1597—1598 年的"丁酉倭乱"④中被日军俘虏,并被带往日本京都。到日本之后,他最初是做日本人的奴仆,后来因为通晓汉字,被日本商人角仓了以雇佣⑤,先后三次(1604 年、1605 年、1607 年)随日本朱

---

① [韩]权赫来《〈赵完璧传〉的文本和文学性意味研究》,载《语文学》,第 100 辑,韩国:语文学会,2008 年,第 205—234 页。
② [韩]赵家元(音译)《李晬光〈赵完璧传〉的书写性特征》,载《文章语文论集》,第 48 辑,韩国:文章语文学会,2011 年,第 1—40 页。
③ 见前引李晬光《赵完璧传》,第 252 页。
④ "丁酉倭乱"指 1597—1598 年发生在朝鲜半岛的朝、日、中三国参与的战争,是"壬辰倭乱"的后续。1592 年(壬辰年)初,日本丰臣秀吉出兵朝鲜,在朝鲜半岛引发战争,中国为援助朝鲜而出兵,这在朝鲜称"壬辰倭乱",日本称"文禄之役",中国称"万历朝鲜之役"。战争持续一年半以后,因三方议和而暂告中止。但 1597 年(丁酉年),日本又再次出兵朝鲜,掀起第二阶段战事,这在朝鲜又称"丁酉再乱"或"丁酉倭乱",日本称"庆长之役"。
⑤ 各种版本的赵完璧传记都没有提到他的日本雇主是谁,不过日本学者岩生成一在对当时日本海外贸易情况及相关文献的研究后指出,雇佣赵完璧前往安南的,应该是当时掌控日本海外朱印船贸易的豪商角仓了以。见前引岩生成一《安南國渡航朝鮮人趙完璧伝について》,第 4—5 页。

印船前往安南行商①,期间还有一次前往吕宋。赵完璧在安南期间,曾和安南高官文理侯郑剿及一些儒生有所往来,并从其处得知朝鲜人李芝峰(李睟光)的诗文流行安南一事。因前后三次往来安南,故其对安南的风俗人情亦有深入观察。在安南时,官员文理侯郑剿曾提议赵完璧不要返回日本,留在安南寻找机会经由中国返回朝鲜,但赵完璧因认为安南人不可信而没有接受这一建议②。到了1607年,因当时朝鲜与日本战后修好,朝鲜派出使节递送国书,要求日本放回战争期间被虏人,赵完璧终与雇主解除契约,并与当年前往日本的"回答兼刷还使"吕佑吉、庆暹等一行共同回国③。赵完璧归国以后,将其安南见闻告知身边友人并被广泛传播,但关于其本人后来情况,除郑士信记载称其"安居奠业复如初"④外,再未见史载。

学者对于赵完璧生平的研究中有这样一段插曲,据朝鲜时代留下的科举名录《国朝文科榜目》的记载,在1549年的进士及第者中,有"赵完璧"这个名字,其出生地为晋州白川,且有"字重国"的记载,但这条材料和《赵完璧传》中"弱冠值丁酉倭变"的记载在时间上并不符合,故存疑。另据郑士信记载,赵完璧"为故掌令河晋宝之侄孙女婿"⑤,而《国朝文科榜目》记载河晋宝是1555年的进士,可见渡航安南的赵完璧不可能是1549年及第的赵完璧,两者只是十分巧合的同

---

① 赵完璧三次前往安南的时间的考证,参见前引岩生成一《安南國渡航朝鮮人趙完璧伝について》,第4页。

② "文理侯谓生曰:你欲求还本国,自此刷还于中朝,可以转解,你须留此。生欲从其言,而见其国人多诈难信,又闻距本国甚远,不果云",见前引李睟光《赵完璧传》,第252页。又"(安南人)其见完璧也,有劝以逃避此国,使之通中国以回朝鲜云。而见其多诈难信,终不肯从云",见前引郑士信《赵完璧传》,第463页。

③ "生至丁未年回答使吕佑吉等入往时,哀告主倭,得还本土。"见前引李睟光《赵完璧传》,第252页。关于这一点,有与吕佑吉一同出使的回答使副使庆暹的记载可以佐证,庆暹《海槎录》闰六月初一日条载:"被虏晋州士人赵完璧,伶俐可信人也,给谕文一度,使之招谕刷还。"见前引《国译海行总载》,第二册,附录第49页。

④ 见前引郑士信《赵完璧传》,第463页。

⑤ 同上,第462页。

乡且同名同姓而已。①

而笔者认为,对于这种巧合的出现不必太感意外,问题只是出在取自"完璧归赵"典故的"赵完璧"这个名字上面,即所谓"姓名连意"的现象,顾炎武在《日知录》里就曾提道:"古人取名连姓为义者绝少,近代人命名,如陈王道、张四维、吕调阳、马负图之类,榜目一出,则此等姓名几居其半。"在朝鲜同样如此,李德懋在其文章中就曾引用顾炎武上述这段话,批评朝鲜存在"赵完璧、河一清之流,到处相逢,指不胜屈"的现象②。事实上,见于中国文献记载叫赵完璧的也不在少数,比如元代《通鉴源委》的作者叫赵完璧③,明代有一个叫赵完璧的人所著《海壑吟稿》收在《四库全书》中④,而壬辰倭乱期间也出现过一个叫赵完璧的明朝官员见于史载⑤。而笔者仅初步检索各类朝鲜时代文献就发现,前后出现的叫赵完璧的朝鲜人,除前面处已经提到的两人外,至少还有四个不同的人。总的来说,鉴于赵完璧这一名字"姓名连意"的特征,加上晋州白川赵氏是朝鲜的赵氏大族,其中相隔几十年出现两个叫赵完璧的人,实为稀松平常之事。

2. 受雇登船

赵完璧作为战争俘虏被带到日本,成为日本人的奴仆,李晬光记载他"为倭服役甚苦,思恋乡土,常有逃还之志",郑士信亦称其"为倭所抢,以归于日本,服役使唤,如我国之奴属焉",可见其最初的生活相当艰难。经过几年之后,事情出现了转机。如李晬光所言,当时日

---

① 相关研究可参见前引片仓穣著《朝鮮とベトナム日本とアジア：ひと・もの・情報の接觸・交流と對外觀》第二章及前引权赫来《〈赵完璧传〉的文本和文学性意味研究》,第208页。
② 参见李德懋著《青庄馆全书》卷五十四,盎叶记,"姓名连意",见前引《韩国文集丛刊》,第二百五十八册,第494—495页。
③ 见赵军荣《赵完璧〈通鉴源委〉声类研究》,载《湖南科技学院学报》,2008年第7期,第212页。
④ 见张静《明人赵完璧生卒年考》,载《江海学刊》,2010年第4期,第60页。
⑤ 此人官职为吏部都给事中,在《明史纪事本末》第62卷"援朝鲜"条和《朝鲜王朝实录》宣祖三十一年九月二十八日和三十二年二月十九日条中均有记载。

本人"轻生重利,以商贩为农,以舟楫为鞍马,海外南番诸国无远不到",而郑士信亦提到,当时日本人中有"欲行商于安南国获大利者"。同时郑士信还提到,日本人通商安南,必须具备两个条件,即"必求得浙江人老于海善候风者及解文通意者与偕,然后乃行"。据记载,成为赵完璧雇主的日本商人,先已雇用了长于航海技术的浙江人,具备了第一个条件,但却苦于找不到解文通意之人(这里所谓的解文通意,是指懂得汉字),赵完璧出身朝鲜士族,自幼学文,故因"晓解文字"被相邀出海。据郑士信记载,日本商人还与赵完璧"为盟文以约曰:往来安南之后,则永放汝任其所之",而"完璧志切返国,不避死,乃从之",故此"与浙江人同浮海向安南国"。①

仅从赵完璧受雇登船的记载中,我们就可以发现不少有意思的话题。

比如关于当时日本商人热衷远洋贸易,"海外南番诸国无所不到",以及通商安南可获大利等记载,一定程度上反映出当时日本对外贸易的繁荣景象。而日本人出海必须先求得中国浙江人驾船,说明至少在那个时期,日本人虽有强烈的海外贸易意识,但其航海技术还有所欠缺。事实上,在李睟光的《赵完璧传》中,除记载有当时日本人必以"唐人之惯习海程者为船主"外,还提到"倭船小,不能驾大海,以白金八十两购唐船,船中人共一百八十余名"这一情况②,可见当时日人航海技术的欠缺,不仅在人的因素,连硬件即船的因素亦是如此。反过来看,中国当时的远洋航海技术水平之高则可见一斑。

至于日本人行商安南需要懂得汉字的人同行这一点,则是当时整个东亚乃至亚洲地区"书同文"现象的反映,而在这个事件中,日本商人雇佣的汉文翻译并非中国人,而是一个通晓汉字的朝鲜人,则更

---

① 参见前引李睟光《赵完璧传》,第 252 页、前引郑士信《赵完璧传》,第 462 页。
② 见前引李睟光《赵完璧传》,第 253 页。日本学者岩生成一通过对日本文献的分析,亦指出《赵完璧传》所记这一情况属实,当时日本用于海外贸易的朱印船,主要是在中国福建一带建造,且日本文献中提到这些船的大小规模,亦与《赵完璧传》所记可容 180 人相符。参见前引岩生成一《安南國渡航朝鮮人趙完璧伝について》,第 5 页。

富戏剧性。事实上,日本人利用壬辰战争中被俘的识汉字朝鲜人在其海外贸易中担当汉文翻译的情况,似乎并不是个别的现象,在中国文献中亦有沿海发现日本漂流商船上有朝鲜人的记录①。

抱着从安南回来后就可以回归故国的期待,赵完璧登上了远洋冒险之旅,不过后来日本雇主出尔反尔,并没有兑现承诺,"完璧即回日本,其主倭者背盟不放,又要再往安南,更成盟文为约。完璧不得已再往,及还又不肯放去"②。于是,他又有了第二、第三次的出海经历。

3. 海上经历

有关赵完璧的海上经历,在目前所见的几种赵完璧传记中都有一定篇幅的记载,其中又以李晬光和郑士信所记尤详。这些记载的内容包括了航海路程、航海技术以及海上异闻等,为我们了解古代亚洲海域及海域空间内的活动提供了有趣的资料。

(1)航海路程

在各种文献中,以李晬光对航海路程的记述最为详细:

> 安南去日本海路三万七千里,由萨摩州开洋,历中朝漳州、广东等界,抵安南兴元县。③
>
> 生又言海水西高东下。距广东七十里,海中有鸡龙山,山极高峻,地皆浅滩。鸡龙山之东,水折而东走,舟行甚艰,必由山内以过,不然则漂流至东海乃止,盖水势悍急如此。自日本昼夜行四十日或五六十日始达安南,还时则顺流十五昼夜可抵日本矣。大海中舟行以风便,故每三、四、五月可行,六月以后不得

---

① 《皇明神宗皇帝实录》,万历三十七年(1609)五月二日条:"有倭船漂入闽洋小埕者,舟师追至漳港及仙崎。获夷众二十七人,译系日本商夷往贩异域,为风飘阁。其中有朝鲜国人,先年为倭所虏而转卖者。次为吕宋、为西番,或鬻身为使令,或附舟归国。"转引自前引岩生成一《安南國渡航朝鮮人趙完璧伝について》,第7页。

② 见前引郑士信《赵完璧传》,第463页。

③ 见前引李晬光《赵完璧传》,第252页。

行舟。①

关于日本到安南的海路里程和航海路线,李晬光记载:"安南去日本海路三万七千里,由萨摩州开洋,历中朝漳州、广东等界,抵安南兴元县",而其对航行时间也有详细记载:"自日本昼夜行四十日或五六十日始达安南,还时则顺流十五昼夜可抵日本矣。大海中舟行以风便,故每三、四、五月可行,六月以后不得行舟。"就此所见,当时日本与安南间的海路,去程与返程所需时间相差超过一半以上。我们知道,古代航海主要以帆船借助风力航行,风向对船速有决定性的影响,除此以外洋流也是关键性因素,因此往返耗时不同这一点并不足奇,而李晬光在当时的记述中就已经指出了"大海中舟行以风便"这一点。

同时,李晬光提到,赵完璧称之所以往返耗时不同的原因之一是"海水西高东下",这一点现在看来有欠科学,但大概反映出当时人对洋流问题的某种认识。此外,李晬光还提到这条航路"每年三、四、五月可行,六月以后不得行舟",这实际上反映的是亚洲海域的季风问题。不仅如此,他还记载:"距广东七十里,海中有鸡龙山,山极高峻,地皆浅滩。鸡龙山之东,水折而东走,舟行甚艰,必由山内以过,不然则漂流至东海乃止",这很显然也是在说中国东南沿海一带的洋流问题。

(2) 航海技术

相比之下,在郑士信的记载中,与航海技术相关的内容更多一些:

> 浙江人常于船上持候风五緉扇及日影台,夜则看星象以分方位及由某方向某国之路,如云南闽浙宁波日本南蛮朝鲜耽罗之属了然指掌。又以海底沙土之色,辨其为某地某方,常以长绳

---

① 见前引李晬光《赵完璧传》,第253页。

悬铁锤,于锤下涂粘糊饭,系长绳而下,或至直下三四百余把者,看其锤底所粘出沙土或垆或白,以辨其地方焉。①

其中所提及的候风五纳扇、日影台以及夜观星象等,是航海中帮助辨别风向和方位的工具和技术。当然除了工具和技术,更重要的还是经验,船上浙江人对"云南、闽、浙、宁波、日本、南蛮、朝鲜、耽罗之属了然指掌"才是确保航海成功的最关键因素。不过,比起上述这些,浙江人的一种"以海底沙土之色"分辨方位的技术,似乎才是让记述者最感兴趣的地方。不仅郑士信详细记载了这一点,另外两位记述者李睟光和李埈,虽然对航海技术相关内容记载不多,但也都不约而同地提到了这一点②,这应该是因为这一技术在他们看来比较新奇。

对于这一技术,郑士信提到了最多的细节,包括提到其具体做法是"以长绳悬铁锤,于锤下涂粘糊饭,系长绳而下,或至直下三四百余把者",以此粘出海底沙土,并且还提到了浙江人是通过看海底沙土的颜色是黑还是白来辨别方位。至于这种方法依据为何、如何分辨,我们不得而知,但据日本学者岩生成一所言,这种做法在日本的航海史料中亦多有记载③,由此可见应该是一种当时比较普遍应用的经验性航海技术。

(3) 海上见闻

对于赵完璧事件的记述者来说,"勾沙观色辨位"之法虽然新鲜,但与其他一些赵完璧所述海上见闻相比,简直黯然失色。这里就要涉及李睟光、郑士信、李埈三位记述人无一例外都记录下的内容,即赵完璧"海上遇龙"的离奇见闻。

据郑士信记载,赵完璧在海上时常听航海者向他讲述一些怪异

---

① 见前引郑士信《赵完璧传》,第462页。
② 李睟光的记载:"又用绳索垂下,钩出水底土,以其色辨方位远近",见前引李睟光《赵完璧传》,第253页;李埈的记载:"有华人之鲜事者同在行中,钩出水底土,视色而辨方焉。"见前引李埈《记赵完璧见闻》,第446页。
③ 参见前引岩生成一《安南國渡航朝鮮人趙完璧伝について》,第6页。

之事:比如,在海上有时会遇到"妇人形作怪之状",这种妇人形的海怪"自古相传是汉时漂溺之鬼",如果遇到,则"必祭以油、蜜果、面饼等物,掷波上以去,然后得免覆没";又如,在海上经常会遇到鲸鱼,其情状被形容为"见横海长鲸喷波涨天",而这时候的应对之法则是"即下碇住船,以竢其止然后乃过"。①

然而,海怪和鲸鱼之类,比之于龙,则只能算小巫见大巫。据航海者说:"南海常多雾雨,海中多大龙,龙之在海中者,必靠某物上挂其身,然后得云变化升天。其例也,龙挂着船上,船必覆没。故舟人见龙之来,则错愕失色。"不过,就算是龙,也并不是没有对付的办法,而驱龙之法就是"以生鸡五六十首,炮燖出臭,磔投船头海波,然后龙乃潜遁无患"。故此,当时远洋航海的船上必"常畜鸡数百首以行"。②

当然,记述至此,这些关于海怪、鲸鱼乃至龙的事情还只是停留在传闻的层面上,不排除其只是航海者海行无聊时的谈资。可最离奇是,据赵完璧所说,他还真的亲身遇到了龙。郑士信的记载称:"完璧之再往来也,适一遇青龙,其鳞甲光芒,蜿蜒来去也,其襄之如许云。"③而李睟光和李埈也都绘声绘色地记载了赵完璧"海上遇龙"的经历:

(李睟光记载)一日,数十步外,有苍龙奄至,舟人失色。俄而黑雾涨空,有五色虹覆之,雨雹交下,波涛腾涌如沸。舟上下震荡几覆,如是者三四,盖龙奋迅欲升空而未能故也。舟人每遇龙,则辄爇硫黄及鸡毛,龙恶其臭避去。是日仓卒,取数十活鸡投火烧之。龙又将逼舟,舟人计没奈何。以铳炮数十,一时齐发,龙忽没水去,遂得脱云。④

(李埈记载)一日,望见数十步之外,白沫洒空,鳞甲闪闪,渐见蜿蜒而前,若欲跨行舟而偃息者,盖龙自海中欲奋迅腾空而未

---

① 参见前引郑士信《赵完璧传》,第462页。
② 同上。
③ 同上。
④ 见前引李睟光《赵完璧传》,第253—254页。

易致力故也。一行愕眙,煨活鸡累十投之,乃避去。①

其中,李睟光的记载甚至还描述了船员以寻常之法驱龙未果,而转用铳炮数十齐射方才驱之这样的细节。李睟光记载的铳炮驱龙这一条,有一定的疑问,目前的研究一般都认为是李埈和郑士信先听说赵完璧事件,然后告知李睟光。可是李埈和郑士信的记载都止于烧鸡驱龙之法,没有铳炮驱龙的情节。那么,李睟光所记铳炮驱龙又从何而来呢?是李睟光为了写作《赵完璧传》,又再次向赵完璧本人了解过情况呢,抑或仅是他自己的文学性创作?这一点已经无从考证。

显然,"海上遇龙"这一情节有些过于荒诞无稽,而一般研究赵完璧事件的学者都倾向于把这里的龙认为是鲸鱼一类的大型海洋生物,而笔者则倾向于认为它应该是一种海上的自然现象——海龙卷,即海上的龙卷风。这种自然现象因其形制的原因,被古代航海者想象为龙的可能性极高,而亦有不少科学研究指出,中国南海一带因其特殊自然条件,是海龙卷的多发地带。

事实上,赵完璧遇到的是龙、鲸鱼,还是海上龙卷风,这个问题没有太多探讨的必要。需要思考的是,当时赵完璧认为自己看到的就是龙,而转述者也没有提出任何疑义,这背后的问题是什么?一言以蔽之,我们不应该以今天的认知水平去揣测古人的想法,尤其是在历史研究当中。另外,笔者所想到的还有,"海上遇龙"这个情节的存在,大概也和之前提及的李睟光事迹一样,对赵完璧事件的流传后世有一定的助益吧。

第三节　朝鲜的越南认知:赵完璧
　　　　　安南见闻的意义

赵完璧乘坐日本商船,经过五十余天的海上颠簸,终于抵达安

---

① 见前引李埈《记赵完璧见闻》,第 446 页。

南①。赵完璧在安南的所见所闻,是目前所见各种赵完璧传记中最核心的记载,大致可以概括为以下三个方面的内容:

1. 李芝峰诗流行安南

之前谈到赵完璧事件的流传时,已经提到赵完璧发现李睟光(李芝峰)诗文流行安南之事,而事情的具体经过如下:

> (安南)有文理侯郑剿者,以宦官用事,年八十,居处甚侈。地多茅盖,而唯文理侯家用瓦,瓦缝用油灰,以孔雀羽织绡为帐。一日,文理侯招生(赵完璧),生至,则有高官数十人列坐饮宴。闻生为朝鲜人,皆厚待之,且馈酒食。问其被掳之由,曰:倭奴之侵暴贵国,俺等亦闻之,颇有悯恻之色。仍出一卷书示之,曰:此乃贵国李芝峰诗也。[芝峰即睟光号,诗即睟光丁酉奉使中朝时赠其国使臣者也。]你是高丽人,能识李芝峰乎?生以乡生,年少被掳,又不斥名,而称芝峰,故不省芝峰为谁某。众叹讶久之。生阅过其书,则多记古今名作,无虑累百篇,而首题曰"朝鲜国使臣李芝峰诗",皆以朱墨批点。且指其中"山出异形饶象骨"一联,曰:此地有象山,所以尤妙。相与称赏不已。既数日,儒生等又请致于其家,盛酒馔以饷之。因言贵国乃礼义之邦,与鄙国同体,慰谕备至。谈间出示一书曰:此贵国宰相李芝峰之作,我诸生人人抄录而诵之,你可观之。生自以朝夕人,无意省录,且请纸笔,只传写数篇而还舟。厥后见学校中诸生,果多挟是书者。②

---

① 参见前引郑士信《赵完璧传》,第462页:"舟行五十余日,乃达安南国界。"

② 见前引李睟光《赵完璧传》,第252页。李睟光对这一事件的记载最为详尽,比如文理侯郑剿这个人物,就仅见与其记载,另外二位记述者均未提及。据岩生成一的研究,文理侯郑剿是安南历史上的真实人物,且就是当时在安南会安省兴元县(即赵完璧等所到之处)专门掌管安南对外贸易事务的官员。见前引氏著《安南國渡航朝鮮人趙完璧伝について》,第4—6页。而这一人物的出现,某种程度上亦增加了赵完璧事件的可信度。

因为赵完璧是朝鲜人,所以安南人对其到来似乎颇感兴趣①,以至于当地高官文理侯郑剿也专门邀请其参加饮宴。席间他们谈论到赵完璧的经历以及与之相关的壬辰倭乱的战争情况,从中我们可以看到当时安南人对发生在朝鲜半岛的事情是有所了解的。

同时,因为赵完璧是朝鲜人,所以安南人向他出示了一本流传于当地的朝鲜人诗集《朝鲜国使臣李芝峰诗》。遗憾的是,赵完璧因为年少见识有限,当时并不知道这个李芝峰为何人,甚至想当然地以为他大概是朝鲜的前代古人。不过,他对安南儒生争相抄录李芝峰诗文以及学校诸生"多挟是书"留有深刻印象。而直到其回国后跟别人提到此事,方才知道这个李芝峰即当世名臣李睟光,当时李睟光已经因为对光海君直言上谏而声名鹊起,且其官位已约在一二品之列。

在李睟光的《赵完璧传》中,对于安南人传诵的自己的诗作,仅仅提到了一句"山出异形饶象骨",而在郑士信和李埈的记载中,对诗文内容的记载则详略不一②。这首诗作的全文应是:

> 万里来从瘴疠乡,
> 远凭重译谒君王。
> 提封汉代新铜柱,
> 贡献周家旧越裳。
> 山出异形饶象骨,
> 地蒸灵气产龙香。
> 即今中国逢神圣,
> 千载风恬海不扬。

---

① 参见前引李埈《记赵完璧见闻》,第 446 页:"闻生为东国人,争来见。"
② 郑士信的记载是:"(安南人)仍诵芝峰所作:远凭重译谒君王,提封汉代新铜柱,贡献周家旧越裳,山出异形饶象骨,地蒸灵气产龙香等,末句首尾三句则不传。岂完璧粗解文,闻之不能详耶?且饶象骨之象字,以虎字传诵云,岂亦诵之者之讹耶?"见前引郑士信《赵完璧传》,第 463 页。他指出赵完璧转述的诗文存在缺失首尾三句的问题,并且其中有一个错字。而在李埈的记载中,该诗是完整的,这应该是他自己写作时补全的,见前引李埈《记赵完璧见闻》,第 446 页。

李睟光告诉我们,这首诗是他"丁酉奉使中朝时赠其国使臣者",而李埈也指出:"诗即公聘上国时遇安南使臣冯克宽于逆旅,相与酬唱者也。"①1597年,李睟光已经官拜正三品,任成均馆大司成、承政院右承旨等职,他以进慰使的身份出使明朝,期间与安南使臣冯克宽多有往来,其酬唱诗作在两人文集中都有收录。

当时李睟光赠予冯克宽的诗共有两首,另一首是:"闻君家在九真居,水驿山程万里余。休道衣冠殊制度,却将文字共诗书。来因献雉通蛮徼,贡为包茅觐象舆。回首炎州归路远,有谁重作指南车。"而冯克宽回赠亦有两首,分别是:"异域同归礼义乡,喜逢今日共来王。趋朝接武殷冠冔,观国瞻光舜冕裳。宴飨在庭沾帝泽,归来满袖惹天香。唯君子识真君子,幸得诗中一表扬。"、"义安何地不安居,礼接诚交乐有余。彼此虽殊山海域,渊源同一圣贤书。交邻便是信为本,进德深惟敬作舆。记取使轺回国日,东南五色望云车。"②

2. 安南的国情、风俗与物产

从信息传播的角度来看,芝峰诗流行安南这一点,只能算是赵完璧带回的大量安南信息中极小的一部分。而真正能够增进古代朝鲜人对安南认识的信息,主要还是集中在各种赵完璧传记中记述的有关安南国情、风俗和物产等方面的内容。

有关安南的国情,李睟光的记述中提到两点,一是赵完璧所到的港口城市兴元县距离当时安南国都"东京"有八十里这一地理概念,二是当时安南"国内中分为二,一安南国、一交趾国,互相争战,未决胜负"这一国内政治情况③。郑士信则提到了安南实行科举的情况:"乡举则如我国之乡邑都会试取,以送于王都云"④;李埈则提到安南

---

① 见前引李埈《记赵完璧见闻》,第446页。
② 这些诗均收在李睟光《芝峰集》卷八,"安南国使臣唱和问答录",见前引《韩国文集丛刊》,第六十六册,第85页。同时亦收在冯克宽的《使华手泽诗集》和《梅岭使华手泽诗集》中,见复旦大学文史研究院与成均馆大学东亚学术院合编《越南汉文燕行文献集成(越南所藏编)》,第一册,复旦大学出版社,2010年,第65—66页和第98—100页。
③ 参见前引李睟光《赵完璧传》,第252页。
④ 见前引郑士信《赵完璧传》,第463页。

"习诗书之教,官制法度,略仿中朝"①的情况。此外,李睟光《赵完璧传》中有对当地气候条件的记述,比如"其地甚暖"、"日候昼热夜凉"等,并且记载安南的农耕情况是:"水田耕种无时,三月间,有始耕者、有将熟者、有方获者。"②

各种版本赵完璧传记中涉及安南社会风俗人情的记载亦颇多。比如,李睟光提到"其国男女皆被发赤脚无鞋履,虽官贵者亦然"③,而郑士信的记载指出安南人习惯赤脚的原因是"盖其国土无泥滓无石块,只有软白沙,冬暖如春,故跣行不伤足"④。又如,李睟光提到安南人有漆齿的习俗以及其人多长寿的现象:"其人多寿,有一老人发白而复黄,齿则如小儿,所谓黄发儿齿者也。问其年则百有二十,其过百岁者比比有之"⑤,"黄发儿齿"的说法出自《诗经》"既多受祉,黄发儿齿",用以形容人老长寿,而赵完璧在越南真的看到了人老到一定程度头发会从白色再变成黄色的现象。

同时,李睟光的记载中还提到诸如安南"俗尚读书,乡间往往有学堂,诵声相闻。儿童皆诵蒙求及阳节潘氏论,或习诗文"、"其读字用合口声,与我国字音相近"、"但纸最贵,书籍则皆唐本"、"喜习鸟铳,小儿亦能解放"等一些社会情况⑥。

此外,郑士信记载了安南妇女热衷贸易的现象,并指出这是因为安南男子每年的年初会给妻妾一笔钱,而妻妾们则用其从事买卖活动以改善生活,也有学者认为这是越南妇女社会地位较高的一种体现。

且其国男子多畜妻妾,豪富者多至数十。每年春初,其夫分

---

① 见前引李垵《记赵完璧见闻》,第 446 页。
② 参见前引李睟光《赵完璧传》,第 253 页。
③ 同上,第 252 页。
④ 见前引郑士信《赵完璧传》,第 463 页。
⑤ 见前引李睟光《赵完璧传》,第 252—253 页。
⑥ 同上,第 253 页。

与金银若干两于其妻妾,使为买卖资。其妻妾以其金银为终年售纳之业以为常。故其妻妾闻异国贾舶来至,则虽卿相之妻妾,必皆乘屋轿,尽率一家子女眷属以来列坐,与倭人论价,或示其处女求面币。其出入多从卫前导,甚盛矣。①

关于越南妇女参与贸易活动的情况,从《昼永编》记载的朝鲜济州岛岛民漂流安南的资料中也能够得到旁证,当时济州岛漂流民在即将被安南人处死的危急时刻,出面为其具保解围的,正是一名"衣锦扬珮"、"举止端雅"的妇人。

> 见一官员着黑色衫,顶棱帽子,据椅以坐。以书问答如在船时。又书示曰:我国太子曾为朝鲜人所杀,我国亦当尽杀尔等以报仇。渠等见书,放声号哭。忽一妇人衣锦扬珮自内而出,举止端雅,异香袭人,亦以书示云:尔等勿哭,我国本无杀害人命之事,欲留则留,欲去则去。使军卒送置一岛。②

再来看安南的物产,在各种赵完璧传记中,有关安南物产的记载,仅见于李睟光的《赵完璧传》,原文如下:

> 地虽滨海,海产不敷。果则橘荔子外无他杂果。馈以干柿则不识之。唯常吃槟榔,以青叶同食,未知为何物也。[小说曰:南人食槟榔,以扶留藤同咀,则不涩云。盖此物也。]槟榔树高数丈,耸直如竹有节,叶似芭蕉。木花树甚高大,田头在处有之,花大如芍药,绩而作布甚坚韧。桑则每年治田种之如禾麦,摘桑以饲蚕。丝绢最饶,无贵贱皆服之。渴则啖蔗草。饭则仅取充肠,

---

① 见前引郑士信《赵完璧传》,第463页。
② 参见郑东愈著《昼永编》(全四册),第二册,首尔:国立中央图书馆,藏书号:古091-7,第2页。

常饮烧酒。用沉香屑作膏涂身面。有水牛,形如野猪,色苍黑,人家畜养,作耕或屠食。以日气热,故昼则牛尽入水,日没后方出。其角甚大,即今黑角,倭奴贸取以来。[五代史云占城有水兕,所谓水牛疑即兕也。]象则唯老挝地方出焉,谓之象山,有德象,其牙最长几五六尺。国王畜象至七十头,出则骑象。象有拜跪如人者。孔雀、鹦鹉、白雉、鹧鸪、胡椒亦多产焉。①

其中提到的情况有:(1)安南虽然地处海滨,但海产并不多;安南出产的水果种类比较单一,只有橘子和荔枝②;(2)关于安南人喜嚼食槟榔的习俗以及槟榔的食用方法和槟榔树形态的记述;(3)安南到处都可见一种木花树(即木棉树),这种树的花形很大,类似芍药,其花蕊可以用来织成很坚韧的布料;(4)安南人种桑乃是治田而种,即种地桑,地桑比之桑树产量更大,因而安南的养蚕业发达,丝产量大,安南人无论贵贱皆穿着丝制衣服。此外,其中还提到了一些动物,比如身形硕大的水牛、南亚特产的大象,以及孔雀、鹦鹉、白雉、鹧鸪等。同时还并提到安南亦多产胡椒。

李睟光记载的各种安南物产的情况,除了是一种对安南情况的客观描述外,还成为一种知识资源,被朝鲜人所接受和认知,比如后世一位朝鲜学者李圭景在编写其《五洲衍文长笺散稿》这一百科全书式的著作时,就曾经引用李睟光《赵完璧传》相关记载来辅助其对木棉、地桑、孔雀等事物属性的介绍:

交趾安定县有木棉,高丈余,中原岭南木棉树高数丈,春开红花,即攀枝之类。我东岭南晋州府人赵完璧,俘于倭,入安南国,见棉树甚高大,田头在处有之,花大如芍药,绩而作布甚坚

---

① 见前引李睟光《赵完璧传》,第253页。
② 不过同样是在《赵完璧传》中,李睟光曾说安南"二三月间有西瓜甜瓜等物",这两者看似矛盾,实则可能因为古人对瓜、果的概念有明确的区分,不似今人将其尽归于水果之属。

韧云。

愚尝阅《赵完璧传》，完璧即晋州人也，漂入安南国，竟得生还，多传彼国之俗云。其国种桑，每年治田种之如禾麦，摘叶以饲蚕，故一岁八蚕，而桑自不贵，丝绢最饶，无贵贱皆服之。其田桑之利，百倍于高大之桑，足可知矣。

我东《赵完璧传》：完璧丁酉倭乱俘入日本，随商转地安南国，竟生还。言安南多产孔雀，国人文理侯郑剿家，以孔雀羽织绡为帐，其土产可知也。①

第四节　关于吕宋、琉球和日本的记载

在李睟光的《赵完璧传》中，除提到赵完璧的安南见闻外，还涉及吕宋、琉球和日本的一些情况。这些内容在其他两位记述者笔下均未出现：

生亦尝随往吕宋国，国在西南海中，土多宝货，人皆髡发为僧。琉球地方甚小，其人皆偏髻着巾，不习剑铳诸技。距萨摩约三百里有硫黄山，远望山色皆黄，五六月常有烟焰。②

李睟光提到，赵完璧除跟随日本商船三次前往安南外，还曾经航海去过一次吕宋，并称其"国在西南海中，土多宝货，人皆髡发为僧"，这一点在日本学者岩生成一看来十分重要，因为在日本文献中，关于那个时代商船进行南洋贸易的资料极少，如果《赵完璧传》所述确实，那么就提供了一条有关17世纪日本商人开展南洋贸易活动的新

---

① 此三条材料分别见于前引韩国古典刊行会编，李圭景著《五洲衍文长笺散稿》，上编第 496、432 页，下编第 550 页。

② 见前引李睟光《赵完璧传》，第 253 页。

证据①。

至于琉球,应该是赵完璧在随船前往安南、吕宋时经过之地,故留有一些简单的印象,如:"琉球地方甚小,其人皆偏髻着巾,不习剑铳诸技",这里关于琉球人"偏髻着巾"和"不习剑铳诸技"的描述,基本上都和其他材料所见的古代琉球情况相符。

此外,同样应该是在前往安南、吕宋的途中,赵完璧曾看到"距萨摩约三百里有硫黄山,远望山色皆黄,五六月常有烟焰",其所指当是日本萨摩半岛以南的一座火山岛,今称硫黄岛,属日本鹿儿岛县管辖。

李晬光《赵完璧传》中对于日本情况的记述,仅仅只有两句话:

> 在日本时,见京都有徐福祠,徐福之裔主之,学浮屠法,有食邑,不预国政。且倭人最重我国书籍,多宝藏之,安南人亦以重货求之。②

其中提到两件事。其一是赵完璧在日本京都看到有徐福祠,并且说这个徐福祠由"徐福之裔主之",而"学浮屠法"大概是说这个徐福祠有受佛教因素影响的痕迹,同时还提到,徐福的后裔在日本"有食邑",但不干预国政。其二是说日本人珍视朝鲜书籍,而安南人也争相从日本人手中购买。日本人历来重视书籍的收藏,这一点人所共知。而17世纪前后日本与朝鲜之间的往来比之其与中国的往来更为密切和频繁,因此朝鲜成为其取得汉文书籍的重要渠道,这条记载大致就是反映这个情况。至于安南人高价向日本人买书这一记载,则向我们提示出当时汉文书籍从日本流向安南这一渠道的存在。

赵完璧1597年到日本,至1607年回国,期间长达十年,应该说他在日本生活的时间,要比往来安南的时间长得多,按理他的日本见

---

① 参见前引岩生成一《安南國渡航朝鮮人趙完璧伝について》,第7页。
② 见前引李晬光《赵完璧传》,第253页。

闻应该要比安南见闻更丰富。可是在《赵完璧传》中,关于日本的情况我们却只看到这样短短两句话的内容。记述者的厚此薄彼其实不难理解,因为人们总是对自己未知的事物有更大的兴趣。对17世纪的朝鲜人来说,不管是因为长期商贸关系的存在,还是两国间使节往来的消息传递,抑或是战争期间以知己知彼为目的的情报刺探,都使得其对近邻日本的了解比较充分。而恰恰对于遥远的安南这个国家,朝鲜人有太多的未知和神秘感,因此他们对赵完璧事件的关注,自然也就会集中在安南信息的部分,而不去太多关注日本的方面。作为研究者,我们不应去苛求文献提供给我们更多材料,而应该庆幸于它已经提供的哪怕仅仅一点点线索。对《赵完璧传》中所留下的这些关于吕宋、琉球和日本的少量材料,我们就应该用这样的心态去看待。

小　　结

赵完璧远赴安南的经历,在当时的朝鲜人看来是难以置信之事,正如李睟光所言:"夫安南,去我国累万里,自古不通,况海道之舃远乎。生由东极抵交南,历风涛之险,行蛮貊之乡,冒万死得一生,以至全还,乃前古所未有者也。"李睟光对赵完璧的评价亦相当之高:"孔子曰:言忠信,行笃敬,虽蛮貊之邦行矣。若生者,庶几近之矣。"而更有意思的是,主人公赵完璧的名字取自完璧归赵之典故,而其经历又与完璧归赵之意暗合,也怪不得李睟光要说:"生名为完璧,抑可谓不负其名者欤。"① 有时候,历史就是因为这样一些巧合而变得有趣。而这样一个有趣小事件,又可以促使我们思考一些大问题。

1. 赵完璧事件与壬辰战争被虏人的研究

发生在16世纪末的壬辰战争,被评价为是影响中日朝三国历史命运的重大事件,相关研究更是汗牛充栋,而随着研究的不断深入,

---

① 参见前引李睟光《赵完璧传》,第254页。

一些研究者的关注点开始从战争本身逐渐转向战争背景下的人员往来和文化交流上。据统计,壬辰战争期间被掳往日本的朝鲜人约有十万,而战后通过各种渠道回到日本的仅六七千人。留在日本的被掳人不少是掌握某种技术(如陶瓷、医疗、金属工艺等)的匠人和拥有一定文化水平的士人,这些人成为朝日之间技术和文化交流的重要载体①。

而有关被掳人的大量文献,也不断被发掘和研究,据韩国学者统计,有关壬辰战争被掳人的材料有:纪实性文献如姜沆《看羊录》、鲁认《锦溪日记》、郑希得《海上录》、郑庆得《万死录》、郑好仁《丁酉避乱记》,传记性文献如《白义士传》、《姜沆传》、《赵完璧传》、《申起金传》、《东莱梁敷河传》、《朴节士传》,以及小说如《崔陟传》、《周生传》、《卫庆天传》、《南允传》、《李翰林传》、《壬辰录》等②,本文提及的《赵完璧传》只是其中之一。

有趣的是,其中《崔陟传》这部小说中,也出现了崔陟夫妇被俘后失散,其后因为跟随日本商船行商的缘故又在安南重逢的情节。尽管《崔陟传》是一部虚构的作品,但其中出现日本商船和安南的因素,大概也和赵完璧事件的流传不无关系。说到底,关于壬辰战争被掳人的研究,赵完璧事件所揭示出来的只是冰山一角,而目前越来越多的文献线索的浮出水面,正向我们展现出这一课题极大的研究空间。

2. 从赵完璧事件看亚洲海域交通与人员往来

值得注意的是,赵完璧的安南之行之所以成为可能,不能不提的一个重要条件就是海上交通这一途径的存在。赵完璧从朝鲜到日本,又从日本三次往返安南,甚至还前往琉球和吕宋,最后返回朝鲜,这所有的过程都是通过海上交通实现的。通过这个事件,我们对于17世纪亚洲海域的海上交通所能够达到的地域范围,以及亚洲各国

---

① 可参见前引金泰俊著《壬辰倭乱与朝鲜文化的东渐》。
② 参见郑出宪《壬辰倭乱和穿越海洋的战争俘虏——曲折的记忆和叙事的再构》,收入李海英等编《海洋与东亚文化交流》,中国海洋大学出版社,2014年,第257—287页。

人员经由海洋为媒介频繁交互往来的情况,无疑都能够有一个更加直观的印象。

有关历史上朝鲜半岛与安南之间人员直接往来的记录极少,不过亦有文献为我们揭示出相关情况,比如17世纪曾有安南商人漂流到朝鲜的济州岛①,而济州岛的吏民也曾漂流到安南②。这两个事件同样也是依托海洋为媒介发生的。在通常的认识中,朝鲜半岛和安南之间相隔甚远,两者直接发生联系的可能性很低,而事实上进入朝鲜时代以后,我们也很少看到两者之间存在官方外交或者商贸等人员往来情况。但恰恰由于海洋这一媒介以及海上交通途径的存在,还是提供了两者建立联系的可能性。事实上,近年来关于东亚海域漂流人问题的不少研究,已经为我们展示出经由海洋媒介实现人员往来的这一重要而丰富的面向,而类似济州岛的漂流人事件和赵完璧事件,无疑是拓展我们对亚洲海域人员往来历史了解的极佳个案。

3. 隐身的中国——赵完璧事件中的中国因素

鉴于赵完璧事件所反映的内容,现在学者一般都用它来研究朝鲜半岛与安南的关系史。同时因为其中涉及日本,也有学者用它来研究壬辰战争背景下的朝日关系,或者日本和安南的商贸往来。而中国学者之所以鲜少关注到这一事件,大概是认为这个事件和中国

---

① 1612年,一些安南和中国南京商人同船漂流到济州岛。当地官员发现船上大量宝物金钱后,将商人杀害,掠夺船上财宝,最后将船烧毁并将此事虚报为倭寇。此事可参见前引《朝鲜王朝实录》,第二十七册,第316页。

② 1687年,济州岛吏民金泰璜等在楸子岛(今济州岛北济州郡楸子岛)近海处遭遇大风,在海上漂流了17日后行到安南会安郡明德府。后来其中5人来到当时安南首郡升龙,谒见了安南皇帝黎熙宗(黎维祧),并被赐予酒食米钱。朝鲜人归国前,黎熙宗给朝鲜国王写了一封移文。中国商人朱汉源、船户陈乾等人将朝鲜人送归本国。返程商船于1688年8月7日出发,途经宁波府、普陀山,于12月抵达济州岛。此事在《朝鲜王朝实录》肃宗十五年二月十三日条有记载,见前引《朝鲜王朝实录》,第三十九册,第158页。另外,朝鲜人郑东愈(1744—1808)的《昼永编》中,有关于此次漂流事件的详细记录,该1 788字的文献,除记录漂流经过外,亦有部分安南风俗记录,其中一些内容可与《赵完璧传》相佐证。参见前引郑东愈著《昼永编》,第二册,第1—10页。关于这次漂流事件,日本学者片仓穰有专门研究,参见前引氏著《朝鮮とベトナム日本とアジア:ひと・もの・情報の接觸・交流と對外觀》,第三章"濟州島吏民のベトナム漂流記録"。

没有什么关系。然而笔者想说的是，以往的研究虽然已经不少，但似乎都忽略了该事件背后另外一个可以讨论的话题，那就是其中存在的中国因素。

从表面上看，赵完璧的整个经历和中国没有直接的关系，但细究之下我们会发现，这个事件中还是存在不少中国的影子。

首先就是关于日本朱印船产自中国、驾船者为中国浙江人这样一些记载，实际上反映出当时中国的造船技术和航海技术是亚洲海上交通的一个重要的支撑因素。

其次，关于赵完璧提到的"李芝峰诗流行安南"的事件，背后也带有明显的中国因素。李晬光与冯克宽的诗文交流，一直被看作是朝鲜半岛与安南关系史或两者间文学交流史上的重要个案。而事实上我们必须了解，这一交流本身就是通过中国这一中间环节而实现的。类似的朝鲜与安南使臣通过朝天或燕行使行活动，在中国会面并进行交流的例子不胜枚举①。而朝鲜与安南两国以中国为媒介而展开的远不止文学交流，其他各方面的信息也通过这个渠道频繁交换。

最后，也是最根本的一点，赵完璧之所以被雇佣登船，是因为他识得汉字，李晬光的诗流行安南，是因为安南也用汉字、习汉文、喜汉诗。李晬光诗云"休道衣冠殊制度，却将文字共诗书"，冯克宽亦对以"彼此虽殊山海域，渊源同一圣贤书"，两人的诗句都是对"书同文"现象极佳的阐发。

因此，不管是从航海技术的角度、政治文化交流媒介的角度，还是汉字汉文使用的角度，在赵完璧事件中没有直接出现的中国，事实上可以说是一个隐身的存在。

对于赵完璧事件背后有一个"隐身的中国"存在的这一理解，和

---

① 比如1458年的朝鲜使臣徐居正与安南使臣梁鹄、15世纪下半叶的朝鲜使臣曹伸与安南使臣黎时举、1481年的朝鲜使臣洪贵达与安南使臣阮文质及阮伟、1496年的朝鲜使臣申从濩与安南使臣武佐、1760年的朝鲜使臣洪启禧与安南使臣黎贵惇、1789年的朝鲜使臣徐浩修与安南使臣潘辉益等，都有过诗文交流。参见姜东烨《朝鲜时代东南亚细亚文学交流研究》，载《渊民学志》，第八辑，首尔：渊民学会，2000年，第63—130页。

之前提到的"不在场的在场者"的认识,其实有着同样的所指,目的都是希望促使我们历史认知视角的一种转换,即对以往想当然地认为与中国无关的历史资料进行重新评价。前文提及的朝鲜王朝时期的通信使文献是再明显不过的例子,表面上看,它似乎只是反映朝日关系的历史资料,与中国无关或者关系不大,但如果我们换一个角度去看,就会发现其中实际上包含了大量与中国相关的内容。而如果我们进一步放宽视野,类似的文献可能还会更多地浮现在我们眼前。

总的来说,发生在17世纪初的赵完璧事件,虽然是一个极个别的案例,但却为我们展现出了一幅十分宏大的画面,其中有朝鲜半岛、有安南、有日本、有琉球、有吕宋,还有"隐身的中国"。从中我们可以直接看到或者联想到处于亚洲的这诸多国家和地区之间,通过海洋这一媒介而建立起来的种种联系。而且经由这个事件,还可以把诸如壬辰倭乱、朝天使行、通信使活动、朱印船贸易等这样一些历史情境勾连起来。笔者认为,此类历史现象,无论是从国别史或者国与国关系史的视角去研究,都难免挂一漏万,必须从一个更加宏观的视野去考察,而诸如海域史或者亚洲史的视野或许更加合适,这或许就是赵完璧事件研究带给我们更重要的启示。

附一 李睟光《赵完璧传》

赵生完璧者,晋州士人也。弱冠,值丁酉倭变,被掳入日本京都,即倭皇所居。为倭服役甚苦,思恋乡土,常有逃还之志。倭奴轻生重利,以商贩为农,以舟楫为鞍马,海外南番诸国无远不到。以生晓解义字,挈而登舟,自甲辰连岁三往安南国。

安南去日本海路三万七千里,由萨摩州开洋,历中朝漳州、广东等界,抵安南兴元县。县距其国东京八十里,乃其国都也。国内中分为二,一安南国、一交趾国,互相争战,未决胜负。

有文理侯郑㯋者,以宦官用事,年八十,居处甚侈。地多茅盖,而唯文理侯家用瓦,瓦缝用油灰,以孔雀羽织绡为帐。一日文理侯招生,生至,则有高官数十人列坐饮宴。闻生为朝鲜人,皆厚待之,且馈酒食。问其被掳之由曰:倭奴之侵暴贵国,俺等亦闻之。颇有悯恻之色。仍出一卷书示之曰:此乃贵国李芝峰诗也。(芝峰即睟光号。诗即睟光丁酉奉使中朝时,赠其国使臣者也。)你是高丽人,能识李芝峰乎?生以乡生,年少被掳,又不斥名,而称芝峰,故不省芝峰为谁某。众叹讶久之。生阅过其书,则多记古今名作,无虑累百篇。而首题曰朝鲜国使臣李芝峰诗,皆以朱墨批点。且指其中山"出异形饶象骨"一联曰:此地有象山,所以尤妙。相与称赏不已。

既数日,儒生等又请致于其家,盛酒馔以饷之。因言贵国乃礼义之邦,与鄙国同体,慰谕备至。谈间出示一书曰:此贵国宰相李芝峰之作,我诸生人人抄录而诵之,你可观之。生自以朝夕人,无意省录,且请纸笔,只传写数篇而还舟。厥后见学校中诸生,果多挟是书者。

文理侯谓生曰:你欲求还本国,自此刷还于中朝,可以转解,你须留此。生欲从其言,而见其国人多诈难信,又闻距本国甚远,不果云。

其国男女皆被发赤脚无鞋履,虽官贵者亦然。长者则漆齿。其人多寿,有一老人发白而复黄,齿则如小儿,所谓黄发儿齿者也。问其年则百有二十。其过百岁者比比有之。且俗尚读书,乡间往往有学堂,诵声相闻。儿童皆诵《蒙求》及《阳节潘氏论》,或习诗文。其读字用合口声,与我国字音相近。但纸最贵。书籍则皆唐本也。且喜习鸟铳,小儿亦能解放。

其地甚暖。二三月有西瓜甜瓜等物。水田耕种无时,三月间,有始耕者、有将熟者、有方获者。日候昼热夜凉。地虽滨海,海产不敷。果则橘荔子外无他杂果。馈以干柿则不识之。唯常吃槟榔,以青叶同食,未知为何物也。小说曰:南人食槟榔,以扶留藤同咀,则不涩云。盖此物也。槟榔树高数丈,耸直如竹有节,叶似芭蕉。木花树甚高大,田头在处有之,花大如芍药,绩而作布甚坚韧。桑则每年治田种之如禾麦,摘桑以饲蚕。丝绢最饶,无贵贱皆服之。渴则啖蔗草,饭则仅取充肠,常饮烧酒。用沉香屑作膏涂身面。

有水牛，形如野猪，色苍黑，人家畜养，作耕或屠食。以日气热，故昼则牛尽入水，日没后方出。其角甚大，即今黑角，倭奴贸取以来。《五代史》云占城有水兕，所谓水牛疑即兕也。象则唯老挝地方出焉，谓之象山，有德象，其牙最长几五六尺。国王畜象至七十头，出则骑象。象有拜跪如人者。孔雀、鹦鹉、白雉、鹧鸪、胡椒亦多产焉。

生亦尝随往吕宋国，国在西南海中，土多宝货，人皆髡发为僧。琉球地方甚小，其人皆偏髻着巾，不习剑铳诸技。距萨摩约三百里有硫黄山，远望山色皆黄，五六月常有烟焰。

在日本时，见京都有徐福祠，徐福之裔主之，学浮屠法，有食邑，不预国政。且倭人最重我国书籍，多宝藏之，安南人亦以重货求之。

生又言海水西高东下。距广东七十里，海中有鸡龙山，山极高峻，地皆浅滩。鸡龙山之东，水折而东走，舟行甚艰，必由山内以过，不然则漂流至东海乃止，盖水势悍急如此。自日本昼夜行四十日或五六十日始达安南，还时则顺流十五昼夜可抵日本矣。大海中舟行以风便，故每三四五月可行，六月以后不得行舟。

又倭船小，不能驾大海，以白金八十两购唐船，船中人共一百八十余名，而唐人之惯习海程者为船主，用指南针以定东西，又用绳索垂下，钩出水底土，以其色辨方位远近。

其所见奇怪之事甚多，而海中见游龙，寻常出没。一日，数十步外，有苍龙奄至，舟人失色。俄而黑雾涨空，有五色虹覆之，雨雹交下，波涛腾涌如沸。舟上下震荡几覆，如是者三四，盖龙奋迅欲升空而未能故也。舟人每遇龙，则辄爇硫黄及鸡毛，龙恶其臭避去。是日仓卒，取数十活鸡投火烧之，龙又将逼舟，舟人计没奈何，以铳炮数十，一时齐发，龙忽没水去，遂得脱云。

生至丁未年回答使吕佑吉等入往时，哀告主倭，得还本土，其老母及妻俱无恙，亦异事也。夫安南去我国累万里，自古不通，况海道之窎远乎。生由东极抵交南，历风涛之险，行蛮貊之乡，冒万死得一生，以至全还，乃前古所未有者也。孔子曰：言忠信，行笃敬，虽蛮貊之邦行矣，若生者庶几近之矣。且生名为完璧，抑可谓不负其名者欤。

附二　郑士信《赵完璧传》

赵完璧者,晋州士族人也,故掌令河晋宝之侄孙女婿也。丁酉之变,为倭所抢,以归于日本,服役使唤,如我国之奴属焉。倭之欲行商于安南国获大利者,必求得浙江人老于海善候风者及解文通意者与偕,然后乃行。完璧之主倭,既得候风人,而未得解文人,方以言语莫通为患,完璧素于晋州学文者也,粗解文理,主倭要与完璧行,为盟文以约曰:往来安南之后,则永放汝任其所之云。完璧志切返国,不避死乃从之。与浙江人同浮海向安南国。

海路不知其几千里,大洋茫茫,了无岛屿止泊之处。浙江人常于船上,持候风五纳扇及日影台,夜则看星象以分方位及由某方向某国之路,如云南闽浙宁波日本南蛮朝鲜耽罗之属,了然指掌。又以海底沙土之色,辨其为某地某方,常以长绳悬铁锤,于锤下涂粘糊饭,系长绳而下,或至直下三四百余把者,看其锤底所粘出沙土或垆或白,以辨其地方焉。

海中水色或青或白,或赤如血色,或黑如墨汁,其黑处甚恶云。如遇海怪,必祭以油、蜜果、面饼等物,掷波上以去,然后得免覆没。行至一处,候风人曰此处无乃是乎,疑讶之间,舟已行过,忽见波上似有妇人形作怪之状,候风者大惊,即致祭祈祷,则怪物即因忽不见,得免患焉,自古相传此是汉时漂溺之鬼云。

见横海长鲸喷波涨天,则即下碇住船,以竢其止然后乃过,而候风者以为此则易为耳。如见龙来,则喷水约一丈许,而舟人每惊惶褫魄。盖南海常多雾雨,海中多大龙,龙之在海中者,必靠某物上挂其身,然后得云变化升天。其例也,龙挂着船上,船必覆没。故舟人见龙之来,则错愕失色。其禳法必以生鸡五六十首,炮焌出臭,磔投船头海波,然后龙乃潜遁无患。故舟中常畜鸡数百首以行。完璧之再往来也,适一遇青龙,其鳞甲光芒,蜿蜒来去也,其禳之如许云。

舟行五十余日,乃达安南国界。见其俗皆被发跣行,盖其国土无泥滓无石块,只有软白沙,冬暖如春,故跣行不伤足。

且其国男子多畜妻妾,豪富者多至数十。每年春初,其夫分与金银若干两于其妻妾,使为买卖资。其妻妾以其金银为终年售纳之业以为常。故其妻妾闻异国贾舶来至,则虽卿相之妻妾,必皆乘屋轿,尽率一家子女眷属以来列坐,与倭人论价,或示其处女求面币。其出入多从卫前导,甚盛矣。

见处处有爱诵芝峰诗。士人问完璧曰何国人乎?完璧对以朝鲜人,为倭所抢,驱使而来。士人曰:你是朝鲜人,则你知东国李芝峰乎?完璧前此未尝闻知,故以实对。其士人曰:李芝峰你国文章人也,尔之不知何也?仍诵芝峰所作"远凭重译谒君王,提封汉代新铜柱,贡献周家旧越裳,山出异形饶虎骨,地蒸灵气产龙香"等。末句首尾三句则不传。岂完璧粗解文,闻之不能详耶?且饶象骨之象字,以虎字传诵云,岂亦诵之者之讹耶?且国俗盛文风,见其家家讲诵不绝。

乡举则如我国之乡邑都会试取以送于王都云。且其国之人,外似温顺而心实狡诈多贪欲,其见完璧也,有劝以逃着此国,使之通中国以回朝鲜云,而见其多诈难信,终不肯从云。完璧既回日本,其主倭者背盟不放,又要再往安南,更成盟文为约。完璧不得已再往,及还又不肯放去。傍邻之倭,以其再失信不祥,物议腾沸,主倭不得已放之,以故完璧得自由,鸠聚银两,图回本国乡土。其母与妻俱无恙,今方安居奠业复如初。此事金直长允安而静云。

附三　李埈《记赵完璧见闻》

秀才赵完璧,晋阳人也,丁酉之乱没倭中。尝随商倭,再往安南国,即古越裳氏界也。

所经海水有五色之异,奇诡之物朝暮见伏无常,不可殚记。一日,望见数十步之外,白沫洒空,鳞甲闪闪,渐见蜿蜒而前,若欲跨行舟而偃息者,盖龙自海中欲奋迅腾空而未易致力故也。一行愕眙,煨活鸡累十投之,乃避去。大洋茫茫,莫可端倪。

有华人之鲜事者同在行中,钩出水底土,视色而辨方焉。越重溟冒层涛,如附桔槔而下上。水行五十日,方到彼岸。国俗被发泹齿,其性柔顺,习诗书之教,官制法度,略仿中朝。

闻生为东国人,争来见,以一律诵而告曰:此乃你国李芝峰作也。其诗曰:万里来从瘴疠乡,远凭重译谒君王,提封汉代新铜柱,贡献周家旧越裳,山出异形饶象骨,地蒸灵气产龙香,即今中国逢神圣,千载风恬海不扬。生意谓芝峰是异代人,谩不致省,后数年回本国,具以事语人,始知所谓芝峰乃今春官亚卿李公睟光所自号,而诗即公聘上国时遇安南使臣冯克宽于逆旅,相与酬唱者也。岂谓适然而遇,咳唾余屑,散落铜柱之表,人之宝之,不啻若九苞一毛自绛霄而坠也。噫!世之人呕心肝咏月露,欲托此而名不朽者何限,而风声过耳,湮没无闻,况望传播于重译之乡,使人隽永之不已耶。彼之有意而所不可得者,公无为而得之有余,是何以而致也。诗曰:鼓钟于宫,声闻于外,言有其实则其应甚异也,以此而推,安知公前后朝天之作,不并被天埋管弦,以鸣吾东大雅之盛也。

金君而静,闻此事于赵生,语余甚详,异而识之,下一转语,以备史氏之采取。万历辛亥暮春,兴阳姓某识。

附四 《昼永编》载济州岛民漂着安南事件

英宗丁未,译学李齐聃在济州见州民高商英,是曾漂海生还者,详问漂海颠末,作一记。其略曰:

肃宗丁卯,本州吏民二十四人乘船到楸子岛近洋,为大风所漂。凡行十二日,风始少息,而船中无甘水,惟啖生米以疗饥。如是在洋中六日,又遇东北风行十七日至一岛。见众船来截,四面剑戟森列,盖其岛巡逻船也。乃以手示酌水渴饮之状。其人解意,送一船给以一瓶水。我船中三人在船边者受而尽饮之,即皆晕倒不省人事。其人又汲水送之,故余人则煎作热水徐徐饮之,精神始清爽。于是出纸笔书,问何地方。其人书答:此地号安南国,尔等在何邦,缘何到此。遂答以朝鲜人漂到因乞救济之意。又值大风,终得下岸,所乘船已片片破矣。

随其人入其邑,即所谓会安郡明德府,见一官员着黑色衫,顶棱帽子,据椅以坐。以书问答如在船时。又书示曰:我国太子曾为朝鲜人所杀,我国亦当尽杀尔等以报仇。渠等见书,放声号哭。忽一妇人衣锦扬珮自内而出,举止端雅,异香袭人,亦以书示云:尔等勿哭,我国本无杀害人命之事,欲留则留,欲去则去。使军卒送置一岛。于是日往闾家乞米,其应给无厌色,到处如此,盖其国俗然也。船头先饮冷水之三人相继致毙,余存二十一人。

遍行无禁,故其俗尚言语略解方向。其地沃壤多水田;其民三男五女;节候常暖,四时长春;恒着单衫,广袖长身,不着袴子,但以尺锦仅掩前后;其发披,其足跣;男贱女贵;一岁五蚕三稻,衣食有饶,自无饥冻之患;其景胜处必有丹楼彩阁,制度华丽;珍禽奇兽,家家养之,奇货异宝,处处有之;其木则丹木、乌木、白檀,其果龙荔、杜、椒、姜、芋、蔗、茸、槟榔、棕榈、芭蕉之类,不可殚记;其牛在水中,主人如有耕作驮载之事,则往于水边,以其声呼之,则举首而见之,如其主则即起随往,如非其主则卧而不起,其角每岁一易,埋于沙洲之边,人或尽数采去,则后移埋于他处,所谓黑角盖出于此地也;其狲狲大如猫,毛色如灰,能解人意而便于使令,但不能作人语,以铁锁系项,人家畜之。

象则牙长丈余,身巨如屋,人欲刷之则必梯而上,毛色苍白而甚短,头无鬣,尾无骏,其鼻长十余丈,用之如手,善食芭蕉,又能作天鹅声,操练时列为队伍,有人持兵而上号令,时教以作声,低其鼻则声低,举其鼻则声高,其声振天,惟官无给料,但畜者于收获时驱之田头,奖之五六束稻,则挂之象耳而去之他所,不给则以其鼻乱掷稻束遍于田野而后已,人莫敢呵禁,官不禁之,其国法可谓疏阔矣。

其孔雀则比鹤甚大,一身翎毛五色灿烂,其雄者顶上有数枝翎,如鹭尾,长数尺许,末端有纹如钱,朱翠之色远胜锦绣,羽缎多出此地,盖其以羽毛织成者也。

以木屑作无心烛,以槟榔叶为衣,其长一尺,燃之能达冬天一夜,光明无比;芭蕉绝大,叶长十余丈,体大如柱,处处最多,象善吃如马之吃蒿草;棕榈丝在叶见,织成雨衣,其实大如碗,有肉在外,中有仁壳甚坚,有酱一升,其甘无比,又有核仁在其中,多生水边,实熟后为风所折,漂流而去,我国得以为瓢子杯而谓芦实者,此物也;槟榔实如大腹子而小,土人有神气困倦食其实,往往佩之而行焉。

一日,自其国招五人,凡六日始到其都,见一镇山之下,闾阎栉比,宫阙崔嵬。国王坐于殿上,左右侍立者剑佩,极其严肃。招致殿庭,以书问答后,各赐以酒食及米一石、钱三百而退。渠辈乘国王亲自操练之时,泣呈一书乞其生还,王见而哀之。

时中国商人朱汉源、船户陈乾等来言于渠辈等曰:俺这一船里若俱载你们好好回去,你们当以何物赠我乎?渠辈等闻说皆喜,答以每一人以三十石大米报汝载去之恩,遂成文券。其国备具此由,以报其王,则自其国以钱六百两偿之,以其国书报我国送漂到人付商船回去之意,回来时必受朝鲜文书以来,则更当厚赏尔等。于是朱、陈两人以戊辰八月初七日举帆向北,五阅月到宁波府,又至普陀山,十二月十三日遇西南风向我济州而发,船行三日而到大静县。

其移文曰:安南国明德侯吴为奉令调载回籍事处,丁卯年十月间有漂风小船一只到安南本国,计二十四人,询称朝鲜,缘出海贸易不意风波大作破船失货物等语,查系贵国商民,俯怜同体。荷蒙本国王体好生之德,施格外之恩,安插会安地方,以给钱米,不意业已病殁三人,现存二十一人,候南风调载送归。但各船归帆俱属广东、福建等处,即有往日本洋船派送回国,奈海洋辽阔,前后不齐,难期必至,恐漂人等终不遂回籍之愿也。尽计不全,筹度再三,兹有大清宁波府商船于本年三月间载货来至安南,生理原在招添客货贸易之船,今为漂人等二十一人恳求回贯甚切,幸船主陈有履、财副朱汉源等怜悯众孤流落他乡,慨发义举,特将本船客商等辞送别船,抛其生理,允将本船载至朝鲜,送回本籍,以使漂人等遂愿等语,前来合行咨启。为此,钦奉安南国王，令准宁波府商船任听船主等料理送归本籍，令船主陈友履等捐资整理船只，并请识路伙长舵工及招驾船人等一应料理外，本国协助粮蔬食物以资难人等日食备用。船主等率领于本月二十二日扬帆开驾，但恐关津条例森严，准此备文移送朝鲜贵国，希查实验明。敢望回文即交船主收集俟带本国，以慰悬念也。祈将本船整理，俾其速早以回大清，不胜幸幸须至文者。正和九年七月二十二日。正和似是安南王自建年号也。

第五章　现代转型：19世纪末朝鲜对中日两国的观察[①]

引　言

所谓现代化，最初是来自西方学界的一种学术归纳，它大致指全世界不同的地域、民族和国家从农业文明或游牧文明逐渐过渡到工业文明的现象。19世纪60年代，在西方文明的冲击下，东亚世界也开始了自身的现代化进程。洋务运动和明治维新，分别吹响了中国和日本的现代化号角。不过，两国所选择的现代化模式不尽相同，"中体西用"和"全盘西化"孰优孰劣，最后似乎是由19世纪末中日间的一次海上军事交锋给出了答案，并好像证明了日本模式的正确性。然而，这样一种论断总显得过于简单化，它容易在某种程度上遮蔽我们对于中国早期现代化的客观认识。跳出胜负论的窠臼，放下对政治体制决定论的执念，重新回到历史的场景中去，客观地呈现现代化的实际成果，才有助于我们更好地理解东亚的现代化。

当中国和日本开始现代化进程之时，同为东亚世界一员的朝鲜半岛，并没有马上加入到这一队列之中，这主要是因为当时的朝鲜王朝暂未受到来自西方世界的强烈冲击以及其内部存在极度保守思想

[①] 本章节的写作得到了复旦大学亚洲研究中心项目资助，在此深表感谢。同时，笔者获得韩国高等教育财团"国际访问学者计划"资助，于2011年9月至2012年2月前往韩国首尔大学奎章阁访问期间，查找到大量与本章节写作直接相关的一手文献，在此亦向韩国高等教育财团及奎章阁表示感谢。

两方面共同作用的结果①。一般认为,1876年朝鲜王朝在"云扬号事件"冲突中失利后与日本签订《江华条约》并被迫向日本开港②,促使其思想有了较大的转变,开始积极考虑武备自强和开化的问题。而在谈到韩国的现代化问题时,有韩国学者认为1881年(朝鲜高宗十八年)是韩国现代化进程的重要转折年份,而分别发生在这一年5月和11月的"绅士游览团"和"领选使"的派遣活动,则被认为是该转折时期的两个标志性的历史事件③。

所谓"绅士游览团"和"领选使",是朝鲜高宗政府为了观察和学习中日两国的现代化改革经验而先后派出的两支使节团队,关于这两支队伍的派遣经过及其对于韩国现代化进程的影响,韩国学者都有过非常详尽的研究④。笔者原本对"领选使"的研究颇感兴趣,而当在研究过程中接触到"绅士游览团"的内容并阅读了大量相关原始资料之后,深深感到如果可以把这两个事件放在一起考察,或许能够把研究带入一个更加宏大的视野中去,即讨论有关19世纪末整个东亚地区的现代化改革的问题。

---

① 1866年和1871年,朝鲜经历了其历史上的两次"洋扰"。1866年,朝鲜焚毁美国商船"舍门将军号",继而击退法国舰队的江华岛占领,史称"丙寅洋扰"。1871年,朝鲜击退侵入江华岛美国舰队,史称"辛未洋扰"。这两次所谓"锁国攘夷"政策下的军事胜利,增强了朝鲜排外的决心,当时执政的大院君更是以"洋夷侵犯非战则和主和卖国"刻于石碑之上,忠告朝鲜"万年子孙",是为"反洋夷石碑"。在这种情况下,朝鲜并未出现对现代化改革的迫切需求。参见伊原泽周著《近代朝鲜的开港——以中美日三国关系为中心》,社会科学文献出版社,2008年,第11—60页。

② 1875年8月,日本军舰"云扬号"侵入朝鲜江华岛近海进行侦察挑衅,与草芝镇炮台守军交火,遭遇抵抗的日军转而攻击防守薄弱的丁山岛和永宗镇,杀害大批平民。其后,日本反诬朝鲜炮击日本军舰而向朝鲜"问罪"。朝鲜政府内部经过激烈的争论,最终同意与日本谈判并签订了不平等的《江华条约》,朝鲜从此向日本打开了国门。"云扬号事件"亦称"江华岛事件"。

③ 参见权锡奉《对领选使行的一个考察:以军械学造事为中心》,载《历史学报》(韩国),第十七、十八辑合辑,1962年,第277页。

④ 韩国学者关于"绅士游览团"和"领选使"的代表性研究,可参看郑玉子《绅士游览团考》,载《历史学报》(韩国),第二十七辑,1965年,第105—142页;权锡奉《对领选使行的一个考察:以军械学造事为中心》,载《历史学报》(韩国),第十七、十八辑合辑,1962年,第277—312页。

如果分别以洋务运动和明治维新作为起点,到了19世纪80年代,中国和日本的现代化步伐都差不多已经迈过了二十个年头,尽管两者在性质和过程上存在不少差异,但或多或少在都在各自国家的社会层面产生了一些实质性的成果。以往关于明治维新成功和洋务运动失败的论断,使我们更多的是带着一种孰优孰劣的问题意识去关注和分析两者差异的面向,比如思想基础、制度设计等,研究的导向也随之变成了一种经验总结和检讨。总的来说,这样的研究存在一种"后见之明"的危险,更是容易使我们忽略很多具体的历史细节。

那么我们是不是可以反过来思考这样一个问题:中日两国的现代化进程是否具有某些共性的东西?这样一种思考取向或许能够促使我们尽可能去注意更多具象性、细节性的因素,比如社会现实、技术产品等,并且在细节的对比中去尝试发现答案。事实上,要开展这样的研究,材料并不缺乏,无论在中国还是日本的本国史料中就都有相当多的留存。而本文在这里将要展开的工作,是想以另外一种视角切入考察,即通过19世纪80年代朝鲜高宗政府向日本派遣的"绅士游览团"和向中国派遣的"领选使"的观察记录,来呈现当时代的外国人所看到的中日两国现代化变革在开始若干年后,在几乎同一时间点上社会各个层面的具体情况。

通过这样一种视角进入问题的讨论,主要有两方面的考量:其一,朝鲜使节站在第三者立场的观察,从某种程度上来说可能比中日两国自身的记录更加客观,也更加细致,通过这样的记录来比较两国现代化的情况不失为一种有益的补充;其二,通过这样的研究,可以将中日韩三个国家同时纳入到了东亚现代化这个问题的范畴中来讨论,从而弥补早期东亚现代化研究中"朝鲜半岛缺位"的问题。事实上,"绅士游览团"和"领选使"选派的事件,对其后朝鲜半岛现代化进程的展开有着直接的影响,而笔者也倾向于认为,朝鲜半岛在东亚现代化进程的历史中所扮演的角色,绝不仅仅限于观察者或者跟从者,更是直接的参与者。基于这一点,笔者也希望借此研究,对目前学界普遍关注的整体性的东亚史研究的框架提出一些自己的看法。

第一节 "绅士游览团"及"领选使"概说

1876年与日本签订《江华条约》并被迫开港的事件,虽然在很大程度上刺激了朝鲜王朝政府的神经,但是由于国内保守势力反对开化的呼声依然高涨,所以相关措施的推行依然相当缓慢,直到1881年才算成功地实施了三件大事,其中第一件事是朝鲜王朝在这一年的年初,仿照清朝总理事务衙门的建制,在政府中设立了统理机务衙门,从而有了一个推行开化的具体实施部门。另外两件事就是"绅士游览团"和"领选使"的派遣。应该说,能够顶住国内保守势力的巨大压力而在一年之中完成这三件事实属不易,这大概也就是韩国学者之所以认为1881年对本国现代化进程具有重要意义的原因所在。

对当时的朝鲜王朝来说,要实行开化政策,中国和日本都是它可以学习和借鉴的对象,而从中国和日本方面反馈的情况都是欢迎其派员前往学习。这种情况下朝鲜方面做出的决定是向两边分别派出使节,但其背后的考虑则又略有不同。对于考察日本的态度,朝鲜政府主要是抱持一种刺探对方底细的目的,因为它对日本始终保持着一种戒备的心理,而且它也不相信对方会将核心的技术倾囊相授。而对中国方面,朝鲜政府从交涉一开始就开门见山直接指向了最急切的需求,即学习军械制造技术以及直接购买机器和军械装备。正是在这样的背景下,朝鲜政府于1881年5月向日本派出了"绅士游览团",又于1881年11月向中国派出了"领选使"。

1. 绅士游览团

"绅士游览团",亦称"朝士观察团"。早在1876年日本和朝鲜《丙子修好条约》(即江华条约)议约之时,日本方面就首先提出过邀请朝鲜的朝臣和士绅前往日本游览考察的提议,而当时参与议约的修信使金绮秀就曾经在向高宗复命时提到"详探彼中之物情,是紧切事也,须善为探知可也"①。但是,当时朝鲜政府没有立即采纳日方的意见。之后,当朝鲜政府自己有了派员赴日观察的意愿后,主动多次向日本公使暗示之前日方提到的朝士游览的可行性,最后双方就此事达成了一致。

"绅士游览团"由十二名朝士构成,姓名皆可考,分别是:赵准永、朴定阳、严世永、姜文馨、赵秉稷、闵种默、李宪永②、沈相学、洪英植、鱼允中、李元会、金镛元。这些人员的官职从正五品到正三品不等,皆为两班出身。因每位朝士携带四名左右的随从人员,整个团队共计62人③。

需要指出的是,"绅士游览团"只是目前学界对这一历史事件的习惯性的称法,事实上这一提法在文献中并无记载,当时朝鲜政府给派出的这批人员的官方名义是"东莱府暗行御史"④,《朝鲜王朝实录》对于这段历史仅有这么一段记载:"本年正月中,秘命赵准永、朴定阳、严世永、姜文馨、赵秉稷、闵种默、李宪永、沈相学、洪英植、鱼允中等,前往日本视察,而名称以东莱府暗行御史,故国史只书其复命。其复命也,各有闻见记献上,而烦不可录"⑤。由此可知,这次派遣活动对当时的朝鲜王朝来说是希望能够秘密进行的,之所以要保密的原因,主要是为了尽可能避免激起国内保守士人的不满和反对。

游览团的行程情况大致如下:1881年农历五月七日从釜山乘坐日本商船安宁丸号出发,次日抵达长崎,十四日抵大阪,十七日抵京都,二十一日抵神户,二十五日抵达东京。从五月二十五日至八月七日在东京逗留七十四天。其间往横滨、大阪等地考察。八月七日后,

---

① 《日省录》,百七十七,丙子二月初六条。
② 此人名中之"宪"字当为"铣",因字库无此字,故以"宪"代之,后文同。
③ 关于"绅士游览团"人员构成的详细情况,可参看前引郑玉子《绅士游览团考》,第114—117页。
④ 东莱府即今韩国南部釜山地区,暗行御史是朝鲜王朝时期直接受国王任命前往地方巡察的官员名称,类似中国历史上的钦差大臣。
⑤ 《高宗实录》,卷十八,高宗十八年十二月十四日条,见国史编撰委员会编《高宗纯宗实录》,第二册,探求堂,1970年,第32页。

除鱼允中、金镛元二人外,其余游览团成员陆续分批回国,于八月二十五日全部返回釜山①。值得一提的是,从游览团成员的相关记录中可以看到,日方给予游览团一行的接待规格相当之高:"日人朝议以臣等之来谓之修好益笃,预饬沿路勤于接待,且遣外务省属官迎接于中路,所过之地,地方官或来见于店社,或请邀而馈之"②。

朝鲜政府给十二名朝士布置的任务,总的来说就是考察日本各方面的情况并详加记录,且要求其在回国后提交相关的报告文书。而每一位朝士的考察对象,都是各有侧重的。从目前所能找到的文献来看,大致可以确定如下成员任务分工情况:朴定阳的考察对象为日本内务省和农商务省、闵种默为外务省、鱼允中为大藏省、赵准永为文部省、严世永为司法省、姜文馨为工部省、洪英植为陆军情况、李宪永为税关情况。

以上情况主要由游览团成员归国后提交的报告推定,如朴定阳《日本内务省及农商务省视察书启》(奎章阁藏,藏书号:奎 2577)、朴定阳《日本内务省视察记》(奎 2576,2449)、朴定阳《日本农商务省视察记》(奎 1150,2450)、闵种默《日本外务省视察记》(奎 3712,3015,3711)、闵种默《日本各国条件》(奎 1835)、鱼允中《日本大藏省视察记》(奎 6266)、赵准永《日本文部省视察记》(奎 2871,7765)、严世永《日本司法省视察记》(奎 3703)、姜文馨《日本工部省视察记》(奎 1834)、洪英植《日本陆军总制》(奎 3271)、洪英植《日本陆军操典》(奎 3710,3702)、李宪永《日本税关视察记》(奎 2451)。另外四名游览团成员金镛元、沈相学、赵秉稷、李元会的相关报告书材料未见。③

除了提交各自负责部分的专门考察报告之外,有几位成员还撰

---

① 游览团行程情况具体可参见前引郑玉子《绅士游览团考》,第 122—126 页。在滞留东京的二人中,鱼允中于当年末始归国复命,而金镛元此后行踪未见记载,去向不明,参见前引郑玉子《绅士游览团考》,第 125、119 页。

② 见赵准永《闻见事件》,奎章阁藏:奎 1311-1,第 1—2 页。

③ 但郑玉子教授据其他材料推测,赵秉稷考察对象为税关情况、李元会为军事情况,参见前引郑玉子《绅士游览团考》,第 119 页。

写了以《闻见事件》为题的报告,此外,有一些随行人员也留下了若干单独成册的游记文献,包括如:赵准永《闻见事件》(奎1311-1)、闵种默《闻见事件》(奎1311-2)、李宪永《闻见事件》(奎1311-3)、严世永《闻见事件》(奎1311-4)、姜文馨《闻见事件》(奎15250)、李宪永《东游录》(古6370-2)、随员姜晋馨《日东录》(奎7774)、随员宋宪斌《东京日记》(古4710-4)。这些文献的内容更侧重于日常见闻的记载,而其中呈现了大量有关日本社会现代化发展的情况。

以上提及的文献,目前并无出版,均收藏在韩国首尔大学奎章阁图书馆。本文所引资料,均来自奎章阁提供的文献原本,故此只能标注其藏书号。

就"绅士游览团"的影响而言,它的派遣最初虽然只是以刺探情报为目的,但游览团成员归国后提交的考察报告从数量上来说远远超出了预想。这些有关日本现代化改革的情报,对朝鲜政府原本就持开化观点的士人群体来说无疑是一剂强心针,而对于保守士人群体也或多或少会产生了不小的刺激。尽管在当时的历史条件下,它们的影响并没有很快显现出来,但从长远来看,游览团带回来的日本经验,应该还是通过一种渐进的形式,影响到了朝鲜半岛的现代化变革,尤其是在现代国家制度设计的层面。

2. 天津领选

比之向日本派遣"绅士游览团"一事,朝鲜政府向中国派遣"领选使"的目的性更加直接和明确,那就是派人到中国学习军械制造技术,同时购置必要的机器设备,争取尽快在自己国内设立军械制造工厂。在经过一段时间和清政府的沟通之后,清政府答应了这一要求。

于是,1881年11月17日(农历九月二十六日),朝鲜政府以官员金允植为"领选使"①,率领一支包括三十八名学徒和工匠在内的

---

① 朝鲜王朝派往中国的使臣,即所谓燕行使,其名义较多。在朝鲜的典志体史书《同文汇考》中,按出使性质分为二十六种。但一般情况下,人们习惯于按使臣出使时的称号来区分,有冬至使、圣节使、千秋使、谢恩使、奏请使、陈奏使(辨诬使)、进贺使、问安使、陈慰使、告讣使等。然而,"领选使"一称均不在其列,这并不难理解,它恰恰说明,(转下页)

使团①前往中国天津。该使团于1882年1月25日(农历一八八一年腊月六日)抵达天津,其后,工匠和学徒被分别安排进天津机器制造局的东、南两局学习各种机器制造技术,特别是军械制造技术。及至1882年12月9日(农历十月二十九日),最后一批成员回到朝鲜,这次学习活动前后共持续了近一年时间。

与天津领选有关的核心人物就是作为"领选使"的金允植,此人生平情况在此稍作介绍。金允植(1835—1922),字洵卿,号云养,出身于清风金氏两班望族世家,祖上世代为官,曾有先祖最高累官至领议政,相当于中国的宰相一职。他八岁时父母双亡,其后随叔父一家生活。他自幼接受家学教养,十六岁前往首尔求学,先后师事朝鲜大儒俞莘焕及朝鲜开化思想鼻祖朴珪寿,较早形成了救国图强的开化思想。他于1865年以恩荫出任健寝郎,1868年辞官回家,1873年再次移居至首尔,1874年文科及第,1876年任黄海道暗行御史,其后历任顺天府使、江华留守等职。1881年他以吏曹参议衔任"领选使"出使天津,在带领学徒工匠学习的同时,考察清朝工业制造业的发展情况,其间还与清朝洋务派官员多有接触。1882年朝鲜"壬午军变"

(接上页)"领选使"在朝鲜历史上鲜少有之,而天津领选也是在特殊历史条件下的一次特殊的使行活动。

① 据文献记载,该使团有姓名可考的成员人数为69人。金允植《领选日记》中有使团成员名单如下:"领选使金(允植);从事官尹泰骏;官弁白乐伦;译官崔性学;医员柳钟翕;伴倘朴泳钰、尹泰驲;学徒高永喆、金光鍊、金台善、赵台源、安昱相、安浚、李章焕、李南秀、李礶、崔圭汉、金声、郑在圭;工匠金永元、韩德俊、朴台荣、尚沄、李熙民、李昌烈、赵汉根、李苾善、秦尚彦、高永镒、黄贵成、金兴龙、金泰贤、河致淡、金圣元、张荣焕、崔同顺、朴奎性、皮三成、洪万吉、宋景和、安应龙、崔志亨、金成孙、朴永祚、全德鸿;通事郑麟兴、李文熙、崔志华;随从顺得、仁锡、学甫、长孙、善基、万吉、根成、龙成、兴福、在吉、公禄、千万、寿凤、学祚、贞哲、同伊、仁石、石伊、汉杰;别遣堂上下元圭;堂下李根培。"同时,金允植还提道:"右咨文所载共六十九人,此外学徒等私带随从以备使唤者亦多有之。"可见,该使团的实际人数并不止69人,有学者估计,包括没有进入名单的随从人员在内,该使团可能有近百人规模。同时,金允植还提道:"右咨文所载共六十九人,此外学徒等私带随从以备使唤者亦多有之。"可见,该使团的实际人数并不止69人。参见金允植《领选日记》,收入[韩]成均馆大学校东亚学术院大东文化研究院编《燕行录选集补遗》(全三册),中册,[韩]成均馆大学东亚学术院出版社,2008年,第420—423页。

中,他请求清朝派兵平乱,并提出"大院君乱首说",导至清军囚大院君于保定,事后又协助高宗巩固其政治权力,成为亲清稳健开化派的代表人物。他在朝鲜先后参与创立机器局、现代海关,并积极参与外交活动。因此,有人将他比作朝鲜的李鸿章,是朝鲜现代化建设的先驱人物。

朝鲜学徒工匠进入天津机器制造局学习,金允植对他们分别学习何种技艺作了详细的记载,而通过东、南两局总办定期反馈给金允植的《朝鲜学徒勤慢草》,我们也可以看到他们的学习进展情况。从金允植自己的掌握,以及两局的汇报,我们可以看到,朝鲜学徒工匠在天津的学习情况参差不齐,有的进展顺利、学有所成,也有的因为种种原因半途而废。而在天津期间,金允植几乎一有空就往机器局跑,一方面是了解并监督匠徒学习,另一方面也是对机器局中各厂进行实地考察。从金允植留下的记录看,他对机器局各厂的生产物件、核心技术、制造程序、产能产量,资金消耗等各方面都作了深入细致的了解。而从金允植的大量记述中,我们也能够真切地看到当时中国的工业现代化特别是机器制造工业发展的场景。

关于"领选使"事件,另外值得注意的一点是,在这一次使行的使命中,所谓的军械学造事只是其中的一个方面,正如金允植自己所说的:"(余)率机器学徒七十余人迫岁到津,屡谒少荃,谈纸成堆,盖议约事居十之八九,而学造事不过一二耳。"①而这里所说的"议约事",指的是当时美国要求和朝鲜缔结通商条约一事,金允植作为"领选使"在保定、天津两地与以李鸿章为首的众多清朝洋务派官员多次进行笔谈,笔谈内容绝大部分集中在朝美缔约和朝鲜开港两个问题上。而1882年5月22日(农历四月初六),在清政府的居间协调下,朝、美两国在朝鲜的济物浦港正式签订了《朝美修好通商条约》。因此,不少学者认为对于这次事件而言,与朝美议约有关的部分更为重要,而笔者则倾向于认为,军械学造和联美议约是这一次"领选使"派遣

---

① 见前引《天津谈草》,第210—211页。

活动两个同等重要的面向，就此后文将展开分析。

关于"领选"活动的具体情况，我们今天能够看到的史料，主要是身为"领选使"的金允植的相关记述材料。包括金允植所著的三种文献：《领选日记》、《阴晴史》和《天津谈草》①。在以往研究中，学者较多利用的是他撰写的《阴晴史》和《天津谈草》两种资料。而2008年韩国成均馆大学东亚学术院出版的《燕行录选集补遗》中收录的《领选日记》，又为我们提供了一个新的可供参照的资料。《领选日记》虽然在内容上和《阴晴史》出入不大，但相对于《阴晴史》是一个经过作者本人整理和后人二次整理的文本而言，《领选日记》是一份更为原始的日记手稿②。本文的论述，主要以《领选日记》作为主体材料展开。

关于这一次"领选使"派遣活动的评价，有韩国学者认为它的结果是失败的，因为期间朝鲜国内爆发的"壬午军变"使得这次活动以半途中断的方式收场，但笔者认为，完全以失败论之太过于绝对化。1883年6月，朝鲜历史上第一家机器局在首尔三清洞北仓正式开设，金允植顺理成章地成为该机器局总办之一。而为了机器局的顺利运作，朝鲜政府特地从清朝聘请来四名工匠，于局内教习制造之法。尽

---

① （1）金允植著《领选日记》，收入[韩]成均馆大学校东亚学术院大东文化研究院编《燕行录选集补遗》（全三册），[韩]成均馆大学东亚学术院出版社，2008年，中册。又收入复旦大学文史研究院与韩国成均馆大学东亚学术院合编《韩国汉文燕行文献选编》，第三十册，复旦大学出版社，2011年7月。（2）金允植著《天津谈草》，收入[韩]林基中编《燕行录全集》，第九十三册，韩国东国大学校出版部，2001年10月。（3）金允植著《阴晴史》，收入[韩]国史编纂委员会编《韩国史料丛书》第六：《从政年表·阴晴史》，1971年探求堂翻刻发行。

② 《领选日记》、《阴晴史》和《天津谈草》三种材料之比较，《天津谈草》是金允植在天津期间笔谈记录的汇编，其内容基本全部包含于《阴晴史》或《领选日记》中，惟开篇《天津奉使缘起》这一篇序文为1892年整理时新作，因不见于后两种文献中。而《阴晴史》和《领选日记》，都是日记体裁的文献，两者主体内容具有一致性，不同的是，目前所见的《阴晴史》版本，是经过了作者本人的整理和后来编者的校注的印刷版本。而《领选日记》则为手稿本，当是未经修订过的原始版本或其传抄本。2012年，复旦大学文史研究院与韩国成均馆大学东亚学术院合作编撰出版的《韩国汉文燕行录选编》中，就收录了《领选日记》这一文献，此举令中国研究者能够更加方便地获得并利用这一材料。

管在金允植的记述中我们没有看到关于选派到天津的学徒工匠最后去向的明确记载,但从朝鲜北仓机器局在短时间内就得以组建完成这一点大致可以推断,一部分前往中国的工匠学徒很有可能成为该局初创时的组成力量。而从这个意义上说,设立北仓机器局这样一个事件,和此前的"领选使"活动,不能说没有必然的因果联系,而"领选使"对于朝鲜半岛现代化进程的影响也大致可以从这一点上得到体现。

第二节 绅士游览团:朝鲜赴日使节对日本现代化场景的观察

由于"绅士游览团"肩负着"详探彼中物情"的任务,所以其成员对当时日本社会各个层面情况无不考察入微,他们回国后提交的考察报告以及见闻记录,对日本的政治制度、政府设置、国民经济、工业生产,乃至日常生活都有十分详尽的记载,将这些材料组合在一起,可以说完整呈现了19世纪80年代的日本在经过了将近二十年的现代化改革之后的面貌,在此试择取几个方面加以讨论。

1. 政府设置

关于日本政体和政府设置的情况,主要可以通过游览团成员的各类《视察记》材料得到反映。前文已经提到,此类《视察记》涉及的内容涵盖了日本内务省、农商务省、外务省、大藏省、文部省、司法省、工部省、陆军省以及税关(海关)等几乎所有政府设置情况,而每一种《视察记》的记载都极为详尽,其篇幅少则七八十页,多则数百页。以闵种默的《日本外务省视察记》为例,其篇幅就达到八卷四册之多,现将其目录摘抄如下:

外务省

(一)沿革和职制

(二)职掌事务

(三) 各局事务章程

公信局、取调局、记录局、庶务局、会计局

(四) 交聘 通商

各规则、公文书式、商税论例、各国条约、居留条约、贸易则类(海关税则、贸易章程、通商章程)、六港开场、税关规例、各国税则①

事实上,几乎每一种《视察记》都是按照类似的体例编排撰写的②,而这些《视察记》的写成,一定不是某一位游览团成员仅通过眼见之情就能够完成的,而应当是直接参考了当时日本有关本国机构设置的文献,因此其反映的都是相对客观的情况,而较少有主观评价性的内容。不仅如此,这部分《视察记》材料所达到的详尽程度,使其具有某种操作上的可模仿性,因此有学者认为在之后朝鲜半岛自身现代化的进程中这些资料起到了一定的作用,亦在情理之中。当然,关于日本的政府设置的实际情况,从游览团成员的另外一类《闻见事件》材料中也有所反映,此处不再具体展开。

2. 社会见闻

相对于《视察记》材料而言,游览团成员留下的《闻见事件》类材料以及一些游记类材料,可以说是对当时日本社会各方面情况的一种更加直接和鲜活的记录,不仅读来更有趣味,其中反映的日本社会的情况也更加具体和细致。这些记录对关注19世纪末日本的研究者当都有一定的价值。以下将选取一些体现现代化变革对社会生活产生实质性影响的材料加以介绍。总的来说,游览团的成员在日本看到了很多在他们看来十分新鲜的事物,而其中绝大多数都是所谓的现代化的产物。试举几例:

---

① 闵种默《日本外务省视察记》,奎章阁藏:奎 3712,3015,3711。
② 具体可参考郑玉子教授在《绅士游览团考》一文中对所有视察记材料目录进行的摘录,见前引该文第 136—139 页。

第一，铁路。

闵种默的记载：

铁道始于明治二年，自东京至横滨七十里余，自神户至大阪九十里余，自大坂至京都百二十里余，自京都至大津，大津至越前敦贺接续落成，将延全国云。已筑之程仅三百里余，筑道费千百万圆余。①

赵准永的记载：

火车铁路为其行旅货物之载输者也，凿山谷架川壑自东京至横滨自神户至大阪西京大津及越前敦贺共为三百余里。以铁条列路，轮行其上，带车数三十辆，前车启行，后车衔尾随之，一时顷行百余里。每数十里置一局以为行人相递之所。②

关于日本铁路情况的更为详尽的记录，见于姜文馨的随员姜晋馨所撰写的游记文献《日东录》中：

先于东京横滨之间自庚午三月始役至壬申九月竣工，计程里七十三里余。而大抵先治其道，遇山则凿，逢水则桥。其直如矢，小无屈曲。其平如砥，亦无高低。乃以铁杠间四五步横埋路上，次以铁线之体可载车轮者四条联络亘布于铁杠上，盖铁线中则坎而上下阔，轮铁内有郭而外边平，轮郭□于铁线转动，小无差跌。设置四条者，二条曰本线，二条曰副线，各有来车往车之殊，使不相撞破。又有支线使车轮转环之所。而车制则一架假如二间屋子，而两傍布板稍高可以踞坐，四面穿窗

---

① 见前引闵种默《闻见事件》，奎1311-2，第8页。
② 见前引赵准永《闻见事件》，奎1311-1，第6页。

开合可以纳凉。一架可容数十人,有上等中等下等之别。分等收税,高下悬殊。火轮则但设前车,次以螺线连车,一车纵一车至于数十辆之多。一火轮一时刻达于百余里之地,疾如电掣,人不甚摇。每二十里设一馆,置官人检查行旅收税。而乘车者给标,下车者捧标,标皆有上白中青下红三等之别,考此捧价,毫无紊乱。……行止必有报号,停止用赤色旗,疾行用白色旗,徐行用绿色旗,夜行以灯色为证。所载虽包裹之小禽兽之物,具有计程定税,三十斤以下五里四钱,十里八钱,六十斤以下五里八钱,十里十五钱,携禽兽则五里五厘十里一钱,至于百里以此为准。①

而在另外一个游记材料——李元会的随员宋宪斌的《东京日记》中,记录作者自己亲身乘坐火车从京都到琵琶湖的经历,其中还专门提到了铁路隧道的情况:

西京琶湖之间有大谷地,凿山穴通铁路者为五里。而穴作虹霓形,具以紫壁隔灰筑之,殆非人力所及,其富强可知也。②

第二,邮局。
关于日本邮局的设置,闵种默有如下记载:

邮便局始于明治四年设行至十二年,内国都府市邑及联盟各国文书物品往复递送之件,随其量之轻重地之远近定其赁税,规式甚多,而大概局所三千九百所。③

---

① 见姜晋馨《日东录》,奎章阁藏:奎7774,第39—40页。
② 见宋宪斌《东京日记》,奎章阁藏:古4710-4,第14页。
③ 见前引闵种默《闻见事件》,第8页。

而姜文馨亦有如下记载,其中更是提到了邮筒、邮卒、邮票以及邮资等颇为细节的内容:

  设驿递局,置官吏邮卒以便公私通报,其法于每町通衢竖邮便筒,或以铜铸或以石造,而欲付书信者无论远近,特书所去地名付钱标置之邮筒,则邮卒辈时时搜出,随其地方分置其次邮筒,其次所在邮卒亦搜出传次,以此为准。一日之内达于百里。至于外国绝域无所不通。……自官先造钱标,自几圆至几钱,捧钱卖标,则付书者称其书封轻重而买标付之书封。重为一钱则付十钱标,重为二钱则付二十钱标,重为三钱以上价为倍之。一年卖标金与地税比等云。①

第三,电报。
关于电信局即电报局的设立,赵准永有如下记载:

  东京置中央局,以通四方。而其制以铜为线,架设于旱路,沉联于水中,引而伸之。两头有机,旋斡音信以洋书二十四字相报,虽千万里顷刻即达,而逐字多寡亦给其资。择要地设分局,局有八十余所,人欲私设而接官线则政府许之。②

姜晋馨《日东录》中对电报的记载亦相当详细:

  电气报以铜为线,约径分许,用西人所炼电气,或架水上或沉水引而伸之,两头以机器系之。所传之音虽万里即达也。电气之万里传信彼此只凭一盘,盘中有针,四围有字,针旋指字,随指随录,为一幅书。如指元指亨指利贞以知元亨利贞之类也。

---

① 见姜文馨《闻见事件》,奎章阁藏:奎 15250,第 21—22 页。
② 见前引赵准永《闻见事件》,第 5—6 页。

此边此针旋时彼边此针亦旋也。①

除此之外,从闵种默的记载中我们还可以看到当时发送电报的价格:

> 自东京最东者小樽局而和文四十八钱横文二圆五十钱,最西者的鹿儿局而和文四十九钱横文二圆五十钱。②

第四,医院。
闵种默记载了他在京都时看到的医院的情景:

> 病院亦在东区内,馆廨宏阔,院有长看事员二十六,生徒三百名。统一年院外院内之来患治病者亦七千余名。治病之具专以银铜为割剥针刺之具。各属为二万余钉,每钉又不知几百千个。罗列床桌,又置治病引伸便用之各种械器,而专试洋制水药,尚延泰西教师隶工焉。③

此外,宋宪斌在考察了位于大阪的病院后留下了这样的记载,当然,其中或多或少有一些因为对西方医学的不了解而产生的误会:

> 病院则左右长廊,治病之人无虑数百,而医者亦如是。治病之具多剥割穿通,如有滞症则以长络自口穿下,如大便不通则以小桶纳于肛中。不用汤剂全用丸散。人形之剥皮者□脏腑者见之极骇。病人之死者剖视脏腑以验其受病之处。其业可知其极

---

① 见前引姜晋馨《日东录》,第43—44页。姜晋馨不仅记录了自己看到的电报操作的情况,还详细了解并记录了电报的工作原理以及各国电报建设的简要介绍,写成一篇洋洋数千字的"电信之法",见前引《日东录》,第44—52页。
② 见前引闵种默《闻见事件》,第8页。
③ 同上,第19页。

巧而其用心则诚残忍。此岂仁人之所为哉，可怪可骇也。①

第五，飞脚船。

同样在《东京日记》中，我们可以看到关于日本用于国内水路客运的一种大型轮船——飞脚船的记载：

> 乘东京三菱社飞脚船广岛丸号者，船长六十间，广八间，高七八丈，人居之处有三层，上层及中层并居上等之人，而两行作大间架，中作小间架，每一间架仅容一人之卧，而必设毯褥必垂锦帐，当中往往设长桌连亘数十间，桌上铺锦袱金银玻璃之属，作茶器酒壶列置袱上，上设玻璃□使之通敞。夜则间一间悬玻璃灯照耀明朗。下层则船后作大间架，中小间架之屋者合为四十六人之居，其制作也可谓下等也，向前隔板作一通大房二十五间，可容百余人。其上中下三等云者，虽下等之人若出上中等船费则居上中等，上中等人若出下等船费则居下等。船之中间设火轮器械，船外两边设大铁轮，号为明轮船，内汽机一动则船外明轮随转，船行如飞。②

第六，潜水衣。

在宋宪斌《东京日记》中我们还能看到一则关于日本人使用潜水衣的有趣记载：

> 筑埠人之入水底也，头面则以玻璃缸冒之，身则以不濡水之物作衣着之，足则用皮作靴而靴底则以铅为之，使之入水不浮。衣上缀于玻璃缸之下口，衣下缀于革靴之上口。又用一条通气物出于水外。水外人乘船持条随其运动笼络使之通气，则终日

---

① 见前引宋宪斌《东京日记》，第8—9页。
② 同上，第15—16页。

水中作役无碍,亦可谓巧矣。①

3. 国债问题

几乎在每一种"闻见事件"类材料中,都提到了当时日本政府的国债的问题,以下摘录几条材料加以说明:

> 国债,政府之所负公债,而所以补岁入不足者也,其财主若内国人则称内国债,外国人则称外国债,理财之间出于不得已之权道,而自日本封建世已行。然若作之证书以纵买卖则取法于欧米也。现时所负国债合计三亿六千三百三十二万七千二百七十四圆。以上诸国债将期今后二十六年全偿云。②

此处提到的"作之证书以纵买卖"告诉我们,在当时的日本,已经实行了类似于发行国债券这样一种现代化的经济运作模式,而同时我们也了解到了精确到个位数的当时日本的国债数额,这个数字在其他几位游览团成员的记录中没有太大出入③,应该是当时日本自己的一个官方统计数据。

日本在推进现代化进程中,各类支出费用颇巨,如赵准永所言:"改制以后外交各国差遣、公使公廨之设、器械之备自多糜费"④,而据闵种默了解到的日本明治己卯年七月至庚辰六月的国家预算情况,一年的国家收入总计为五千五百六十五万圆余,刨去国债本息偿

---

① 见前引宋宪斌《东京日记》,第15页。
② 见前引闵种默《闻见事件》,第5—6页。
③ 赵准永《闻见事件》记载"内外新旧现在公债至为三亿六千三百三十二万七千圆之多"(奎1311-1,第3页)、李宪永《闻见事件》记载"自内国至外国而公债之渐积今为三亿六千三百三十二万七千九百七十余圆"(奎1311-3,第4页)、严世永《闻见事件》记载"国债积至于三亿万有余"(奎1311-4,第7页)、姜文馨《闻见事件》记载"内外国债犹为三亿五千八百四万七千二百九十一圆"(奎15250,第4页),几无差异。
④ 见前引赵准永《闻见事件》,第3页。

还和各项开支,仅余下一百五十万圆①。

对于当时日本的国家经济状况,作为观察者的朝鲜游览团成员各有自己的评价:

> (姜文馨)国计以是不足,印刷局造纸币自己已始用,而奸民辈偷隙赝造,真伪混淆,众皆苦之。至于金银钱则皆流入泰西诸国。虽日铸万钱可谓纸上空文,物价昂贵,民难聊生。②
>
> (闵种默)所谓造纸当货者货如非货,而得之者不思储藏,用之者亦似轻易,是故钱路多歧,物价腾踊。且因商物之来市,如干金银之零货尽输于西国人之换归,而莫知如何听于民,则生涯渐益困乏,气象若不安顿,莫不有不如前时之叹也。③
>
> (李宪永)国债积至于三亿万有余,于是乎预算三十年之用,则推此一事可知其枵然无实,识者之忧叹多见于言辞者矣。④
>
> (赵准永)金银之货皆归外人之手只铜货与纸币流通于国内。⑤
>
> (严世永)自明治三年十一月至十二年发行金货五千二百万圆余、银货二千八百八十三万圆余、铜货四百八十六万圆余,计八千六万百二十一万九千圆新货之发出,如是其多,而太半输出海外以补贸易之不均。其余潜伏于国内官民间,卖卖上殆绝迹焉。今为之用者独有政府所开纸币一亿余万圆与各国银行所出纸币数千万圆。年来纸币大损价格,物价腾贵,万民困苦,虽难遽知其原因,言纸币过发遂至此弊,其说似得当。⑥

从上述材料我们大致可以看出两个关键的问题,一是因为偿还

---

① 见前引闵种默《闻见事件》,第6页。
② 见前引姜文馨《闻见事件》,第4页。
③ 见李宪永《闻见事件》,奎章阁藏:奎1311-3,第4页。
④ 见严世永《闻见事件》,奎章阁藏:奎1311-4,第7页。
⑤ 见前引赵准永《闻见事件》,第6页。
⑥ 见前引闵种默《闻见事件》,第7—8页。

外部国债以及贸易逆差等皆以金银结算,使得日本国内金银大量外流,二是日本政府迫于财政压力而大量增发纸币,在一定程度上导致了国内的通货膨胀。因此,从观察者的视角来看,游览团成员几乎都倾向于认为,日本的所谓现代化建设,在某种程度上是以牺牲国内民众的生活质量为代价的。

这里之所以要将国债问题拿来讨论,主要出于这样一种考虑:游览团成员对于日本的国债问题的观察,从某种程度上反映出一个问题,那就是现代化进程在带来发展和进步的同时,总是不可避免地会伴随着一些负面的因素。不管是对于日本还是中国,或许只有同时看到其现代化进程正反两方面的面貌,才能更好地去理解所谓的现代化问题。

第三节　帝国斜阳下的亲密接触:
金允植天津领选研究

天津领选作为一次学徒工匠的选拔派遣,是朝鲜王朝在高宗李熙(1852—1919)执政时期,积极奉行稳健开化政策的大背景下,以"武备自强"为目的而组织的选派留学活动。在学习活动开展的同时,作为"领选使"的金允植在保定、天津两地与众多清朝洋务派官员多次进行笔谈[①],特别是其中与北洋大臣李鸿章的笔谈内容,绝大部分集中在朝美缔约和朝鲜开港两个问题上。而同年5月22日(农历四月初六),在清政府的居间协调下,朝、美两国在朝鲜的济物浦港签订了《朝美修好通商条约》[②]。据此,不少研究都认为,金允植在天津与李鸿章的频繁会谈,对朝美缔约及朝鲜开港起到了至关重要的作

---

① 金允植在中国期间接触过的清朝官员有:北洋大臣李鸿章、天津海关道周馥、永定河道游智开、候选道马建忠、天津机器局总办许其光、天津军械所观察刘含芳、招商局总办唐廷枢、署理北洋大臣张树声、机器局南局总办王德均、东局总办潘骏德、水雷学堂总兵文瑞、水师学堂观察吴中翔、青年军官袁世凯等。

② 该条约的签订,被认为是近代朝鲜真正意义上的开港的标志。关于朝美条约的缔结与近代朝鲜开港的问题,可参看[日]伊原泽周著:《近代朝鲜的开港——以中美日三国关系为中心》,社会科学文献出版社,2008年5月。

用。也因为如此,在以往关于金允植天津领选活动的研究中,研究者对外交层面内容的关注,都远远超过了对留学活动本身的关注。

就此,笔者有不同的看法:首先,金允植在天津的所谓外交对谈,是否对其后的条约缔结起到关键性的作用,有待进一步商榷。其次,因片面强调领选活动的外交属性而致忽略其留学活动的本质属性及意义,甚至认为领选活动只是朝鲜为开展秘密外交而采取的掩人耳目的手段,则更让人有一叶障目之感。事实上,将留学和外交作为金允植天津领选活动同等重要的两个方面来看待,才是一种比较客观的态度。如果我们可以摆脱后见之明,跳出外交史先入为主的局限,重新回到历史,再审视一下天津领选的缘起、经过及其后续影响,对这一点就不难理解。

1. 天津领选的再认知

一般认为,李朝朝鲜政府之所以组织这次领选活动的出发点有二,一是为武备自强事寻策,二是以联美自保事咨清[1]。而这又都和朝鲜当时正面对西方要求其开港的压力有直接的关系。

如果说1842年的《南京条约》是中国近代闭关的终结和门户开放的标志,那么同样奉行锁国政策李朝朝鲜受到西方叩关和要求开港的压力要稍晚一些。1866年和1871年,朝鲜经历了其历史上的两次"洋扰",最后都以击退进犯取胜。高宗亲政之后,原先大院君时期的锁国政策稍有松动。1875年,日本向朝鲜构衅,爆发"江华岛事件",第二年两国签订《朝日修好条约》,也称《江华条约》,经由此约,朝鲜事实上已向日本开放通商,但从观念上来说,朝鲜并不认为这是真正意义上的开港[2]。

---

[1] 此观点可参看[韩]震檀学会编,李瑄根著《韩国史》(最近世编),第三编第一章"与欧美诸国的修好及其影响",乙酉文化社,1980年,第706—717页;另可参看前引《金允植全集》,第一册,解题。

[2] 香港城市大学的林学忠教授认为,对朝鲜而言,1876年对日签订《江华条约》,在观念上是视其为江户时期260多年以来"交邻"体制之恢复而已。参见林学忠《近代中韩关系的再编——朝鲜开化官员金允植的视角》,收在复旦大学文史研究院编《从周边看中国》(论文集),中华书局,2009年6月,第362页。

不过,《江华条约》的签订,也促使朝鲜政府认识到,不变革图强不足以抵御外侮,并开始考虑"武备自强"的问题,由此带来的一个明显的转向就是高宗政府开始奉行开化政策,并采取了一些具体措施,比如:1881年1月改革官制,仿中国的总理事务衙门,成立统理机务衙门;1881年5月派遣绅士游览团访日,考察日本政府各机关、产业、教育以及军事等,同时派遣个别人员入读日本学校①。而这里讨论的天津领选,实际上可以看作是这一脉络延续之下的另一项举措②。

另一方面,西方国家始终没有放弃促使朝鲜开港的努力,美国更是基于对中、朝特殊邦属关系的认识,转而寻求清朝的协助,以期加快其与朝鲜缔约的进程。清政府方面出于自身考虑也认为朝美缔约符合各方利益最大化。李鸿章对朝鲜陈述的联美的好处是:"联美者,美国比欧洲诸国最为公平顺善,又富于财,无贪人土地之欲,先与美国商立善约则嗣后他国立约亦将悉照前稿,无见欺之患,又美人好排难解纷,比不容各国偏加凌侮,此联美之利也"③。此外,"拒俄"也是清政府希望促成朝美缔约的原因之一。金允植在其《天津奉使缘起》一文中提道:"俄罗斯廓其境土至于海参崴,屯兵开港,与我国边疆只隔一水,如虎豹之在傍也。"④林学忠在《近代中韩关系的再编》一文中也提道:"促使清政府对朝鲜开国采取更积极的态度乃是缘于防俄。1880年底俄国在远东的军事举动触动了东亚世界的神经"。⑤

美国和清朝在促使朝鲜开港问题上达成一致之后,清政府便通过各种途径向朝鲜灌输开港思想。1880年10月,清朝驻日公使何如

---

① 官员鱼允中的随员俞吉浚及柳定秀入读福泽谕吉的庆应义塾,尹致昊入读中村敬宇的同人社。可参看前引林学忠《近代中韩关系的再编》,第365页。
② 对当时的朝鲜来说,清朝和日本都是它在开化过程中可以借鉴的对象,而事实上它最初也是同时向两国展开学习的,这也直接导致其国内后来形成了两种开化派势力,一是以闵氏戚族为代表的亲日急进派,一是以金允植、鱼允中等为代表的亲清稳健派。
③ 见金允植撰《天津奉使缘起》一文,载金允植著《天津谈草》,收入[韩]林基中编《燕行录全集》,第九十三册,东国大学校出版部,2001年,第208页。
④ 见前引《天津谈草》,第206—211页。
⑤ 见前引林学忠《近代中韩关系的再编》,第370页。

璋和参赞黄遵宪于朝鲜第二次修信使金弘集一行访日之际，与其讨论朝鲜国内外情势和外交策略，并将黄遵宪撰写的《朝鲜策略》亲手交与金弘集带回国，其中心思想是"亲中国，结日本，联美国"。《朝鲜策略》虽号称黄遵宪私著，但实际上充分体现了清政府应对朝鲜问题的官方指导思想。从天津领选期间李鸿章与金允植的对谈内容，也明显能够看到其与《朝鲜策略》中论述的一致性。而其后马建忠为朝鲜代拟的朝美条约草案，也处处体现着《朝鲜策略》中的思想。李鸿章本人更是亲力亲为，在美使薛斐尔和朝鲜领议政李裕元、修信使金弘集之间沟通斡旋，极力敦促朝鲜尽快与美定约。

反观朝鲜的情况，高宗政府奉行开化政策的同时，还存在着以大院君李昰应为首的守旧士人派，他们坚决反对开港，并提出所谓"卫正斥邪论"。"卫正斥邪论"是大院君李昰应的政治主张，其内涵是以朱子的"性理之学"为"正学"，排斥"邪教"、"邪说"，尤指西洋传来的天主教以及各种西学知识，实际上就是全面反西方、反开化的论调。而高宗政府因保守派的压力，而在推行开化政策时处处受到掣肘，尤其是在开港的问题上，存在着极大的阻力。从金允植的《领选日记》中，我们可以看到黄遵宪《朝鲜策略》传入朝鲜之后，是如何遭到保守派士人强烈的反对，并进而引发了伏阁上疏的情况①。因为国内守旧势力的反对，高宗政府始终没有下定与美国定约开港的决心，即便李鸿章再三催促其派使节至天津与美国议约，朝鲜到最后也没有派出全权使节前往，只是以派出"领选使"一事，作为一种变相的回应。事实上，"领选使"是没有议约的全权的，而当李鸿章意识到这一点的时候，对朝鲜政府的犹豫不决的不满也是溢于言表：

一八八二年二月十七日 中堂衙门谈略

---

① 金允植记载："初九日（1881年农历三月初九，笔者注），闻岭儒李晚孙等伏阁斥邪，盖以清人黄遵宪方驻日本，而其所制《策略》专为我国计，而有亲中国、结日本、通美国之语，岭儒之意以倭洋一体、邪教易染，故斥之。"见前引《领选日记》，第416页。

中堂曰：向日专人送函，有回信否？允曰：姑没有。中堂变色曰：是何说也！（以上口谈，通词传言。去年腊月十八日往保定府笔谈时，中堂屡嘱传达此意。其于今年二月旬前有回音。今过旬已久，而未承回音。此次说话，如终出于大不平。又时时回顾周馥等，剌剌叹咄，不知为何语。臣于回寓前，问诸通词，则以为皆闷叹我国之言云。）

……

中堂曰：贵国王书函既不来示，则但凭一介行人之三寸舌，可乎？允（金允植）曰：但念自下难便之义，见识原不到此。惟望教其不逮，以示益国便民之道。中堂曰：贵国事，常如欲吐不吐。如是而事可做乎？派员之来不来，非吾所知。而吾历年忠告，贵国尚不知厉害乎？①

综上，就天津领选的缘起看，虽然我们可以认为它与朝鲜"武备自强"和"联美自保"的两方面想法都有一定的关系，但是深究之下就会发现，其最原初的出发点还是为了向清朝学习技术，以图自强。至于联美议约一事，并不是它一开始就被赋予的一项使命②。那么，何以现今诸多研究，都着重于关注金允植天津领选中有关联美议约的一面呢？从金允植在天津的经历中，我们是不是可以看出一些端倪呢？

关于金允植在天津的经历，最为简明扼要的概述，同时也是最常为研究者提及的，当数其在《天津奉使缘起》一文中的自述：

---

① 见金允植著《阴晴史》，收入大韩民国文教部国史编纂委员会编《韩国史料丛书》第六：《从政年表·阴晴史（全）》，1971年3月初版，探求堂翻刻发行，第88页。又见前引《领选日记》，第547—549页。

② 还有一个细节可作为此论点的旁证，金允植在《领选日记》中记载，临出发前，高宗一天之内召见金允植两次，而两次向其申谕的事情，都是"学造事"，完全没有提到任何与联美相关的内容。"二十六日早饭后诣……上命近坐，天颜温粹，酬酢如响，以学造事处分纤悉……跪受咨文而出，至阶下，复召贱臣，申谕学造事宜，退出政院。"见前引《领选日记》，第419—420页。

(余)率机器学徒七十余人迫岁到津,屡谒少荃,谈纸成堆,盖议约事居十之八九,而学造事不过一二耳。到津后承少荃指导,屡以约事专使函达,而我国事素多持难,又碍于浮论,事多濡滞,余以是每于谈次屡被困迫而自同痴人,惟婉辞谢之而已。①

其中,特别是"盖议约事居十之八九,而学造事不过一二耳"一句,成为一般认为金允植在天津乃是以联美议约事为主要任务的重要依据,笔者则以为不然②。如果我们看完整段文字,便会从后半段自述中发现,即使金允植确实和李鸿章谈到大量"约事",但他在其中实际所起到的作用是微乎其微的。由于金允植没有被赋予议约的权力,他只是扮演了一个中、朝之间消息传递者的角色。而他兢兢业业的工作,换来的却是朝鲜因"国事素多持难,又碍于浮论,事多濡滞",以致最后都没有定论。事实证明,朝美条约的订立,最后完全是在清朝方面(李鸿章)一手包办之下完成的,朝鲜只是被动地接受别人为他准备好的现成条约而已。而金允植充其量只是因为时间上的巧合性,被动地卷入了这一历史进程罢了。从这个意义上说,如果我们还把注意力放在所谓金允植在朝美议约过程中的作用这一点上,是不是有些缘木求鱼的味道呢?

一旦我们跳出了议约问题的窠臼,将视野放宽,就会容易注意到

---

① 见前引《天津谈草》,第 210—211 页。
② 《天津奉使缘起》是一份重要的文献,这一点毋庸置疑,特别是其中对当时东北亚的国际局势的论述,颇为精辟。但仅从该文全篇都在论述朝美议约相关的问题,就认定天津领选的主要目的就是立约,这样的推断却有失偏颇。据文中所记:"壬辰季夏谪居无事,属印君东植移誊行历中谈草汇为一册,命之曰天津谈草。略述缘起于上。"其实我们仅需注意到两点,就能发现问题之所在。首先,文中所说壬辰年是 1892 年,这已经是领选活动之后的第 10 年。这个时候,朝美缔约和开港对朝鲜历史进程的积极影响已经显现,金允植此时回顾前事,难免对天津议约一事的重要性有所夸大。其次,单编的这一册《天津谈草》,收录的仅仅只是他和清朝洋务官员的笔谈内容,这些笔谈内容中"议约事居十之八九",倒也是一个可信之数,但是我们要知道,就整个天津领选而言,还有很大一块是金允植的考察见闻,如果算上这部分内容,议约事就明显占不到八九之数,这样我们还能说天津领选的主要目的是立约吗? 答案显然是否定的。

一些天津领选中更值得注意的事情。工匠、学徒的学习活动,自在笔者所指之列,对此后文将有论述。在此先要谈的是一个以往被忽视的问题——金允植与"壬午军变"。1882年7月23—25日,朝鲜发生"壬午军变"①,消息传到中国,身在天津的金允植成了清政府第一个咨询的对象,而金允植也当即向清政府提出派兵平乱的请求②。1882年8月23日(农历七月初十)至11月9日(农历九月二十九)金允植随清朝军队返回朝鲜,参与平乱活动。其间,金允植又向清政府提出了所谓"大院君乱首说"③,直接导致了清朝军队将大院君带回中国囚拘于保定的结果。

从狭义上说,金允植中途回国的这两个多月的时间,已经不属于天津领选的范畴,但我们却不能因此而将其一笔带过。"壬午军变"的处理,无论是对朝鲜的历史发展还是金允植的个人发展,都可以说是一个至关重要的转折。由于大院君势力的消亡,朝鲜的开化思想终于真正凌驾于守旧思想之上,使得这之后朝鲜的现代化发展迅速

---

① 当时闵氏集团主导的朝鲜王朝,贪污腐化成风,致使国库积蓄无存,朝廷无饷米供养军队。1882年7月23日,由于发生大旱,连续十三个月没有领到饷米的京城五营士兵发生骚动。而政府匆忙间将掺有砂糠的米发放下去,激化了矛盾,不堪忍受的士兵包围大院君府邸向大院君求助,还有几路暴动者攻打了日本公使馆,处死日本新军教官并开仓放粮。次日,乱兵冲入昌德宫,到处搜寻闵妃。闵妃乔装出逃。驻在首尔的日本公使花房义质逃回日本。7月25日,高宗召大院君入宫,委其主政。大院君重新掌握了政权。高宗还宣布闵妃已经死于动乱,暴动的士兵才撤出王宫,放下武器。是为"壬午军变"经过。参见前引刘顺利著《王朝间的对话》,第331—332页。

② 金允植请求清政府出兵的原话见于《领选日记》:"若内忧滋蔓,不能即定,日本人乘便下岸,名曰替我定乱,嗣后要挟。将无所不至矣。与其借手于日本,不如自中国主持扶护调停,事面正大。宜急派人,往探敝邦军事机。若乱党即散,次第就捕,则幸矣。若不然,乞即派兵船几只,载陆军千名,星夜东驶。毋在日人之后。机会甚急,恐不可缓。"参见前引《领选日记》,第700页。金允植之所以力主清朝出兵,原因是:"若中国出兵,不至打仗,自有善处之道。他国则不能也。"参见前引《领选日记》,第707页。鉴于当时中朝间的特殊关系,金允植的判断应该说是相当清晰和正确的。

③ 金允植认为,"壬午军变"时,乱民攻打日本使馆,致使朝鲜与日本构衅,因为大院君历来是反对和洋的,所以各国都将容易将他和军变联系起来,如果大院君继续主政,日本乃至各国都会有借口,进而对朝鲜不利。"盖此番军变时,与日本人构衅。大院君素力斥和洋,故各国人皆归咎于大院君。中国若无此举(指囚拘大院君,笔者注)则各国及日本皆有借口,势难调停。"见前引《阴晴史》,第193页。

得以推进。而对于在这一过程中发挥核心作用的金允植来说,在这之后也逐步走向自己人生发展的制高点①。而这一切,和他经由天津领选的契机与清朝官员建立起来的密切关系是分不开的。可以说,这是天津领选的一个意料之外的收获,同时也是我们在研究天津领选时一个不容忽视的层面。

原本单纯的一次天津领选,在特殊的历史背景下被打乱了节奏,金允植在天津所经历的,远远超出了"领选使"本身的职责范畴,先是被迫扮演没有全权的议约使,继而又主动请缨担任清朝军队往朝鲜平乱的向导官,而这一系列角色转换的积累,最后都成为他重要的政治资本。经历了天津领选的金允植,回国后逐步发展成为近代朝鲜半岛历史上重要的政治人物,特别是以对清、对日外交活动而闻名,这也使得后人研究金允植时特别关注其与外交相关的层面。

基于这样一个出发点,不少研究者就自然而然地对金允植天津领选过程中与清朝官员谈论联美议约这样一个带有明显外交属性的事件投注了更多的关注,并将其作为金允植在外交领域初露锋芒的事件来叙述,而经由诸多叙述的层累,金允植在其中发挥的作用逐渐被放大,甚至在一定程度上有些偏离了历史的实际。这种从特定人物的后来成就出发,对其前期活动的价值进行过度叙述和评价的例子,应该说在历史研究中并不少见。而这也就回答了笔者之前提出的问题,即为何现今诸多研究都过分关注金允植天津领选中有关联美议约的一面。无论如何,这种后见之明的研究取向都是值得检讨的。

2. 朝鲜匠徒的学习及金允植的机器局考察

既然如此,还是让我们回到天津领选的本位上来,看看朝鲜学徒工匠在天津的学习情况以及作为"领选使"的金允植在天津的工业考察情况。处理完"壬午军变"后,金允植再次返回天津,着手办理撤还

---

① 金允植完成天津领选回国后,先后出任机器局总办,经国事务衙门、通商事务衙门协办,工曹判书,兵曹判书,中枢院副议长、议长,经学院大提学、外部大臣等职。

留津学徒工匠以及为建立首尔机器局而购置小机器等事宜。至此，天津领选活动在经历诸多波折之后，又回归到其最初的出发点上——为发展朝鲜自身的军工制造业培养人才和奠定硬件基础。在之前的论述中，笔者已经表达了一个观点，即研究天津领选，还是应该将注意力更多地放在学徒工匠在天津的学习这一最根本的问题上来。

朝鲜学徒工匠抵津之后，被分别安排进天津机器制造局的东、南两局学习，金允植对他们各学习何种技艺作了详细的记载：

> 东局水师学堂高永喆、金光錬、赵汉根、李熙民四人，初隶语学；水雷学堂，崔圭汉、朴永祚二人隶焉；铜冒厂高永镒、金光錬（自水师学堂移付）、工匠何治淡三人隶焉；锱水厂金台善、工匠黄贵成隶焉；机械厂，义州工匠崔志亨、宋景和、安应龙三人隶焉；木样厂，张荣焕一人隶焉；火药厂，金兴龙、全德洪二人隶焉；化学，李熙民自水师学堂以口钝自退，请学化学；电气，赵汉根自水师学堂自退，改隶电机东局；南局画图厂，赵台源、安昱相隶焉；电机南局，即阳电也。尚沄、安浚隶焉；翻砂厂，金泰贤、崔同顺两人隶焉；机器厂，金元荣、韩得俊二人隶焉（朴奎成亦姑隶）；木样厂，金性元一人隶焉。木工稍胜于张荣焕（皮三成亦姑隶焉）；火器厂，李南秀一人隶焉。①

东、南两局总办会定期反馈给金允植《朝鲜学徒勤慢草》汇报匠徒们的学习进展情况，从金允植自己的掌握以及两局的汇报，我们可以看到，朝鲜学徒工匠在天津的学习情况参差不齐，有的进展顺利、学有所成，也有的因为种种原因半途而废。

金允植所记学有所成之例："至电气厂，尚、安两君方造信子筒，携至电箱。试放五六次。其师霍良顺也。问之，尚沄颇有才，安浚甚

---

① 见前引《领选日记》，第540—545页。

勤学,至一年可透五分云。"① 金允植所记中途送回朝鲜的人员:"学徒李章焕(以无才,初不付厂)、郑在圭(亦初不付厂)、李芯善(李应浚之婿,亦初不付厂,又遭故不出)、高咏镒(隶铜冒厂,闻其亲病重之报)、金光鍊(以无才自退)、李秀南(有故先出)、崔圭汉(以才不及还出)、张荣焕(以无才还出)、皮三成(以无才还出)。"② 另有《南局总办王德均详报朝鲜学徒勤慢草》所报,学有所成之例:"尚沄、安浚二名,专学电气。该徒等尚肯用心,随问随记。电理亦能稍通。水雷店引自造自试,颇不差迟。安昱相人最聪明,官话已能渐通";半途而废之例:"不服水土,或因事故,或鲁钝不堪造就之李南秀、李章焕、皮三成、金圣孙等四名,于本月初六日,遣回该国。"③ 而据《东局总办详报朝鲜学徒勤慢草》,去掉被开除的之外,最后实际留在东局学习的学徒工匠人数为十二人④。此外,还有一名工匠洪万吉在天津去世。据金允植的统计,领选活动进行到一半左右,留在天津的学徒工匠还有二十一人⑤。

在津期间,金允植几乎一有空就往机器局跑,一方面是了解并监督匠徒学习,另一方面也是对机器局中各厂进行实地考察。从金允植留下的记录看,他对机器局各厂的生产物件、核心技术、制造程序、产能产量、资金消耗等各方面都作了深入细致的了解,这显然和他希望回国后创立本国机器局的设想是分不开的。

这里举一个金允植参观考察机器局并留下详细记录的例子:"铜冒厂。铜冒者,前镗枪耳药也。后镗枪子,亦于是厂为之。设机气大轮,连设无数小轮。不费人力,一日可造枪子几千个,铜冒三万个。然设置气轮,所费浩大。……于原厂之后,另建手器一厂。凡造铜冒、枪子,皆用小样手器,一日可造枪子几百个,铜冒几千个。虽较气轮迟速悬殊,其精致则无减。此中许、潘、文诸人及司事、工头等,皆

---

① 见前引《领选日记》,第 555 页。
② 同上,第 590 页。
③ 同上,第 601—604 页。
④ 同上,第 612—614 页。
⑤ 同上,第 623 页。

言贵国不可不先买此手器,方有实益。"①类似的例子在《领选日记》中不胜枚举。

1883年6月,朝鲜历史上第一家机器局在首尔三清洞北仓正式开设,金允植也顺理成章地成为机器局总办之一。为了机器局的顺利运作,朝鲜政府特地从清朝聘请来四名工匠,于局内教习制造之法。尽管在金允植的记述中我们没有看到关于选派到天津的学徒工匠最后去向的明确记载,但从朝鲜北仓机器局在短时间内就得以组建完成这一点可以推断,这批工匠学徒应该是成为该局初创时的中坚力量。而北仓机器局的设立,也可以说是为金允植的天津领使活动画上了一个圆满的句号。

3. 从金允植天津领选看晚清中国二题

前文所及的内容,主要是以从金允植和朝鲜的视角展开,侧重于对以往研究该段历史时片面强调朝美议约这一点进行检讨,并进而提出一些同样值得关注的研究切入点。这些论述还是相对集中于对朝鲜历史的讨论。

事实上,天津领选是中朝之间的一个互动过程,因此必然在很大程度上涉及与中国有关的问题。然而,对于这个过程,我们在中国自身留存的史料中,除了一些零星散见的线索,几乎找不到像《领选日记》这样完整详细的记载。从这个意义上说,金允植的使行记录,就成为我们研究这一段与中国相关的历史的重要补充材料。

翻开金允植留下的日记体使行记录《领选日记》或《阴晴史》,会惊叹于其内容的丰富,其中不仅仅有他和官员对谈中反映出的清朝内政外交情况、参观考察所见的洋务发展实景,还有他日常生活中看到的社会百态、市井风俗等,在此不可能全面涉及,仅从以下两个方面举例述之。

(1)晚清政府对东亚局势的判断及应对

金允植与清朝洋务派官员的交往笔谈,约占整个使行记录三分

---

① 见前引《领选日记》,第540—541页。

之一的篇幅,在这些笔谈中,出于共同关心的原因,不少清朝官员都和金允植交换了自己对当时国际局势特别是东亚局势的看法,而这些看法在一定程度上体现着当时清政府对整个东亚局势的判断和应对。

比如,李鸿章与金允植谈及朝美约条之草拟时有云:

> 约内以顶,须添一条,大意云:朝鲜久为中国属邦,而外交内政事宜,均得自主,他国未便过问。方觉不触不背。①

李鸿章的意思,一方面是希望能够在条约中明确中朝两国的宗属关系,另一方面又希望朝鲜以独立主权国家的形象,在万国公法的框架下,和美国以对等的地位订立条约,以使其主权利益得到保障。这是当时清政府在朝鲜开港问题上的基本立场。但是,这个想法显然是自相矛盾的。最后,在朝美立约时,"朝鲜久为中国属邦"一条没有被美国接受,无奈之下清政府只能以先向美国发出"朝鲜素为中国属邦"的照会,然后缔结条约的形式来操作,但这已经没有实际的意义。

又如,天津海关道周馥②在与金允植的谈话中(1882年正月初十日谈草)提到俄、日问题:

> 周曰:俄国有书来,不宜屡据,以好辞答复而已。日本性狡,此时但其力不足耳。然贵国与中国一气,彼自不敢轻动。③

当时清政府对北面的俄国可以说是颇为忌惮,因此,当周馥听到

---

① 见前引《领选日记》,第502页。
② 有学者曾经做过统计,金允植在天津期间,与之对话次数最多的人,不是李鸿章,而是周馥。金允植和李鸿章的会谈一共是九次,而与周馥的会谈达到了十二次。参见[韩]金圣培《金允植的政治思想研究》,第214—215页,韩国国立首尔大学校外交学科博士论文,2001年。
③ 见前引《领选日记》,第514页。

金允植说朝鲜已经先后四次拒俄国书而不收,就告诫朝鲜不宜过于强硬,而应以好言婉拒为宜,以免授俄以构衅的把柄。对于日本,周馥的认识是"其力尚不足"。而他给朝鲜的建议就是只要始终和中国站在同一阵线上,一致对外,就能够自保。这基本上客观地反映了当时清政府对东北亚中、朝、日、俄四国关系的理解和对策。

接下来的正月十八日,周馥在与金允植的对谈中提到了清政府为何希望促成朝鲜与美国缔约的原因,实际上这也可以看作是清政府在经历了近代一系列不平等条约的签订之后,在处理国际关系问题上得出的一点经验教训。

> 周曰:中国昔日用兵所订之约,大为吃亏。现观日人与各国,贵国与日人,贵国欲改议约稿,皆不妥当。前年本国与巴西换约,从前日人与本国换约,即非用兵时所议。大概可知也。……且贵国与他邦议约,本朝应得与闻。若援昔与日议约并未与闻为例,他国将欲继日人接踵而至,一概按日人已成之约,后患何可胜言?①

意思是说,在目前大的国际形势之下,开港已是势在必行,而开港必有立约一事,立约在用兵之后,战败者必受不平等的对待,因此在立约问题上,应该转变观念,以主动的姿态寻求自身权益的保障。由此我们可以看到,清政府中的洋务派官员在逐渐融入和谙熟国际事务后,其外交观念已经产生了一种与时俱进的转变。

应该说,就当时的东亚局势而言,中、朝、日三国之间的关系是最为微妙的,而中日两国围绕朝鲜展开的较量也正逐步从幕后走向台前。然而,面对日本这个正在不断壮大的潜在对手,清政府却似乎还没有足够的重视。前面提到周馥对日本的认识是"其力尚不足",而金允植在天津接触的另一位洋务派官员机器局总办刘含芳对日本也

---

① 见前引《领选日记》,第 521—511 页。

有类似的看法,他在和金允植的笔谈中(1882年二月二十一日谈草)提道:

> 日王之可鄙者,是在变洋太过。见事勇为,勤习教民之政,亦有可取。舍短取长,不改衣冠正朔,亦可。……日本之富,国债盈千万;日本之强,舍王京之兵,皆离心离德。所谓富强者,乃自夸,亦自解也。……西国之有识者,皆称日人曰猴。猴之性,见人为亦为之,而莫知之其所以耳。①

可见,对日本发展势头的低估和放松警惕,大概是当时清朝官员的通病,通过这一点,我们对若干年后清政府在对日战争中意料之外的惨败或许更能够理解一些。

(2) 晚清机器制造业发展实态

清政府开展洋务运动之后,机器制造业在军工制造活动的带动下,可以说得到了迅速的发展,尽管洋务运动从政治的层面来讲最终是以所谓的失败告终,但是我们不能否认的是,这期间建立起来的机器制造业的基础还是客观存在的。在朝鲜使者金允植的眼中,1882年天津的机器制造业发展已经达到了足以令其惊叹的地步,而作为中国人回顾那段历史的时候,我们似乎并没有哪怕一点点的兴奋,这恐怕又是有个后见之明在作祟吧。不如就让我们试着通过他者的眼睛,重新看看那一段过去的辉煌。

1882年3月2日(农历正月初三日),金允植第一次参观天津机器制造局,当即被规模宏大的大机器生产的场面所震撼,他在日记中为我们记下了他当时的所见所感:

> 饭后又与蒹山历观机器、翻砂、木样、画图、电机、火药诸厂。各有汽气大轮,诸小轮随而旋转。下施机括,上架铁筒,连延相

① 见前引《领选日记》,第560—561页。

贯数三十间。千百机器,皆用一轮之力。有右旋者,有左旋者,有向下穿孔者,有从傍钻穴者,有截铁者,有磨刀者,有砦削木者。有碾铜者、融化铁者、出入冷热水者。如浑盖旋运,日月五星,各循其度。疾舒纵横之不同,殆匪夷所思。最是电气逼夺造化,不可形喻也。①

除了宏大的机器生产场面,金允植在天津期间还看到了很多对他来说十分新鲜的器物,同样给他留下了深刻的印象。比如,他在天津看到了中国第一艘火轮船的试造:

由东城而下,见有一只小火轮船,新制,外置河沟。军人方凿沟贮水,将运至天津。李中堂方欲广造轮船,先试此小样也。夜深不得上船,观制造之样。……十六日……仍往昨日所至处登观。轮船长可八间,广可二间有余。船头设汽气烟筒,船头设铁轮。中间机括相通。具体而微。内设坐,房铺鲜明,四面设琉璃窗,垂以彩幔。壁上多挂钟表。是中堂所坐处云。②

又如,他见到中国第一批电话机的仿造:

至电机局,见语话筒,两头系铜线。侧耳听之,略可辨认。亦外国贸来者。此厂工头周长庆将仿造云。③

另外,他还看到了中国架设的第一条电报线路:

自此见电线。起于天津,达于上海,四千余里。数十步立一

---

① 见前引《领选日记》,第516页。
② 同上,第518页。
③ 同上,第564—565页。

杆,挂铜丝两条,相续于路。行人由其下往来,无敢伤损,可见立规之严也。①

除此之外,金允植还意外地为我们留下了一份1882年天津机器制造局主要技术骨干人员的名单:

> 东局水师学堂汉文教习董元度、顾敦彝、杨春选,
> 洋文教习严宗光、许兆基、曹廉正,
> 洋枪队教习卞长胜。
> 水雷学堂汉教习邵瑞琮、梅暎桂,洋教习郑宇澄。
> 南局牛星斋昶炳、龚鲁卿照玙、董芸阁,
> 东局木工房教习工匠候永顺,
> 机器房教习工匠童修元、王起、孙起堂,
> 工头王起顺、鲍义杉、梁阿生、黄润秋,
> 木工头周长庆,
> 铜冒房工头赵顺、陈正、蒋得发、赵得成,
> 火药工头王永来、刘德、潘起、刘长泰,
> 锡水唐明义。
> 南局前厂姜瑞永、宋瑞阳、吴灯高,
> 机器后厂吴凤珊,翻砂厂欧阳满。
> 电气、画图、木样霍良顺,
> 又有曾左德、潘明谭、文华三人。②

如果我们今天要研究天津机器制造局的历史,或许这份名单会对我们有一定的价值。另一方面,通过这一份名单,我们还可以大致

---

① 见前引《领选日记》,第472页。
② 朝鲜学徒工匠入学机器局,金允植为上下打点,给机器局内骨干人员一一送礼,并将送礼清单录于日记中,是以留下了这样一份名单。见前引《领选日记》,第520—521页。

估算天津机器制造局的规模和人力配置的情况。

最后,笔者还想举一个有趣的例子。金允植在津期间向清政府报告了一起学徒遭劫事件,当时他的报告是这样写的:

> 昨早,学徒李瓚先由天津机器局起身,随带行李、银物等物,行有五十里之遥,过金钟河,在宁河县所管大封桥里许,北至怀鱼闸十八里,南至山岭庄十五里地方,遇贼四人。年纪约三十多岁、二十多岁不等。并未骑马,各人手执小洋枪。所有银子、衣服,尽被抢去。幸得保命还归。①

我们看到,在这起抢劫事件中,出现的四名劫匪,竟然"各人手执小洋枪",这样一起运用新式武器抢劫的事件,大致从一个侧面反映出,在当时的中国,洋枪已经并不是什么稀罕玩意儿。事实上从金允植另外的一些记载中我们也可以看到,当时天津机器局军械制造的产量已经相当之高,而这些劫匪所使用的"小洋枪",或许就是价格并不昂贵且并非难以获得的国产火枪。通过这一件小事,我们又从一个侧面看到了当时清朝机器制造业的发展状况。

以上笔者只是分别挑选了几条比较有代表性的材料,来扼要阐述了两个方面的问题。应该说,金允植的使行记录中可供利用的材料远不止于此,经由这些材料可以讨论的新问题更加不少。关键是我们要对此类材料的价值有一个正确的估计,对类似于"从周边看中国"这样的有助于发现新材料、发现新问题的研究思路有一个深入的理解和把握。

总的来说,在清帝国斜阳西下之时,天津领选的发生,使得它和近在咫尺的邻邦朝鲜之间有了一次亲密的接触。通过对这一次亲密接触的考察,我们一方面看到,朝鲜不管是出于主动抑或被动,总算是获得一些促使自身加速走向开放、加快现代化发展进程的动力。

---

① 见前引《领选日记》,第 510—511 页。

而另一方面,借助朝鲜人的眼睛,我们看到老朽的清帝国就像注入了几剂强心针,有了一些回光返照的迹象,当然最后还是难以摆脱走向衰亡的命运。知识和技术的及时更新相对容易,观念和制度根本改变却最为艰难。而在后者的拖累下,前者也难以真正完成扭转一个垂老帝国命运的使命。

尽管如此,对于后人来说,却也不应该仅仅看重一个所谓的结果,更不能因为一个所谓失败的结果而否定曾经有过的努力实践和既有成果。历史绝不是铁板一块,它具有太多的复杂性。我们通过各种不同的材料回到历史,去重现一个个历史的细节,实际上就是要展现这些复杂性的各个层面,从而去为还原一个立体的、多维的、丰满的、尽可能接近真实的历史提供填充物。历史研究的价值在于丰富我们的知识,这些知识是关于过去的,同样也是关于现在或将来的。

小　　结

属于 19 世纪末期朝鲜半岛的两个历史事件,为我们呈现出了同一时空下中国和日本两个国家在经历了一段时间的现代化改革之后的历史场景。尽管两者所呈现的面向并不完全相同,但是有一点应该可以肯定,那就是两个国家的现代化改革都取得了实际的成效,同时也都存在一些问题。日本的全盘西化的现代化改革,最终使其现代化的成果在社会各个层面鲜明地体现出来,但是全面急进的发展力度,却也在一定程度上造成了国家财力的空虚。而就中国的情况而言,限定在一定范围内的现代化变革,具体来说就是先行发展机器制造业和军工产业,同样是取得了积极的成果,并且可以说并不落后于日本,然而中国的问题在于制度和观念的局限性太强,致使已经取得的现代化成果没有能够发挥到淋漓尽致的程度。

再来看看韩国的情况,在朝鲜王朝意识到需要开化和武备自强的时候,虽然起步稍晚,但他所面对的机遇其实是空前优越的,在邻近的中日两个国家已经探索了一段时期的现代化道路并将一些经验教训通过各种途径传递过来之后，它事实上拥有很好的条件可以综合两方面的经验，进行取长补短的学习和实践，而朝鲜事实上也正打算这么做，但是当时的问题是他没有能够争取到充足的时间来发展自己，最终内忧外患的大环境阻碍了其顺利向前发展的脚步。我认为如果将以上这些情况联系到一起来看，展现在我们面前的就是一幅完整的19世纪末东亚现代化的历史图景。

"绅士游览团"和"领选使"，为我们提供了一个观察和比较中日现代化改革场景的绝好机会，事实上，这样一种机会的出现并不是偶然的和唯一的。随着近年来学者对韩国所藏文献资料的不断发掘和利用，有两大类的资料逐渐浮现，一是朝天录和燕行录资料，即朝鲜使节往来中国的记录，另一类是通信使文献，即朝鲜使节往来日本的记录，而如果将这两部分资料联系到一起，有很大的可能我们可以找到某一时期有关中国和日本两边情况的同时记载。本章所涉及的"绅士游览团"和"领选使"，虽然从严格意义上说并不属于燕行使和通信使的范畴，但基本上也是上述史料状况的一种同质性表现。而这样的一种史料状况，在合适的研究者那里，有很大几率可以催生出一些全新的研究思路和成果。

当然，这还不单单只是史料价值的问题，这样的史料状况形成的历史背景，才更是有意思的话题。与其说通过韩国留存的史料可以将中日两国的历史叙述联系到一起，倒不如说朝鲜半岛在历史上的东亚三国关系中本就扮演着有趣的中间人的角色。笔者认为，不管是出于史料留存状况还是历史角色特殊性的考虑，都不难看到朝鲜半岛因素在未来的东亚史研究中必将发挥越来越重要的作用。

对于东亚史、东洋史等提法，在当下的历史学界，多数学者非但不会感到陌生，而且还往往乐成其拥趸，这实际上是对将东亚作为一个整体进行考察的理念和方法的认同。西方学界之所以强调亚洲史或者东亚史，或多或少是源自其学术脉络中发展出来的对于区域史研究的热衷。而对于东亚这一范畴所直接指向的中国、日本、韩国而言,其学界在接受这一点上更没有太多的观念障碍。在东亚三国学界对于东亚史研究的重视这一点上,即便不能完全排除西方的某些学术主张的强势影响,但归根到底应该看到,其各自固有的学术文化传统仍是最为重要的主导因素。比如中国学界向来有中华文化圈、儒家文化圈等提法,日本学界虽有"脱亚入欧"一面,但其"大东亚"的学术传统亦始终在基底流淌,韩国学界亦历来有重视东洋史研究的传统。姑且不论目前的实际情况如何,毋庸置疑的是,作为本就身处东亚的三国学界,从长远来看,在研究自身的问题上定然有着西方学界所不具备的优势以及更大的发展空间。

东亚史研究强调的是将东亚这一区域看作一个整体来进行考察,如何真正做到这一点其实并不像想象中的那样简单。这里所说的整体,强调的是一种内在联系。具体地说,在东亚这一区域范畴内,针对某一特定现象或事件,在不同国家或地域之间能否找到某种关联,继而将其作为整个东亚的问题加以理解和认识,这才是问题的关键。否则,如果所谓的东亚史只是把东亚作为一个空洞的符号,而各国从各自立场和角度进行不同表述,也就毫无意义可言。东亚史的观念,提供了一种思考问题的新视角,或者说一种可能性,即以往按照东亚三国的国别史展开的叙述,是否能够在某种程度上纳入到东亚地域的整体框架中重新加以考量,如此,或许可以帮助我们在相对宏大的背景之下更好地理解某些问题。

余论　从东亚观察中国
　　　由中国理解东亚

　　本书从东亚"书同文"的现象谈起，结合近来学界颇为热门的"汉字文化圈"的研究展开讨论，将东亚文献学研究带来大量域外汉文文献浮现这一硕果，从史料的充实和丰富的角度，与历史学的研究建立联系，提出东亚历史上一度存在"同文书史"现象及其相应的汉文文献留存状况，对于今天的中国历史研究具有重要的意义。

　　本书关注的重点有二：一是文献，二是视野。文献是历史研究的前提和基础，新史料的出现推动历史研究跨越式的发展，已经被大量事实和经验所证明，而我们今天或许就身处又一个这样的学术史历程之中。域外汉文献作为一种大体量整体浮现的历史资料，很可能促使中国历史研究有一个全新的转向。而视野则是更为关键的问题，即使文献摆在面前，如若有正确对待文献的学术眼光，文献的价值也难真正显现。

　　应对东亚地区域外汉文文献大量浮现的状况，对于历史研究者来说，首先需要有一种更加宏观的学术视野，姑且称其为东亚视野，如何在东亚视野下理解中国历史和文化，是中国历史研究者应对史料状况新变化所应做出的最基本的学术视野调整。笔者认为，在东亚视野下研究中国，核心就是将中国视为东亚区域的一部分，通过考察其与区域内他者的关联和互动，寻求对中国历史面貌的新发现和新理解。这一过程中，并不会因为将注意力转移到整体的东亚而消解了中国，相反是将东亚作为一个背景，关注的主体始终是中国。

　　客观地说，东亚内部的国家和地区的学者在面对处理关于东亚的问题时,还是很难摆脱本国立场的影响,所以其出发点往往与西方学者将东亚纳入区域史脉络进行整体性考量不同,这是一种可以被理解的选择。在处理中国历史研究和东亚历史研究的关系时,坚持以中国为主体,将东亚作为背景和视野,也是合情合理的,而事实上,当我们在东亚视野中借助外部资源深化对中国自身历史的理解的同时,也是在为整体性的东亚历史新叙述作出贡献。此即"从东亚观察中国,由中国理解东亚"之所指。

文献和视野的关系又是相互的,文献的丰富要求视野随之放大,而视野的扩宽也会带来史料的进一步发掘。域外汉文文献中,哪些资料能够成为中国历史研究的资源?随着学术视野的放宽,资料边界亦将随之拓展。从关注直接记载中国的燕行文献,到发现反映朝鲜和日本之间关系的通信使文献同样对理解中国历史有帮助,这一过程背后反映的就是这样一个问题。正如葛兆光教授所言:研究中国的人完全可以把视野放宽,有些未必直接涉及中国,或者不一定直接记载中国的资料,其实也有"中国"在。在我们面对域外文献时,不妨将这句话作为耳边时时响起的提醒。

鉴于研究能力有限,本书在阐述对于域外汉文文献和东亚史研究视野的基本理解之后,只能就一个具体的角度来展开论述,即以保留在韩国的朝鲜半岛汉文历史文献为研究资料来讨论近世中国的一些问题。相对来说,这大概是一个最容易进入的角度,朝鲜半岛是中国周边保留汉文历史文献最系统数量也最多的地方,而"近世"这一时间段的截取,也是因为相关的文献资料最为丰富。

在绪论部分,笔者用较大篇幅呈现了韩国留存的朝鲜半岛汉文文献的基本状况,并具体介绍了一些代表性的文献,这些文献有的已经被中国学者频繁使用,有的则还尚处于初步受关注的状态。同时,笔者还提出了从关注朝鲜王朝实录转向关注朝鲜官署记录文献、从关注燕行文献转向关注韩国文人著述这一史料视野扩展的思路,这些转向其实也是研究深入之后的必然趋势。笔者在介绍文献基本情况的同时,还顺便介绍了各种文献数据化的情况并提供了相应的数据库网站链接,这些信息对中国研究者相当重要,在史料获取的便利性方面,韩国方面为我们提供了极好的条件。

在本书的主体部分,笔者选择借助一系列历史个案研究,试图呈现出如何在东亚视野下利用韩国汉文文献来研究中国历史相关问题的研究方法。这些个案有的涉及学术的交流,比如朝鲜人对阳明学的认识;有的涉及思想的演变,主要是关于朝鲜小中华意识的问题;在地域上,这些研究亦并不局限于中国和朝鲜半岛,而是拓展到了其他两个重要的东亚文化体——日本和越南,讨论了朝日之间通信使的问题和朝鲜与安南的文化交集问题等,借以展现更广阔的历史视野。在时段上,个案研究的下限也放到了19世纪末的近代,讨论了朝鲜对于中日两国现代化改革后的社会场景的观察。

这些个案研究的呈现,主要的目的还是放在史料的呈现和视野的讨论上,所以其中更多的是注重一些原始文献的呈现和宏观的视野分析,对于材料的深度分析或者横向讨论比较欠缺。同时,个案研究中,在所引域外文献与中国自身文献的比较研究方面,也并没有作太多的展开,其中很多的问题,还可以做进一步的讨论,这既是笔者自己今后将继续的工作,也欢迎其他研究者加入讨论。

利用域外汉文文献开展中国历史的研究,更多的是中国学者的立场和选择,但是在这个问题上,我们也不能闭门造车。有些研究者可能会认为,在阅读域外汉文文献的问题上,中国研究者比韩国、日本学者更具优势,因此只要文献在手,完全可以关起门来搞研究。其实不然,域外汉文文献虽然是以汉字的方式呈现出来,但是就其产生的地域性和文化背景而言,还是有其相当大的独特性,若不理解其文化背景,对这些文献的解读还是会存在这样那样的问题。在这种情况下,比起关起门来搞研究,与相应国家研究者的学术交流显得至关重要。

笔者所关注的主要是朝鲜半岛方面的汉文文献,因此对中韩学术交流的情况有些体会。就总体感觉而言,目前中国历史学界与韩国历史学界的学术交流还相当不够。长期以来,中韩两国的历史研究者，似乎有一种互相看不上彼此研究的态度，因此交流的意愿也不太强烈。这种状态关键还是因为缺乏了解所致。中韩建交只有短短二十多年，两国建交以前，彼此学界没有沟通，韩国学者对中国学者有意识形态方面的误解，建交以后情况虽然在改变，但改变的速度显然还不够。而中国学者认为韩国学者历史研究水平不高，总的来看也是因为一种固执的误解和缺乏开放和了解的心态所致。

就当下的形势来看，中韩史学界的学术交流应该也急需得到加强，而关键的第一步是双方都要有一种开放的心态。有了开放的心态之后，下一步就是要找到一些共同的讨论话题，而在中国和朝鲜半岛历史上，从来就不乏共同话题，因此中韩历史学界的交流应该是有极好的基础的，关键就是行动起来。笔者注意到，当前韩国学界已经开始重视中国学者历史学术著作的翻译和引介工作，但中国方面相应的举措却较少，主要集中在一些高校的韩国研究中心，事实上韩国历史学界历来亦有大量有关中国和东亚历史问题的优秀著作，我们同样可以开展翻译和引介的工作，这是达到相互了解的关键性步骤。

"书同文"带来的东亚汉文文献留存，无疑为我们在全新的东亚视野下研究中国历史和文化奠定了坚实的资料基础，然而，"同文书史"是东亚共同的传统，中国不应该是这一传统唯一的受益者。虽然今天的朝鲜半岛、日本和越南，都已经与自身历史上的汉字传统渐行渐远，但我们不能否认，这些国家留存的汉文文献仍是属于其各自的无可争议的历史文化遗存。对中国学者来说，这些文献有域外镜鉴的价值，对这些国家本身来说，它们更是有重拾传统的重要意义。从这个意义上来说，对东亚汉文文献的关注和研究，应该是东亚各国历史研究者的共同使命。如果东亚各国的研究者能够在这一领域形成研究的合力，在共同追寻传统价值的过程中，对当代问题或许也能形成一定的互谅、共识和理解。"从东亚观察中国，由中国理解东亚"，同样的逻辑，适用于东亚每一个国家。

参考文献目录①

I 原始文献和资料集

一、中国

吴晗编《朝鲜李朝实录中的中国史料》,中华书局,1962年。
郑昌顺等编纂《同文汇考》(全十册),台北珪庭出版社,1978年。
黄国安等《近代中越关系史料选编》,广西人民出版社,1988年。
耿云志主编《胡适遗稿及秘藏书信》,黄山书社,1994年。
张存武、叶泉宏辑《清入关前与朝鲜往来国书汇编(1619—1643)》,台北,2000年。
胡适著,季羡林主编《胡适全集》,安徽教育出版社,2003年。
赵兴元等选编《〈同文汇考〉中朝史料》(全四册),吉林文史出版社,2005年。
权赫秀《近代中韩关系史料选编》,世界知识出版社,2008年。
吴晗著,常君实编《吴晗合集》,中国人民大学出版社,2009年。
复旦大学文史研究院与越南汉喃研究院合编《越南汉文燕行文献集成(越南所藏编)》(全二十五册),复旦大学出版社,2010年。
冯克宽著《使华手泽诗集》、《梅岭使华手泽诗集》,收在《越南汉文燕行文献集成(越南所藏编)》,第一册。
复旦大学文史研究院与韩国成均馆大学东亚学术院合编《韩国汉文燕行文献选编》(全三十册),复旦大学出版社,2012年。

---

① 参考文献均按出版时间先后排序。

金允植著《领选日记》,收在《韩国汉文燕行文献选编》,第三十册。

孙锦泉、周斌、粟品孝合编《日本汉文史籍丛刊》(第一辑),上海交通大学出版社,2012年。

弘华文主编《燕行录全编》(第一、二、三辑),广西师范大学出版社,2010年、2012年、2013年。

高孝津、陈捷主编《琉球王国汉文文献集成》(全三十六册),复旦大学出版社,2013年。

二、韩国

朴定阳《日本内务省及农商务省视察书启》,奎章阁藏,藏书号:奎2577。

朴定阳《日本内务省视察记》,奎章阁藏,藏书号:奎2576,2449。

朴定阳《日本农商务省视察记》,奎章阁藏,藏书号:奎1150,2450。

闵种默《日本外务省视察记》,奎章阁藏,藏书号:奎3712,3015,3711。

闵种默《日本各国条件》,奎章阁藏,藏书号:奎1835。

鱼允中《日本大藏省视察记》,奎章阁藏,藏书号:奎6266。

赵准永《日本文部省视察记》,奎章阁藏,藏书号:奎2871,7765。

严世永《日本司法省视察记》,奎章阁藏,藏书号:奎3703。

姜文馨《日本工部省视察记》,奎章阁藏,藏书号:奎1834。

洪英植《日本陆军总制》,奎章阁藏,藏书号:奎3271。

洪英植《日本陆军操典》,奎章阁藏,藏书号:奎3710,3702。

李宪永《日本税关视察记》,奎章阁藏,藏书号:奎2451。

赵准永《闻见事件》,奎章阁藏,藏书号:奎1311-1。

闵种默《闻见事件》,奎章阁藏,藏书号:奎1311-2。

李宪永《闻见事件》,奎章阁藏,藏书号:奎1311-3。

严世永《闻见事件》,奎章阁藏,藏书号:奎1311-4。

姜文馨《闻见事件》,奎章阁藏,藏书号:奎15250。

李宪永《东游录》,奎章阁藏,藏书号:古6370-2。

姜晋馨《日东录》，奎章阁藏，藏书号：奎 7774。

宋宪斌《东京日记》，奎章阁藏，藏书号：古 4710-4。

郑东愈《昼永编》，韩国国立中央图书馆藏，藏书号：古 091-7。

古典刊行会编，李圭景著《五洲衍文长笺散稿》（上、下编），首尔：东国文化社，1959 年。

成均馆大学东亚学术院编《燕行录选集》（全二册），成均馆大学东亚学术院，1962 年。

国史编纂委员会编《朝鲜王朝实录》（全四十九册），探求堂，1968 年。

国史编撰委员会编《高宗纯宗实录》（全三册），探求堂，1970 年。

国史编纂委员会编《从政年表·阴晴史》，探求堂，1971 年翻刻发行。

民族文化促进会编《国译海行总载》，民族文化文库刊行会，1974—1981 年。

国史编纂委员会编《同文汇考》（全四册），翰进印刷公社，1978 年。

国史编纂委员会编《各司誊录》（全二十二册），民族文化社，1981 年。

《通信使誊录》（全六册），首尔大学图书馆，1981 年。

国史编纂委员会编《备边司誊录》（全二十八册），景仁文化社，1982 年。

赵秉舜编《增补修注三国史记》，韩国诚庵古书博物馆，1986 年。

民族文化推进会编《韩国文集丛刊》，景仁文化社，1986—2013 年。

林基中编《燕行录全集》（全一百册），韩国东国大学出版社，2001 年。

金允植著《天津谈草》，收入林基中编：《燕行录全集》，第九十三册。

林基中、夫马进编《燕行录全集：日本所藏编》（全三册），韩国东国大学出版社，2001 年。

《奎章阁志》，首尔大学奎章阁，2002 年。

《弘文馆志》，首尔大学奎章阁，2002 年。

《侍讲院志》（二册），首尔大学奎章阁，2003 年。

《秋官志》（三册），首尔大学奎章阁，2004 年。

朝鲜通信使文化事业会、国史编纂委员会编《朝鲜时代通信使行列》（图录），世韩企划社，2005 年。

《通文馆志》(二册),首尔大学奎章阁,2006年。
《增正交邻志》,首尔大学奎章阁,2007年。
成均馆大学东亚学术院编《燕行录选集补遗》(全三册),成均馆大学东亚学术院,2008年。
金允植著《领选日记》,收入《燕行录选集补遗》,中册。
林基中编《燕行录全集续编》(全五十册),韩国尚书院,2008年。
韩国古典翻译院编《韩国文集丛刊便览》,韩国古典翻译院,2010年。

三、日本

林春胜、林信笃编《华夷变态》,东方书店,1981年。
辛基秀、仲尾宏编《(善邻友好的记录)大系朝鲜通信使》(1—8册),明石书店,1994年。
池谷望子等编《朝鲜王朝实录琉球史料集成》,榕树书林,2005年。
日本史料集成编纂会编《中国·朝鲜史籍中的日本史料集成:李朝实录之部》,图书刊行会,2007年。

II 论文集和工具书

赵北耀主编《薛瑄学术思想研究论文集》,太原:山西古籍出版社,1997年。
复旦大学文史研究院编《从周边看中国》,中华书局,2009年。
复旦大学文史研究院编《世界史中的东亚海域》,中华书局,2011年。
韩国系谱研究院编《韩国人族谱》,[韩]日新阁,1977年。
韩国人名大事典编纂室编《韩国人名大事典》,[韩]新丘文化社,1986年。

III 专 著

一、中国

李光涛著《多尔衮征女朝鲜史事》,台湾"中研院"史语所,1970年。
张存武著《清代中韩关系论文集》,台湾商务印书馆,1987年。

黄国安等著《近代中越关系史》,广西人民出版社,1988年。
杨昭全、韩俊光著《中朝关系简史》,辽宁民族出版社,1992年。
张秀民著《中越关系史论文集》,台北:文史哲出版社,1992年。
白化文等校注《入唐求法巡礼行纪校注》,花山文艺出版社,1992年。
李元庆著《明代理学大师——薛瑄》,太原:山西高校联合出版社,1993年。
[韩]全海宗著,全善姬译《中韩关系史论集》,中国社会科学出版社,1997年。
王晓秋著《近代中日关系史研究》,中国社会科学出版社,1997年。
朱瑞平点校《热河日记》,上海书店出版社,1997年。
陈尚胜等著《朝鲜王朝(1392—1910)对华观的演变:〈朝天录〉和〈燕行录〉初探》,山东大学出版社,1999年。
葛振家《崔溥〈漂海录〉评注》,线装书局,2002年。
刘为著《清代中朝使者往来研究》,黑龙江人民出版社,2002年。
伊原泽周著《从"笔谈外交"到"以史为鉴"——中日近代关系史探研》,中华书局,2003年。
李花子著《清朝与朝鲜关系史研究——以越境犯越为中心》,延边大学出版社,2005年。
刘顺利著《王朝间对话——朝鲜领选使天津来往日记导读》,宁夏人民出版社,2006年。
张伯伟著《清代诗话东传略论稿》,中华书局,2007年。
金程宇著《域外汉籍丛考》,中华书局,2007年。
蔡毅著《日本汉诗论稿》,中华书局,2007年。
刘玉珺著《越南汉喃古籍的文献学研究》,中华书局,2007年。
左江著《李植杜诗批解研究》,中华书局,2007年。
党银平校注《桂苑笔耕集校注》,中华书局,2007年。
[韩]崔英辰著,邢丽菊译《韩国儒学思想研究》,东方出版社,2008年。
伊原泽周著《近代朝鲜的开港——以中美日三国关系为中心》,社会

科学文献出版社,2008年。
白化文、李鼎霞校点《参天台五台山记》,花山文艺出版社,2008年。
[日]松浦章著,郑洁西等译《明清时代东亚海域的文化交流》,江苏人民出版社,2009年。
李甦平著《韩国儒学史》,人民出版社,2009年。
李善洪著《朝鲜对明清外交文书研究》,吉林人民出版社,2009年。
王丽萍点校《新校参天台五台山记》,上海古籍出版社,2009年。
周振鹤著《长水声闻》,复旦大学出版社,2010年。
邱瑞中著《燕行录研究》,广西师范大学出版社,2010年。
徐东日著《朝鲜使臣眼中的中国形象——以〈燕行录〉〈朝天录〉为中心》,中华书局,2010年。
刘顺利著《朝鲜文人李海应〈蓟山纪程〉细读》,学苑出版社,2010年。
夫马进著,伍跃译《朝鲜燕行使和通信使》,上海古籍出版社,2010年。
葛兆光著《宅兹中国——重建有关中国的历史论述》,中华书局,2011年。
张伯伟著《作为方法的汉文化圈》,中华书局,2011年。
张伯伟著《域外汉籍研究论集》,北京大学出版社,2011年。
杨雨蕾著《燕行与中朝文化关系》,上海辞书出版社,2011年。
[韩]琴章泰著,韩梅译《韩国儒学思想史》,中国社会科学出版社,2011年。
陈小法著《明代中日文化交流史研究》,商务印书馆,2011年。
李庆著《海外典籍与日本汉学论丛》,中华书局,2011年。
陈益源著《越南汉籍文献述论》,中华书局,2011年。
静永健、陈翀著《汉籍东渐及日藏古文献论考稿》,中华书局,2011年。
王晓平著《日本诗经学文献考释》,中华书局,2011年。
陈捷著《人物往来与书籍流转》,中华书局,2011年。
张伯伟著《域外汉籍研究入门》,复旦大学出版社,2012年。

［日］冈本隆司著,黄荣光译《属国与自主之间——近代中朝关系与东亚的命运》,三联书店,2012年。

朱莉丽著《行观中国——日本使节眼中的明代社会》,复旦大学出版社,2013年。

葛兆光著《想象异域——读李朝朝鲜汉文燕行文献札记》,中华书局,2014年。

［日］上田信著,高莹莹译《海与帝国:明清时代》,广西师范大学出版社,2014年。

二、韩国

金泰俊著《壬辰倭乱与朝鲜文化的东渐》,首尔:韩国研究院,1977年。

震檀学会编,李瑄根著《韩国史》,乙酉文化社,1980年。

郑玉子著《朝鲜后期中华思想研究》,一志社,1998年。

李惠成(이혜정)著《朝鲜通信使的文学》,梨花女大出版部,1996年。

宋成哲(손승철)著《朝鲜通信使与日本的沟通(友情与背叛的五百年)》,东亚西亚出版社,2006年。

曹奎立(조규익)等编《朝鲜通信使使行录研究丛书》(全十三册),学古房,2008年。

三、日本

姜在彦日文译注《海游录:朝鲜通信使の日本纪行》,平凡社,1974年。

李进熙著《李朝的通信使——江户时代的日本与朝鲜》,讲谈社,1976年。

辛基秀著《江户时代的朝鲜通信使》,每日新闻社,1979年。

上田正昭编《朝鲜通信使——关注善邻和友好》,明石书店,1995年。

李元植著《朝鲜通信使研究》,思文阁,1997年。

高正晴子著《朝鲜通信使的响应》,明石书店,2001年。

郑章植著《使行录所见朝鲜通信使的日本观——江户时代日朝关系》,明石书店,2006年。

片仓穣著《朝鮮とベトナム日本とアジア:ひと・もの・情報の接觸・交流と對外觀》,福村出版,2008年。

IV 论 文

一、中国

翁独健《朝鲜李朝实录中的中国史料序言》,载吴晗辑:《朝鲜李朝实录中的中国史料》,中华书局,1980年,第一册,第一——三页。

蒙培元《薛瑄学术思想与程朱理学的演变》,《晋阳学刊》,1982年第6期,第73—78页。

郝星久《薛瑄的教育思想》,《晋阳学刊》,1983年第6期,第98—102页。

杜江《六世班禅朝觐乾隆事略》,载《西藏研究》,1984年第1期,第61—67页。

魏宗禹《薛瑄思想特点三论》,《山西大学学报(哲社版)》,1987年第4期,第59—64页。

周庆义《从孟、荀论性说观照薛瑄复性论》,《运城师专学报》,1989年第2期,第56—59页。

徐远和《薛瑄的"实学"思想探析》,《孔子研究》,1992年第3期,第37—41页。

孔祥林《朝鲜的孔子庙——儒家思想深远影响的象征》,载《孔子研究》,1992年第1期,第108—114页转第48页。

姜国柱《薛瑄的理学思想》,《孔子研究》,1995年第2期,第62—69页。

王政尧《〈燕行录〉初探》,载《清史研究》1997年第3期,第1—8页。

白·特木尔巴根《清代蒙古族作家博明生平事迹考略》,载《民族文学研究》,2000年第1期,第64—67页。

孙卫国《〈朝天录〉与〈燕行录〉——朝鲜使臣的中国使行纪录》,载《中国典籍与文化》,2002年第1期,第74—80页。

杨雨蕾《朝鲜燕行录所记的北京琉璃厂》,载《中国典籍与文化》,2004年第4期,第55—63页。

冯天瑜《"汉字文化圈"刍议》,载《吉首大学学报(社会科学版)》,2004年4月,第1—6页。

葛兆光《从"朝天"到"燕行"——17世纪中叶后东亚文化共同体的解体》,载《中华文史论丛》,2006年第1期,第29—58页。

刘静《从"燕行录"看18世纪中国北方市集——兼论中朝文化交流与文化差异》,载《北京社会科学》,2006年第3期,第34—38页。

葛兆光《预流、立场与方法——追寻文史研究的新视野》,载《复旦学报》(社会科学版),2007年第2期,第1—14页。

许齐雄《我朝真儒的定义:薛瑄从祀孔庙始末与明代思想史的几个侧面》,《中国文化研究所学报》,2007年第47期,第93—114页。

许齐雄《为昭代真儒辩护:明朝人讨论薛瑄从祀问题的一个重要侧面》,《晋阳学刊》,2007年第4期,第32—34页。

李海林《薛瑄从祀孔庙缘由》,载《山西煤炭管理干部学院学报》,2007年第2期,第119、124页。

许齐雄《薛瑄的"道统观"和"复性论"》,载《明清史集刊》,2007年9月,第49—61页。

杨雨蕾《18世纪朝鲜北学思想探源》,载《浙江大学学报》(人文社会科学版),2007年7月,第85—93页。

张伯伟《汉文学史上的1764》,载《文学遗产》,2008年1月,第114—131页。

葛兆光《揽镜自鉴——关于朝鲜、日本文献中的近世中国史料及其他》,载《复旦学报》(社会科学版),2008年第2期,第2—9页。

李焯然《越南史籍对"中国"及"华夷"观念的诠释》,载《复旦学报》,2008年第2期,第10—18页。

徐东日《朝鲜朝燕行使节眼中的乾隆皇帝形象》,载《东疆学刊》,2009年第4期,第13—19页。

李永春《简论朝鲜通信使》,载《当代韩国》,2009年春季号,第73—79页。

杨剑兵《〈樵史通俗演义〉作者考辨》,载《明清小说研究》,2009年第2期,第284—291页。

许齐雄《国家政治目的和理学家教育理想在官学和科举的结合——以薛瑄思想为例》,载[台]《汉学研究》,第27卷第1期(2009年3月),第87—112页。

张崑将《16世纪末中韩使节关于阳明学的论辨及其意义——以许篈与袁黄为中心》,载《台大文史哲学报》第70期(2009年5月),第55—84页。

王元周《论"朝鲜中华主义"的实与虚》,载《史学集刊》,2009年第3期,第47—55页。

张士尊《明代辽东书院述略》,载《鞍山师范学院学报》,2009年第5期,第32—36页。

林学忠《近代中韩关系的再编——朝鲜开化官员金允植的视角》,收在复旦大学文史研究院编,《从周边看中国》(论文集),中华书局,2009年6月,第362—382页。

葛兆光《"不意于胡京复见汉威仪"——清代道光年间朝鲜使者对北京演戏的观察与想象》,载《北京大学学报(哲学社会科学版)》,2010年第1期,第84—92页。

葛兆光《从"西域"到"东海"——一个新历史世界的形成、方法及问题》,载《文史哲》,2010年第1期,第18—25页。

柳森《国内近三十年来关于六世班禅朝觐研究综述》,载《四川民族学院学报》,2010年4月,第1—5页。

陈小法《日本入明僧携回的中国物品——以策彦周良为例》,载《甘肃社会科学》,2010年第5期,第88—92页。

杨正显《王阳明〈年谱〉与从祀孔庙之研究》,载[台]《汉学研究》,第29卷第1期(2011年3月),第153—187页。

李海林《关于薛瑄从祀孔庙的两个问题》,载《兰台世界》,2011年第

28期,第30—31页。

徐毅《朝鲜通信使在中日文化交流中的作用》,载《南通大学学报》,2011年9月,第63—70页。

王振忠《朝鲜燕行使者与18世纪北京的琉璃厂》,载《安徽史学》,2011年第5期,第13—29页。

彭敏《元结纪咏诗文研究——以湖南浯溪碑林与越南燕行文献为中心》,载《湖南科技学院学报》,2012年第1期,第16—20页。

陈正宏《越南燕行使者的清宫游历与戏曲观赏》,载《故宫博物院院刊》,2012年第5期,第31—40、159—160页。

王鑫磊《韩国汉文燕行文献〈随槎录〉的史料价值——兼谈朝鲜王朝的"小中华意识"》,载《复旦学报(社会科学版)》,2013年第5期,第19—29页。

陈国保《越南使臣对晚清中国社会的观察与评论》,载《史学月刊》,2013年第10期,第55—67页。

葛兆光《文化间的比赛:朝鲜赴日通信使文献的意义》,载《中华文史论丛》,2014年第2期,第1—62页。

李善洪《朝鲜对华朝贡关系文书集〈槐院謄录〉管窥——以韩国藏书阁所藏〈槐院謄录〉为中心》,载《古籍整理研究学刊》,2014年第1期,第83—87页。

二、韩国

权锡奉《对领选使行的一个考察:以军械学造事为中心》,载《历史学报》,第十七、十八辑合辑,1962年,第277—312页。

郑玉子《绅士游览团考》,载《历史学报》(韩国),第二十七辑,1965年,第105—142页。

姜周镇《〈海行总载〉解题》,收在民族文化促进会编:《国译海行总载》,第一册,民族文化文库刊行会,1977年,第3—28页。

吴钟逸(오종일)《阳明传习录传来考》,载《哲学研究》,1978年第5期,第67—86页。

金相淏《朝鲜时代公文书管理》,载《书志学研究》,1986年第1期,第157—175页。

权五凤(권오봉)《日本江户幕府通过朝鲜使行对韩国儒学的接受》,载《安东汉文学论集》第2卷(1991年),第789—813页。

金泰准(김태준),《冲击和调和:十八世纪韩日文化交流的面貌——以江关笔谈为中心》,载《东方文化比较研究丛书》第2卷(1992年),第735—767页。

河宇凤《元重举的日本认识》,载《李基白先生古稀纪念论文集》(1994年),第1228—1264页。

李敬元(이경원)《朝鲜通信使随行乐队的音乐活动考》,载《韩国音乐学论集》第2卷(1994年),第325—369页。

南权锡《关于新发现之卢以渐〈随槎录〉书志的研究》,载《图书馆学论集》第23辑(1995年),第405—437页。

孙承喆《朝鲜时代对日本天皇观之类型方面的考察》,载《史学研究》第50期(1995年),第217—249页。

李元植《由通信使记录看对日本的认识》,载《国史馆论丛》第76辑(1997年),第292—312页。

苏在英《〈海行总载〉的作品论》,载《慕山学报》1998年第10期,第381—402页。

张荣哲(장용걸)《对朝鲜通信使仪礼性的考察》,载《教育理论与实践》第9辑(1999年),第233—249页。

权延雄《卢以渐的〈随槎录〉:解题和原文标点》,载《庆北史学》第22辑(1999年),第141—239页。

金东锡《有关卢以渐〈随槎录〉的研究——与〈热河日记〉比较的角度》,载《韩国汉文学研究》第27辑(2001年),第259—302页。

甘宪华(감선화),《朝鲜通信使的绘画交流:以17、18世纪为中心》,载《东北亚文化研究》第一辑(2001年),第83—115页。

韩泰文《通过通信使往来展开的韩日文化交流》,载《韩民族语文学》第45卷(2004年),第421—448页。

金暻绿《朝鲜后期〈同文汇考〉的编纂过程及其特征》,载《朝鲜时代史学报》第 32 期(2005 年),第 185—226 页。

金德真(김덕진)《1763 年通信使的使行费用的规模和意义》,载《历史学研究(原全南史学)》第 25 卷(2005 年),第 105—144 页。

孙灿植《从〈赵完璧传〉看芝峰李晬光的越南认识》,载《古小说研究》第 21 辑(2006 年),第 215—247 页。

鲁成焕《朝鲜通信使与日本的端午节》,载《日本文化学报》第 33 卷(2007 年),第 259—279 页。

权赫来《〈赵完璧传〉的文本和文学性意味研究》,载《语文学》第 100 辑(2008 年),第 205—234 页。

河宇凤《朝鲜时代的通信使外交和仪礼问题》,载《朝鲜时代史学报》第 58 卷(2011 年),第 65—95 页。

赵家元(音译)《李晬光〈赵完璧传〉的书写性特征》,载《文章语文论集》第 48 辑(2011 年),第 1—40 页。

金东锡《朝鲜后期燕行录的美学特质:〈随槎录〉与〈热河日记〉的内容比较》,载《东方汉文学》第 49 辑(2011 年),第 191—221 页。

具智贤《17 世纪通信使笔谈中出现的韩日间书籍交流的情况》,载《韩国汉文学研究》第 47 期(2011 年),第 527—551 页。

朴元镐《동아시아사로서의 한국사」를 위한 마지막 提言》(为《作为东亚史的韩国史》一书所作的最后提言),载《历史学报》第 216 辑(2012 年),第 33—55 页。

金尚朝(김상조)《青泉申维翰的日本认识和对雨森芳洲的理解》,载《瀛洲语文》第 23 卷(2012 年),第 311—337 页。

三、日本

岩生成一《安南國渡航朝鮮人趙完璧伝について》载《朝鮮学報》,1954 年第 6 卷,第 1—12 页。

李豪润《16 世纪朝鲜知识人の「中国」认识——许筠の「朝天记」を中心に》,收在立命馆大学编《コリア研究》第 2 辑(2011 年),第

81—96页。

V 学位论文

一、博士论文

金圣培《金允植的政治思想研究》,韩国首尔大学,2001年。
马靖妮《〈热河日记〉中的中国形象研究》,中央民族大学,2007年。
杨盼盼《朝鲜使臣眼中的道光朝》,山东大学,2008年。
颜宁宁《金景善的〈燕辕直指〉研究》,山东大学,2008年。
杨昕《"朝天录"中的明代中国形象研究》,中央民族大学,2009年。
高琼《生命践履与"通天性"——薛瑄哲学思想研究》,陕西师范大学,2010年。
韩龙浩《19世纪〈燕行录〉中的中国形象研究》,中央民族大学,2011年。
李根硕《朝鲜的中国想像与体验(从17世纪到19世纪)》,北京大学,2012年。

二、硕士论文

李海林《薛瑄对程朱理学的体认与实践》,山西大学,2007年。
李承姬《〈通文馆志〉考述》,复旦大学,2010年。
宋先超《〈备边司誊录〉史料价值初探》,东北师范大学,2011年。
刘波《〈同文汇考〉史料分类述要》,东北师范大学,2011年。
周亮《清代越南燕行文献研究》,暨南大学,2012年。
张茜《清代越南燕行使者眼中的中国地理景观》,复旦大学,2012年。
宣丹丹《〈通文馆志〉研究——以朝鲜与清朝朝贡关系为中心》,东北师范大学,2012年。
刘嘉元《17—19世纪朝鲜通信使的汉字书写》,天津师范大学,2012年。

VI 其 他

董少新《从"东亚"到"东亚海域":学术、政治与历史世界的构建》,载《文汇报》2013年3月4日,第00C版。

刘倩《汉文化整体研究——陈庆浩访谈录》,载《文学遗产》2007年第3期,第153—158页。

陈庆浩《汉文化整体研究三十年感言》,载《书品》2011年第5期,第31—34页。

后　　记

　　2008年秋,我从复旦大学历史系专门史专业毕业,机缘巧合之下,有幸进入了刚成立不久的复旦大学文史研究院工作。博士在读期间,我师从章清教授,专业方向为中国近现代思想史,而博士论文的主题是从五四时期知识分子群体看近现代思想史上的代际冲突问题。进入文史研究院工作,我面对的第一个问题就是专业方向的改变。

　　当时复旦大学文史研究院在葛兆光教授的主持下刚刚创立,葛老师给新成立的研究院确定了特点鲜明的五大研究方向,其中最核心的方向就是"从周边看中国"。2007年12月,文史研究院成立之后举办的第一次国际学术研讨会,就以"周边看中国"为主题,当时还是学生的我全程旁听了会议,受益良多,现在回想起来,大概就是在那时候,一扇全新的学术之门在我面前打开了,而不久之后,我走了进去。

　　在确定进院工作以后,我和葛老师有了第一次正式的面谈。因为听说葛老师是出了名的严厉,加上我对自己的学术能力超没自信,所以在那次见面之前,我除了有些许兴奋,更多的还是紧张。可是从进到光华楼二十八楼葛老师的办公室并和葛老师促膝对坐的那一刻起,我感受到的就只有长者的慈祥,而丝毫没有传说中的严厉,这一印象至今没有改变。我记得,在那一次会面中,葛老师就直截了当地对我说我的学术方向需要调整,而我几乎没有犹豫就回答说好,事实上我也已经做好了心理准备。当时葛老师还鼓励我说:"不要急,可以慢慢来。"后来的事实证明,我的动作确实有点慢。

要确定一个新的学术方向其实并不容易,刚开始,我除了意识到应该和研究院的学术方向尽量靠拢之外,并没有明确的努力方向。在我寻找新课题的过程中,葛老师时不时给我一些资料看,比如张存武先生的《中韩关系史论文集》以及他请人帮忙从韩国拍回来的林基中《燕行录全集》的电子图片等。之后,我便开始阅读燕行文献,并关注起中韩文化交流史方面的问题。

工作以后我做的第一个具体研究是金允植天津领选,最初是因为看到葛老师《揽镜自鉴》一文中提到这个事件,而这一事件所发生的时段是在晚清,和我原来关注的时段比较接近。为此,我看了葛老师给我的燕行录全集电子版中所收金允植的《天津谈草》,请朋友从韩国买了金允植的日记《阴晴史》,又因为参与整理出版《韩国汉文燕行文献选编》的机会而接触到金允植的《领选日记》。在这些材料基础上,我完成了《帝国斜阳下的亲密接触:论朝鲜官员金允植的天津领选》一文,经葛老师推荐发表在《复旦学报》上。这是我工作后第一次发表论文,当时已经是 2010 年的春天。从那之后,我就把主要精力放在了韩国汉文文献方面,并致力于利用韩国汉文文献讨论与中国历史有关的问题。

2011 年 9 月至 2012 年 2 月,我得到韩国高等教育财团的资助,前往韩国首尔大学奎章阁访学,这段经历对我来说意义重大,它极大深化了我对韩国汉文文献的了解程度,也直接促成了我之后几项研究的完成。我对韩国汉文文献的关注从燕行文献扩展到更广泛的视野,与那一段经历直接相关。回国之后,我结合自己对韩国汉文文献状况的把握,开设了《周边国家汉文文献选读》的研究生课程,在课程讲授过程中教学相长,不断完善自己对于韩国汉文文献的理解。同时,通过教学和研究的同步展开,我也逐步形成了关于在东亚视野中研究中国历史的一些看法。而这些就是今天我在这部书中所呈现出来的内容。

从 2008 年工作至今,已经过去了六个年头,这六年里我经历了一个重头来过的过程,但是对我来说这并不是一个辛苦的历程,反倒是乐在其中,因为我所经历的对我来说都是新鲜而有趣的事物。同时,这样一个过程也让我真切地感受到,所谓学术其实并无界限可言,对一名历史研究者来说,基本的学术训练都是一样的,至于所从事的具体研究,不过是一个又一个从积累到释放的过程罢了。期间,我也深刻地感受到,对于历史研究来说,真正关键的问题始终只有一个,那就是学术视野。

葛兆光教授为文史研究院选定的第一个方向是"从周边看中国",倡导利用处在中国周边的国家或地区历史上所留存下来的资料来研究中国,这就是一个新的学术视野的提出。葛老师近年来投入大量精力在朝鲜燕行文献的研究上,并将其研究集成了一部颇有学术分量的《想象异域》,而最近他又发表了讨论朝鲜赴日通信使文献史料价值的文章,论述朝鲜和日本交往的史料对于中国历史研究的意义,这些研究都堪称是拓展学术视野的典范。"给硕士生方法,给博士生视野",这是葛兆光教授在"研究生学术入门手册"丛书序言中的话。学术视野,大概是在博士阶段之后一直会伴随研究者整个学术生涯最重要的东西。这些年来,能够近距离地接受这种学术视野的熏陶,并且有机会亲身实践之,是我最大的收获。

六年了,再不交出一点作业自己也觉得过意不去,这部还不算成熟的书,就算是一点象征性的交代吧。至于说要向谁交代,脑海中不禁浮现出一串列不完的名单。首先当然是我的授业恩师章清教授,这几年他的"不务正业"的学生做的这些事,希望不至于令他太失望。然后就是六年来指导帮助我最多的葛兆光教授,感谢他对我这个成长缓慢的下属的耐心和宽容。接着是我的父母家人,特别是我的妻子许颖、女儿王梓童,她们永远是我努力向前的最大动力。当然,还有所有文史研究院的我可爱、可敬的同事们,特别是董少新、邓菲、朱莉丽以及金秀英、肖军、杨琴,和他们在一起工作让我感到无比愉快和温馨。六年来,在学术道路上还得到不少前辈学者的提点,比如周振鹤教授、金光耀教授、邹振环教授、张翔教授、孙卫国教授、羽田正教授等,也得到一些志同道合的学友的协助,如李妍承、曹苍录、邢丽菊、陈文彬等，在此同样向他们致以诚挚的谢意。要感谢的师友着实还有很多，在此不及一一致谢，敬望谅解。

本书写作过程中，我先后因不同课题得到一些项目资助，包括：复旦大学文史研究院"985二期"项目（2009年）、复旦大学亚洲研究中心项目（2010年）、上海市教委"晨光学者"计划项目（2011年）、复旦大学"985三期"整体推进人文/社会科学研究项目（2011年）、复旦大学"卓学计划"项目（2012年）。由以上项目所资助课题的研究成果，在本书中均有体现，在此一并鸣谢。

本书第一、二、五章的内容，是我在前期发表于《复旦学报》、《史林》、《韩国研究论丛》等刊物的论文基础上扩充而来，其余部分此前则未及发表。也因如此，在我交付出版社的书稿中，错漏之处颇多，而复旦大学出版社编辑胡春丽博士在后期书稿整理和校对工作给予我极大的帮助，在此致以万分的感谢。

最后，对于本书能和朱莉丽、张佳、段志强等几位同事的著作一起列入复旦大学文史研究院主编的"亚洲艺术、宗教与历史研究丛书"第一批出版，我深感荣幸。

书中多有不足之处，敬请各方指正。

王鑫磊
2014年10月9日于
复旦大学光华楼

图书在版编目(CIP)数据

同文书史——从韩国汉文文献看近世中国/王鑫磊著.—上海:复旦大学出版社,
2015.2(2016.2 重印)
(亚洲艺术、宗教与历史研究丛书)
ISBN 978-7-309-11189-7

Ⅰ.同… Ⅱ.王… Ⅲ.中国历史-近代史-研究 Ⅳ.K250.7

中国版本图书馆 CIP 数据核字(2015)第 002173 号

同文书史——从韩国汉文文献看近世中国
王鑫磊 著
责任编辑/胡春丽

复旦大学出版社有限公司出版发行
上海市国权路 579 号 邮编:200433
网址:fupnet@fudanpress.com http://www.fudanpress.com
门市零售:86-21-65642857 团体订购:86-21-65118853
外埠邮购:86-21-65109143
上海市崇明县裕安印刷厂

开本 890×1240 1/32 印张 9.375 字数 240 千
2016 年 2 月第 1 版第 2 次印刷

ISBN 978-7-309-11189-7/K·521
定价:32.00 元

如有印装质量问题,请向复旦大学出版社有限公司发行部调换。
版权所有 侵权必究